D1867221

Peter Godazgar

Der tut nix, der will nur morden!

Vom Autor bisher bei KBV erschienen:

Ruhe sanft in Sachsen-Anhalt (Hg.)

Peter Godazgar, geb. 1967, studierte Germanistik und Geschichte und besuchte u. a. die Henri-Nannen-Journalistenschule in Hamburg. Er arbeitet als Redakteur bei der *Mitteldeutschen Zeitung* in Halle (Saale) und schreibt Kriminal-, aber auch andere Romane. Peter Godazgar ist Mitglied der Krimiautorenvereinigung *Das Syndikat* und gehört aktuell auch deren Sprecherteam an. www.peter-godazgar.de

Peter Godazgar

Der tut nix, der will nur morden!

Schwarze Stories

KBV

Originalausgabe
© 2015 KBV Verlags- und Mediengesellschaft mbH, Hillesheim
www.kbv-verlag.de
E-Mail: info@kbv-verlag.de
Telefon: 0 65 93 - 998 96-0
Fax: 0 65 93 - 998 96-20
Umschlaggestaltung: Ralf Kramp
unter Verwendung von:
© Ljupco Smokovski, © Helder Almeida – www.fotolia.de
Druck: CPI books, Ebner & Spiegel GmbH, Ulm
Printed in Germany
ISBN 978-3-95441-262-4

Inhalt

OHNE TOTE

EIN TOTER

Vorwort

Manchmal denke ich, eigentlich bin ich gar kein Krimi-Autor. Die ganzen armen Leichen, ach, das tut mir immer in der Seele weh. Ich möchte, dass wir Menschen uns lieb haben. Warum können wir uns nicht umarmen, drücken, knuddeln? Sie werden sagen: Umarmen, drücken, knuddeln – da hat sich doch schon eine große Industrie drauf spezialisiert, aber das ist ja nicht ganz das, was ich meine. Was ich meine: Warum können wir uns nicht an den Händen halten und über Blumenwiesen laufen? Wäre das nicht viel schöner? Ja, das wäre es!

Die Frage ist natürlich: Will das jemand lesen? Zweihundertachtzig Seiten – oder meinetwegen auch nur zwölf – über Uschi und Ulf, die glücklich über Blumenwiesen laufen? Gut, es könnten natürlich immer verschiedene Blumenwiesen sein, aber trotzdem …

Hinzu kommt: Manchmal geht es nicht anders. Manchmal muss es eben Mord sein. Indes gibt es im vorliegenden Band immerhin in acht Geschichten am Ende keine Leiche. Ist das nicht schön? In einigen Fällen ist es freilich nur reine Glückssache, dass alle am Leben bleiben durften, in anderen Fällen liegt der Schwerpunkt schlicht auf anderen Verbrechen. Denn, ja, es gibt doch so viele andere Straftaten, die auch begangen werden wollen. Diebstahl, Überfall, Einbruch …

»Der tut nix …« – dieser erste Teil des Buchtitels trifft wahrlich auf so gut wie sämtliche Protagonisten dieser Stories zu: Auf Manni, den größten Udo-Lindenberg-Fan der Welt, und auf Valentina mit der hochromantischen Ader, auf den Klopapier sammelnden Bert, und auf Dörte, die rotbunte dänische Protestsau, sowieso.

Dass am Ende doch der eine oder andere auf der Strecke bleibt – in einem Fall, es ist mir richtiggehend peinlich, sind es sogar gleich 24 Personen – das ist, nun ja, wie sagt man so schön: dumm gelaufen. Und zumindest jene 24, also, die waren alle echt total böse.

Eine mörderisch vergnügliche Lektüre wünscht

Ihr
Peter Godazgar

Ohne Tote

Das Jobangebot

Die Frau sah ihr Gegenüber ein paar Sekunden mit fast schon mitleidiger Miene an, dann schnaufte sie kurz und sagte: »Mensch, Sie sind aber auch ein schwieriger Fall.«

Der Mann auf der anderen Seite des Tisches hob entschuldigend die Schultern.

Die Frau winkte ab. »Ja, ja, der Rücken, hören Sie auf, ich weiß doch.« Wieder starrte sie ihr Gegenüber eine Weile an, dann entließ sie ein gedehntes »Mmmh« aus ihrem Mund, drehte sich zu ihrem Computer und fing an, auf der Tastatur herumzutippen. »Oder wir probieren mal was ganz anderes«, murmelte sie eher in sich hinein als zu dem Mann.

»Wobei: So ganz was anderes ist das wahrscheinlich gar nicht.« Sie lächelte betont aufmunternd. »Hier ist diese Woche was reingekommen, das könnte was für Sie sein.« Ihre Finger huschten über die Tastatur, ihre Augen über den Bildschirm. »Da! Arbeitgeber aus dem Ausland. Mit einigen Zweigstellen in Deutschland. Will expandieren.«

»Ich will aber nicht weg aus Deutschland«, sagte der Mann ängstlich.

»Nein, nein, Ihr Arbeitsgebiet ist Deutschland. Allerdings mit wechselnden Orten. Sie müssten schon immer mal ein bisschen rumfahren.«

»Na ja, wenn's nicht so oft ist.«

»Also wollen Sie nun überhaupt einen neuen Job?«, sagte die Frau streng.

Der Mann senkte den Blick.

Die Strenge im Blick wurde von einem gewissen Maß an Güte abgelöst: »Nun seien Sie doch nicht gleich wieder so pessimistisch. Wenn ich das hier so lese: Das passt eigentlich genau auf Ihre Qualifikation als Gebäudereiniger.«

»Ja, und um was geht es nun?«

»Cleaner«, sagte die Frau.

»Cleaner?«

»Ja. Cleaner. Ist englisch. Heißt quasi ›Reiniger‹. Hat aber ein etwas anderes Anforderungsprofil. Deutlich anspruchsvoller! Ziemlich neues Berufsbild.« Sie schüttelte den Kopf. »Die immer mit ihren neumodischen Berufsbezeichnungen.«

»Und was ist das für eine Firma?«

»Ich lese es Ihnen mal vor. Also: *Für unser traditionsreiches, mittelständisches Familienunternehmen mit Stammsitz in Sizilien/Italien suchen wir zum nächstmöglichen Zeitpunkt einen Cleaner/eine Cleanerin.*«

Der Mann wollte etwas sagen, aber sie hob die Hand und brachte ihn damit zum Schweigen. »Hören Sie doch erst mal zu. Also: *Ihr Aufgabenbereich: Sie erwartet eine vielseitige und interessante Aufgabe im Bereich des Per-*

sonalmanagements. Sie unterstützen persönlich die Geschäftsführung sowie die darunter liegende ausführende Leitungsebene. Hierzu gehört vor allem die Nachbereitung von Geschäftstreffen und anderen Veranstaltungen.

Ihr Profil: Neben organisatorischem Talent und einer schnellen Auffassungsgabe, einer ausgeprägten Fähigkeit zu strategischem Denken und der Fähigkeit, mit komplexen Situationen umzugehen, sind Kreativität und Flexibilität gefragt. Für den Umgang mit unterschiedlichen Geschäftspartnern in der internen wie externen Kommunikation sind soziale und fachliche Kompetenz sowie Überzeugungskraft unumgänglich. Sie sollten grundlegende Kenntnisse in den Bereichen Waffenkunde und Ballistik besitzen, mit den neuesten Produkten auf dem Reinigungsmarkt vertraut sein und außerdem keine Angst vor hartnäckigen Verschmutzungen haben. Führerschein Klasse 3 wird vorausgesetzt.«

Die Frau blickte auf und lachte: »Das versteht sich ja wohl von selbst.«

Der Mann lächelte schüchtern.

»Weiter im Text: *Wir bieten: Eine spannende Tätigkeit an der Schnittstelle von Handel und Industrie. Sie sind viel unterwegs und lernen interessante Orte kennen. Wir bieten regelmäßige Fortbildungsseminare, ausgeführt von langjährigen Profis der Branche. Wir bieten …*«, die Frau hob den Zeigefinger: »Jetzt wird's interessant: *Wir bieten eine außertarifliche Vergütung inklusive diverser Zuschläge. Reisespesen und Ausrüstungskosten werden selbstverständlich von uns übernommen.*«

Sie schwiegen eine Weile. »Und?«, fragte die Frau.

»Ich weiß nicht«, sagte der Mann. »Meinen Sie, das wäre was?«

»Warum denn nicht? Sie als ehemaliger Gebäudereiniger bringen da doch ideale Voraussetzungen mit.« Sie sah wieder auf den Bildschirm. »Die Stelle ist allerdings befristet. Zunächst befristet, steht hier, sechs Monate Probezeit, ist ja klar. Und, ja, auch klar: »*Bei gleicher fachlicher Eignung erhalten Schwerbehinderte den Vorzug.* Das trifft jetzt auf Sie zwar nicht zu, aber, äh …«

»Mmmmh ... Ich kann's ja mal versuchen.«

»Das ist die richtige Einstellung. Ich druck's Ihnen aus.«

Sie schob die Computermaus hin und her, klickte, dann machte der Drucker Geräusche und schob zwei Blätter heraus.

Nachdenklich sah sie dem Mann hinterher, wie er mit hängenden Schultern aus dem Büro schlich.

Sie schüttelte den Kopf. »Das wird nie was«, murmelte sie.

Im selben Moment klingelte das Telefon. Sie nahm den Hörer ab: »Arbeitsamtsagenturbehörde für Arbeit, sie sprechen mit Frau Mielke, was kann ich für Sie tun?« Sie lauschte, dann hellte sich ihre Miene auf. »Herr Schlegel! Wie geht es Ihnen? Wie ist es gelaufen?« Sie lauschte erneut, dann breitete sich ein Strahlen auf ihrem Gesicht aus. »Nein! … Wirklich? … Das ist ja toll. Und ab wann? … Aha … Oho! … Mensch, ein Wahnsinn ist das, mein Herr Schlegel wird Logistikfachkraft für bewusstseinserweiternde Stoffe! … Und wie lange haben wir gesucht, was? Das heißt, Sie ziehen jetzt also um? … Aha, aha, toll … Jaaaa. Und Kolumbien soll ja wirklich schön sein. Herr Schlegel, ich wünsche Ihnen alles, alles Gute. Ja … nichts zu danken.«

Helga sorgt für Ordnung

Am ersten frühlingshaften Tag nach einem zähen Winter wackelte Helga Kleinschmidt mit ihrem leicht entenhaften Gang die Straße entlang. Trotz des Sonnenscheins war sie missgelaunt.

Sie wusste selbst nicht warum. Drei Wochen noch, dann würde alles vorbei sein, der ganze blöde Job, der Ärger, die dummen Sprüche. Helga hätte allen Grund gehabt, etwas beschwingter zu sein.

Sie war es nicht. Vielleicht lag es daran, dass sie – bei aller Vorfreude auf das Ende ihrer Berufstätigkeit – nicht genau wusste, was sie danach erwartete?

Genau diese Frage hatte man ihr oft gestellt in den vergangenen Wochen und Monaten. »Na, was machst du denn, wenn du in Rente bist?«

Tja, was? Eine gute Frage, auf die Helga bislang keine überzeugende Antwort gefunden hatte. Einen Töpfer-Kurs belegen? Spanisch lernen? Oder Yoga? Mit einem Gummiseil an den Füßen von Brücken springen? Sich einen dreißig Jahre jüngeren italienischen Freund zulegen? Einem Seniorenkabarett beitreten? Die Autobiografie schreiben? Helgas Miene hellte sich nun doch etwas auf. Eine Autobiografie, ja das wäre was. Arbeitstitel: »Hunderttausend Knöllchen – Mein Leben als Politesse« oder: »Ich und die Parkuhr – Eine Liebesgeschichte«. Oder doch gleich: »Schlampe, Zicke, dumme Kuh – Meine schönsten Beschimpfungen«.

Helga wackelte den halleschen Hansering entlang und warf lustlose Blicke in die Autoscheiben. Fehlanzeige. Nirgends ein abgelaufener, geschweige denn ein gar nicht existierender Parkzettel.

Sie blickte die Straße hinauf und hinunter. Wo war eigentlich ihre Kollegin? Gabi hatte am Landgericht in der Seitenstraße ein Opfer gefunden, und Helga war schon vorgegangen. Ob Gabi noch mehr Falschparker entdeckt hatte?

Reisen, das wär's! Am besten gleich eine Weltreise, doch dafür würde die Rente gewiss nicht reichen. Aber zumindest dem Winter wollte Helga künftig entfliehen. Ein paar Monate Türkei während der kalten Jahreszeit, das würde auch den Knochen gut tun. Und sonst? Sie könnte ihre Tochter besuchen, die seit Jahren mit Mann und zwei Kindern in Süddeutschland wohnte. Ja, die würde sich bestimmt ein Loch in den Bauch freuen, wenn Mutti künftig alle paar Wochen antanzen würde. Wo das gute Kind es doch gerade hinbekam, zum Geburtstag anzurufen. Aber die Einsamkeit war es ja auch gar nicht, die Helga Angst machte. Nein, sie fühlte sich nicht allein, auch nicht, seit ihr Gatte vor vier Jahren das Zeitliche gesegnet hatte

Helgas Miene hellte sich auf. Da, am Leipziger Turm, stand einer mitten im absoluten Halteverbot. Halb auf dem Radweg, halb auf der Fahrspur. Sie kniff die Augen zusammen und näherte sich dem Heck des Fahrzeugs. Saß da noch jemand drin?

Schade, sie würde sich damit begnügen müssen, den Fahrer wegzuscheuchen.

Helga erreichte den Wagen, traf ans Beifahrerfenster und klopfte an die Scheibe.

Der Mann hinterm Steuer zuckte zusammen. Helga bedeutete ihm, die Scheibe herunterzulassen. Der Fahrer drückte einen Knopf und mit einem Surren sank das Glas hinab. Der Mann trug eine große Sonnenbrille.

»Hier können Sie aber nicht stehen bleiben«, sagte Helga.

»Ähm, bin gleich weg.«

»Nix gleich. Sofort. Hier ist absolutes Halteverbot.«

»Ich warte auf jemanden.«

»Meinetwegen. Aber nicht hier.«

Der Mann verzog den Mund. »Ich störe doch niemanden.«

»Na klar stören Sie. Sie stören alle Autofahrer, die an Ihnen vorbei wollen ...«

»Hier ist doch Platz.«

»... und die Radfahrer. Weiterfahren!«, sagte Helga streng.

»Ach, Menno. Eine Minute.« Der Mann blickte an Helga vorbei zum Tabak- und Lottoladen, der sich direkt an der Kreuzung befand. »Meine Kump…, meine Freundin kommt gleich zurück.«

»Nix da.«

»Meine Freundin ist hochschwanger.«

»Und was macht sie dann im Zigarettenladen?«

Der Mann setzte zu einer Antwort an, beließ es dann aber bei einem Stöhnen.

»Also gut«, sagte Helga und zückte ihren Block.

»Moment!«, rief der Kerl. »Okay, okay, ich fahr ja los. Mann, Mann, Mann, Sie haben ja echt eine Laune, Sie sind ja wirklich unheimlich freundlich.«

Helga schwieg.

Der Mann ließ die Scheibe hochfahren. Helga setzte sich langsam in Bewegung.

Na bitte, das lief doch noch ganz gesittet ab. Im ersten Moment hatte sie befürchtet, die Situation würde eskalieren, hatte erwartet, der Typ würde zu einer Schimpftirade ansetzen. Nicht, dass sie das gestört hätte. Es war schließlich mehr als unwahrscheinlich, dass irgendeinem Menschen auf dieser Welt noch was Neues einfiel. Helga ging in Gedanken ihre ganz persönlichen »Top 3« der Beschimpfungen durch: Platz 3 ging an: »Rhinozeros in Uniform«, was dem Fahrer ein Bußgeld in Höhe von sechshundertfünfzig Euro einbrachte, Helga aber einfach aufgrund des ausgefallenen Tiernamens gefiel. Dieses immer gleiche »blöde Kuh« war auf Dauer doch einfach nur langweilig und zeugte von mangelndem Erfindungsreichtum. Platz 2 war belegt von der Spontanschöpfung »dienstgeile Sumpfkuhschlampe«. Neunhundert Euro.

Platz 1 jedoch war eine hübsch in die Länge gezogene Dauerbeschimpfung, die am Ende wohl den Fahrer selbst überrascht hatte und aufgrund dessen auch grammatikalisch nicht ganz korrekt war. Helga hatte den Sermon noch gut im Ohr: »Frustrierte Fummeltrinenblödkuhpolitessenmiststück«, gefolgt von dem ebenso bekannten wie allgemein beliebten Hinweis auf den Zusammenhang von fehlender sexueller Befriedigung und penibler Pflichterfüllung im Dienst – letzteres natürlich in deutlich restringierterem Code. Der Ausbruch war auch bußgeldtechnisch bisher ungeschlagen: eintausenddreihundert Euro!

Helga verstand diese Falschparker nicht. Wenn der Parkschein abgelaufen war, dann war er abgelaufen. Letztlich war es doch egal, ob er seit zwei Stunden oder seit zwei Minuten abgelaufen war. Und überhaupt: Helga war alles andere als pingelig. Fand sie jedenfalls selbst. Manchmal, wenn laut Parkzettel nur noch eine kurze Restzeit blieb, wartete sie und räumte dem Fahrer noch großzügig eine volle Minute ein, um an seinem Auto zu erscheinen. Also bitte! Worüber beschwerten sich diese Idioten?

Helga spazierte noch ein paar Schritte, dann stutzte sie. Etwas stimmte nicht. Weil der Falschparker hier an dieser viel befahrenen Kreuzung unmöglich wenden konnte (und es auch nicht durfte), hätte er sie längst überholen müssen. Sie drehte sich um – und tatsächlich: Der Wagen stand immer noch im Halteverbot. Der Mann trommelte nervös mit den Händen auf dem Lenkrad und sah angespannt zum Tabakladen.

»Ts, ts, ts«, machte Helga und wackelte wieder an das Auto heran.

Sie klopfte an die Beifahrerscheibe und wartete, bis sich das Glas gesenkt hatte. »Na? Finden wir das Loch für den Zündschüssel nicht?«

Der Mann lächelte verkniffen. »Mann, können Sie nicht heute mal ausnahmsweise Ihre nette Seite hervorkehren? Ich bin doch gleich weg.«

»Ich kehre schon die ganze Zeit meine nette Seite hervor. Ist Ihnen aufgefallen, dass ich Ihnen kein Knöllchen verpasst habe.«

Der Mann brummte.

Helga zückte ihre Digitalkamera und trat vor den Wagen.

»Haaalt!«, schrie der Mann und fuchtelte mit den Armen. »Nicht! Ich bin ja ... Mann, Sie sind aber auch ...« Helga hob ihre Augenbrauen.

Im nächsten Moment hellte sich die Miene des Mannes auf. Er blickte an Helga vorbei und Helga drehte sich um. Zwei weitere Typen kamen mit zügigem Schritt auf das Auto zu, jeder trug einen Aktenkoffer in der Hand. Das Duo verlangsamte seinen Gang, als es Helga mit der Kamera in der Hand sah.

Helga blickte den Fahrer streng an. »Welcher von beiden ist denn Ihre schwangere Freundin?« Sie drehte sich um und sah gerade noch, wie einer der beiden in Richtung des Fahrers gestikulierte. Er hörte aber sofort auf, stand stramm wie ein Sechstklässler, der beim Rauchen erwischt worden war, und nestelte an seiner voluminösen Sonnenbrille.

Der dritte Mann, ein langer Typ, ebenfalls mit Sonnenbrille, aber dafür auch noch mit Vollbart, versuchte ein Lächeln. »Guten Tag, gnädige Frau, was kann ich für Sie tun?«

Statt zu antworten, fragte Helga: »Im wievielten Monat sind Sie denn?«

Der Mann guckte verständnislos.

»Oder ist etwa Ihr Freund in Hoffnung?«, insistierte Helga.

Der Fahrer war inzwischen aus dem Wagen geklettert und machte beschwichtigende Gesten in Richtung seiner Begleiter. »Blödes Missverständnis.«

»Wer ist schwanger?«, fragte der Bebrillte.

»Ja das würde mich auch interessieren.« Helga fand langsam Gefallen an der Situation. Was waren das denn für Dumpfbacken? Sie zeigte auf die Aktenkoffer: »Na? Schön Zigaretten gekauft?«

Der Brillenträger und der Bartmann starrten gleichzeitig auf ihre schwarzen Taschen. Helga bemerkte nicht, wie das Trio versuchte, sich mit verschämten Gesten Zeichen zu geben, die doch alle nur Ausdruck einer kompletten Überforderung waren.

Der Bartmann fand als erster die Sprache wieder. »Tja, ähm, wir müssten dann jetzt auch mal los.« Entschlossen marschierte er auf das Auto zu, sein Kompagnon folgte ihm mit etwas zögerlicheren Schritten.

Helga stellte sich dem Bartmann in den Weg. »Immer langsam, Meiner[1].« Mit euch bin ich noch nicht fertig, dachte sie. Sie spürte Wut in sich aufsteigen. Wut auf all die dreisten Falschparker, auf all die dummen Ausreden! Sie würde ein Exempel statuieren. Hier und jetzt! Sie baute sich vor dem Bartmann auf.

Der sagte: »Gute Frau, ich bin sicher, dass wir uns irgendwie einigen können.«

»Guter Mann, und wie?«

»Na ja …« Der Typ drehte sich zu seinen Kumpanen

1) freundlich-liebevolle Kurzform für Mein Lieber/Mein Guter. Übrigens: Ein eher raubauzig veranlagter Hallenser spricht mit dieser Wendung auch ihm völlig unbekannte Menschen an.

um, aber die stierten ihn nur ausdruckslos an. Eine Pause entstand.

»Wir müssen los!«, zischte der Fahrer dann.

»Wir nehmen sie einfach mit«, meinte die Sonnenbrille.

»Idiot«, schnauzte der Bart.

»Die Kuh hat uns gesehen!«, argumentierte die Sonnenbrille. »Die kann uns beschreiben!«

Kuh, dachte Helga. Vierhundert Euro. Und was sollte das heißen: Wir nehmen sie einfach mit?

Der Fahrer sprang ins Auto: »Scheiße, ich hau jetzt ab!«

Helga hob die Digitalkamera und drückte ein paar Mal ab.

»He!«, rief der Fahrer. »Was machen Sie da? Hören Sie auf damit!«

Helga richtete die Kamera auf das Nummernschild des Autos und betätigte erneut den Auslöser.

Die Sonnenbrille trat einen Schritt auf Helga zu, stoppte dann aber. »Schluss jetzt!«

Helga hielt ihre Kamera der Sonnenbrille entgegen und drückte schon wieder ab.

Der Bärtige meldete sich zu Wort: »Also, jetzt reicht's aber wirklich!«

Helga schoss auch ihn ab.

Das Trio stand konsterniert herum und glotzte sich ratlos an.

Ein Radler fuhr vorbei und schimpfte: »Ey, fahrt Eure Karre mal aus dem Weg. Ihr steht auf dem Radweg, Ihr Trottel!«

Helga grinste. »Sag ich doch.«

Der Fahrer schien einen Entschluss gefasst zu haben. Er kam mit eiligen Schritten um das Auto herum.

»Sie bleiben hier. Ich verpasse Ihnen jetzt einen Strafzettel. Und eine Anzeige gibt es auch. Wegen der Kuh. So!«

Der Fahrer blieb stehen und sah Hilfe suchend zu seinen Kollegen.

»Was machen wir denn jetzt?«, rief er.

»Das hätten Sie sich früher überlegen müssen«, sagte Helga. »Ich weiß ja nicht, aus was für einem Haushalt Sie stammen, aber Sie sollten wissen, dass es unfreundlich ist, fremde Menschen als Kühe zu bezeichnen. Ich habe wirklich Geduld bewiesen mit Ihnen, aber Sie wollen es ja offenbar nicht anders.« Es war eben doch zwecklos nachsichtig zu sein, Großzügigkeit walten zu lassen. Gab man einem Falschparker den kleinen Finger, nahm der gleich die ganze Hand.

Von irgendwoher meinte Helga, das Geräusch einer Polizeisirene zu hören.

Sie hob ihr Erfassungsgerät und begann darauf herumzutippen.

Im nächsten Moment spürte sie einen Stoß. Sie taumelte, stieß gegen den Seitenspiegel des Autos, verlor endgültig das Gleichgewicht und stürzte. Sie lag nun vor der Hintertür auf der Beifahrerseite.

Aus den Augenwinkeln sah sie, wie der Bartmann auf den Beifahrersitz sprang, während die Sonnenbrille über sie hinwegzuklettern versuchte, um ebenfalls ins Fahrzeug zu gelangen.

Am Boden liegend, trat Helga dem Mann mit aller Kraft, die sie in dieser Haltung aufzubringen vermochte, zwischen die Beine.

Der Mann stöhnte auf und ließ seinen Aktenkoffer fallen. Im gleichen Moment bewegte sich das Auto ein

Stück vorwärts, blieb aber sofort wieder stehen. Der Mann hechtete ächzend auf die Hinterbank. Mit offener Seitentür startete der Wagen erneut, schoss nach vorne, musste aber nach ein paar Metern schon wieder bremsen, weil die Ampel rot war.

Helga starrte dem Fahrzeug entgeistert nach. Die hintere Seitentür war immer noch sperrangelweit offen. Der Fahrer verlor nun offenbar die Geduld, scherte nach links auf die Gegenspur aus, um an den wartenden Fahrzeugen vorbeizukommen. Die offene Tür knallte gegen das Heck eines anderen Fahrzeugs; man hörte Metall knirschen, doch das Auto fuhr weiter. Allerdings nur noch ein kleines Stück. Ein entgegenkommender Fahrer konnte mit seinem Wagen nicht rechtzeitig ausweichen. Es kam zur Kollision.

Helga rappelte sich mühsam auf. Sie starrte den Koffer an, der neben ihr lag. Sie bückte sich und hob ihn hoch.

Im selben Moment schoss ein Polizeiwagen an ihr vorbei und kam an der Kreuzung mit einer Vollbremsung zum Stehen. Polizisten sprangen heraus, Menschen fingen an zu schreien. Ein zweiter und ein dritter Polizeiwagen näherten sich aus der anderen Richtung der Kreuzung. Helga ging instinktiv in Deckung, als sie einen Schuss hörte.

Helga spürte, wie ihre Knie weich wurden. Sie stellte den Koffer an eine Hauswand – und erbrach sich.

Sie schreckte hoch, als sie ihren Namen hörte. »Helga?« Gabi stand vor ihr und sah sie besorgt an. Dann sah sie in Richtung Kreuzung, wo die Polizisten das Unfallauto ins Visier genommen hatten. Helga sah, wie sich die Fahrertür öffnete und der Fahrer mit erhobenen Händen ausstieg.

Helga verstand die Welt nicht mehr. »Das ist jetzt aber ein bisschen übertrieben«, murmelte sie.

»Was?«, fragte Gabi.

»Ein Knöllchen hätte doch gereicht.«

»Helga? Was ist mit dir? Alles okay?«

Helga deutete ratlos auf die Szene, die sich da auf der Kreuzung abspielte. Immer mehr Polizeiwagen kamen angefahren. Auch ein Krankenwagen fuhr vor. Polizisten trieben die Schaulustigen weg. Staus bildeten sich. Diejenigen Fahrer, die nicht erkennen konnten, was die Ursache für den Stillstand war, fingen an zu hupen.

»Ein Knöllchen hätte doch völlig gereicht«, murmelte Helga erneut.

Irgendwann kam ein Polizist auf sie zu und stellte ihr seltsame Fragen. Sie musste noch einmal den »genauen Tathergang« beschreiben. »Tathergang?«, fragte Helga. »Na ja, der Mann stand im Halteverbot und ich wollte ihm einen Strafzettel …«

Nein, nein, meinte der Polizist. Es gehe ihm eher um den Überfall.

»Überfall?«, fragte Helga.

Von irgendwoher kam auf einmal ein Fotograf und machte Fotos von Helga, noch bevor sie sich dagegen wehren konnte. »Sie sind doch jetzt eine Heldin!«, rief der Mann und stürmte wieder davon.

»Heldin?«, fragte Helga.

Es dauerte eine Weile, bis Helga Kleinschmidt verstand. Irgendwann hatte niemand mehr Fragen an sie und so stand sie noch eine Weile da und starrte auf die Szenerie. Dann fiel ihr der schwarze Aktenkoffer auf, der immer noch unbeachtet neben ihrem Erbrochenen stand. Helga nahm ihn gedankenverloren und trug ihn nach Hause. Sie würde ihn morgen bei der Polizei vorbeibringen, dachte sie.

Nachdem sie den Koffer allerdings geöffnet hatte, entschied sie sich um. Der Koffer war voller Geldscheine. Erbeutet in einem kleinen Tabakladen am Hansering in Halle. Am Vorabend der großen Lottoziehung, die die ganze Republik in Atem hielt. Der Jackpot hatte einen absoluten Rekordwert erreicht; die Boulevardpresse befeuerte das Thema seit Tagen, mehr Menschen denn je versuchten ihr Glück. Im ganzen Land und auch in Halle. So war der Termin für den Überfall in der Tat günstig gewählt. Und es wäre ja auch alles glatt gelaufen, wenn, ja wenn Helga Kleinschmidt nicht zufällig den Weg des Gaunertrios gekreuzt hätte.

Helga hatte später noch mal ein schlechtes Gewissen, als sie von der Oberbürgermeisterin und dem Polizeipräsidenten eingeladen wurde und für ihren Mut und ihre Tapferkeit ausgezeichnet wurde. Kurzzeitig hatte sie sogar daran gedacht, den Koffer doch noch abzugeben, ihn einfach irgendwo zu hinterlegen und dann der Polizei einen Tipp zu geben. Oder so ähnlich. Andererseits: Sechstausenddreihundertvierundzwanzig Euro. Also, das war ja nun wirklich nicht die Welt.

In der Presse wurde eine Weile gerätselt, wo der zweite Koffer abgeblieben war. Am Ende hielt man die These am wahrscheinlichsten, dass irgendein Passant die Gelegenheit genutzt haben dürfte. Irgendein unehrlicher Mensch, der einen kleinen, schnellen Profit aus einer schrecklichen Situation herausgeschlagen hatte. Der Kommentator der Lokalzeitung schüttelte empört den Kopf.

Helga nahm den Artikel nicht zur Kenntnis. Als er erschien, war sie schon in der Türkei – und schon wieder missmutig, obwohl sie an einem Swimmingpool lag und die erste Piña Colada ihres Lebens schlürfte. Am Vorabend war ihr etwas Doofes passiert und zugleich eine echte Premiere. Sie hatte einen Ausflug gemacht. Und als sie zu ihrem Mietwagen zurückkam, musste sie feststellen: Irgendeine blöde Kuh hatte ihr doch tatsächlich ein Knöllchen verpasst.

Bennis großer Coup

Der Tag der Entscheidung hatte begonnen und im Moment sah alles ganz prima aus, mal davon abgesehen, dass Benni sich vor einer Stunde vor lauter Aufregung übergeben hatte.

Jetzt strampelte er mit Höchstgeschwindigkeit den Berg von Heimbach nach Hasenfeld hinauf, wobei »Höchstgeschwindigkeit« in diesem Fall etwa neun Stundenkilometer bedeutete, denn die Steigung hatte es wirklich in sich. Schweiß sammelte sich unter Bennis gelber Wollmütze, die er sich zum Zwecke der Tarnung aufgesetzt hatte. Die Beute, die er im Rucksack verstaut hatte, schien zu glühen, manchmal hörte Benni es leise klackern. Das waren die Goldstücke. Er hatte keine Zeit gehabt, sie zu zählen, aber es mussten mindestens zehn sein.

Benni war ziemlich außer Atem, als er auch Hasenfeld hinter sich gelassen und den Scheitelpunkt seines Fluchtwegs erreicht hatte. Er war übern Berg – von jetzt an ging's nur noch bergab.

Ein rotes Auto fuhr an ihm vorbei, ein Mann streckte einen Arm aus dem Fenster. »Hallo Benni!«, rief der Fahrer.

Benni winkte zurück, auch wenn er den Mann nicht erkannt hatte. Man muss freundlich sein zu den Leuten. Das hatte ihm seine Mutter immer wieder eingebläut.

Er trat in die Pedale. Vor ihm lagen rund anderthalb Kilometer Schussfahrt bis zum Schiffsanleger in Schwammenauel. Die Straße war zwar breit, aber zwischendurch warteten ein paar haarige Kurven, da musste Benni gut aufpassen. Schließlich wollte er nicht so enden wie damals Jan Ullrich bei der Tour de France.

Er hatte ordentlich Tempo drauf, als er das Ortseingangsschild von Schwammenauel passierte. Benni bremste scharf und sah auf seinen Fahrradtacho.

2,54 Kilometer.

Benni schüttelte den Kopf. Dieses Geheimnis würde er nun nicht mehr lüften können: So oft war er in den vergangenen zwei Jahren vom Ortsschild Heimbach zum Ortsschild Schwammenauel geradelt – und jedes Mal war die Entfernung eine andere gewesen!

Benni zückte sein schwarzes Notizbuch, löste das Band und schlug es auf. In langen Zahlenkolonnen hatte er jede Fahrt, jedes Datum und vor allem jede Entfernung notiert.

Nun schrieb er langsam, konzentriert, die Zunge zwischen die Lippen geklemmt und mit ungelenker Handschrift, in eine neue Zeile: 10. September 2010.

Er warf einen Blick auf seine Uhr und notierte: 11.43 Uhr.

Er sah erneut auf den Tacho: 2,54 Kilometer. Immer noch.

Es war wirklich seltsam. 2,54 Kilometer war Mittelmaß, wenn man so wollte. Am längsten war die Strecke am 24.

März 2008 gewesen: 2,61 Kilometer, ein Ausreißer nach oben, den sich Benni bis heute nicht erklären konnte! Am kürzesten war die Strecke am 14. Mai 2009, damals hatte er das Ortsschild nach 2,49 Kilometern erreicht.

Alle, die er gefragt hatte, wie es sein kann, dass dieselbe Strecke unterschiedlich lang ist, hatten ihm geantwortet, er sei selbst schuld daran. Er mache kleine Bewegungen, fahre vielleicht den einen oder anderen Schlenker. Benni wusste es besser: Er hatte es oft genug getestet, hatte sein Rad manchmal sogar geschoben, immer direkt über den weißen Randstreifen.

Nein, Tatsache war: Die Streckenentfernung änderte sich! Aber den Grund dafür würde er nun nicht mehr herauskriegen. Wenn er erst mal in Amerika war. »Bald bist du achtzehn«, hatte seine Mutter stolz zu ihm gesagt. Mit achtzehn war man volljährig. Benni wusste das, auch wenn er das Wort »volljährig« komisch fand. Mit achtzehn kann man machen, was man will, sagte Herr Friedrichs immer – darunter konnte sich Benni schon eher was vorstellen. Nun war er seit ein paar Tagen wirklich achtzehn. Dabei hatte Benni schon vor zwei Jahren ausgesehen wie zwanzig, zumindest von der Statur her. Benni war groß wie ein Baum. Und tapsig wie ein Tanzbär.

Er steckte sein Notizbuch zurück in die Innentasche seiner Jacke.

Ein Schrecken durchfuhr ihn; er sah auf die Armbanduhr. 11.46 Uhr! Wann kam das Schiff noch mal? Benni sprang aufs Rad und fuhr die letzten Meter bis zur Anlegestelle, wo er sein Gefährt mit dem Schloss an einem Gitterstab festmachte.

Er hastete die Treppen zum Anleger hinunter – und erschrak ein zweites Mal. Kein Schiff! Er blickte abermals auf seine Uhr. 11.48 Uhr.

War das Schiff gerade weg oder kam es bald? Benni konnte sich die Abfahrtszeiten partout nicht merken. Klar, die Schiffe fuhren ganz regelmäßig, zumindest zwischen Ende März und Ende Oktober, aber wann genau fuhren sie noch mal? Irgendwas mit zehn Uhr soundso. Oder neun Uhr soundso? Erneut tastete er nach seinem Notizbuch. Er schlug die letzte Seite auf. Da stand es, und als er die Zahlen sah, wackelte er mit dem Kopf vor und zurück. Genau! Das war es: 10 Uhr, 11 Uhr, 12 Uhr, 13 Uhr und so weiter. Abfahrt immer zur vollen Stunde.

Benni ärgerte sich. Wieso konnte er sich das nicht endlich merken? Egal, er hatte es sich ja notiert – und wie sagte Herr Friedrichs immer: »Man muss nix wissen, man muss nur wissen, wo's steht.«

Benni bekam ein schlechtes Gewissen, als er an Herrn Friedrichs dachte. Der Schreinermeister Friedrichs war immer gut zu ihm gewesen. Und jetzt hatte Benni ihm die Goldmünzen abgenommen.

Benni schaute über den See, er nahm seine Mütze ab, und der Wind fuhr durch seine Haare. Und dann sah er es, das Schiff. Weiß, majestätisch, glitt es übers Wasser. Noch so ein Rätsel, das er bisher nicht hatte lösen können: Warum schwimmt so ein riesiges Ding, wenn doch schon ein kleiner Kieselstein in Sekunden in die Tiefe sinkt. Klaus Blumberg, Blumberg ohne »en«, der Kapitän, hatte es ihm zwar schon ein paar Mal erklärt, aber Benni hatte es nie richtig verstanden.

Benni versuchte zu erkennen, welches Schiff da kam. Die »Aachen« oder die »Stella Maris«. Benni war stolz, weil er sogar den komplizierten Namen »Stella Maris« nie vergaß.

Das Boot kam näher.

Benni konzentrierte sich. Jetzt hieß es: nur nicht auffallen.

»Na Benni, alter Räuber!«, rief Johann, als Benni die »Stella Maris« enterte.

Benni erschrak. Alter Räuber? Wusste Johann was? War Bennis Coup vielleicht schon aufgeflogen? War die Polizei hinter ihm her? Benni schaute ängstlich die Straße Richtung Heimbach hinauf, aber er konnte nichts erkennen.

»Wieder mal Bötchen fahren?«, fragte Johann.

Benni nickte mit unschuldiger Miene.

»Na, dann geh schon mal hoch.«

Benni tappte durch den Salon am Tresen und den Tischen vorbei, kletterte eine Etage höher und passierte das Zwischendeck, das heute geschlossen war. Er gelangte nach draußen und über die letzten zwölf Stufen aufs Freideck, wo er eine Weile unschlüssig herumstand. Er war der einzige Gast hier.

Er setzte sich nacheinander auf verschiedene Bänke, zunächst ganz am vorderen Ende, dann wählte er eine Bank direkt vor der Brücke. Alles lief glatt. Rauschhafte Verzückung durchfuhr ihn. So musste sich Robin Hood gefühlt haben, wenn er von seinen siegreichen Diebestouren zurückkehrte. Doch der Enthusiasmus hielt nicht lange an. Vor Bennis geistigem Auge tauchte Herr Friedrichs auf, wie er in seiner Schreinerwerkstatt nach der Kiste suchte: erst verwirrt, dann unruhig, schließlich verzweifelt.

Benni schüttelte den Gedanken ab. Er sah sich ein paar Mal um, dann öffnete er vorsichtig den Rucksack, den er die ganze Zeit so fest in den Händen gehalten hatte, dass die Knöchel seiner Finger ganz weiß geworden waren. Sein Herz schlug schneller, als er die Holzkiste berührte. Er versuchte, sie im Rucksack zu drehen, um sie öffnen zu können, aber sein Proviant war im Weg. Also packte er die Tüte Gummibären und eine Halbliterflasche Mineralwasser aus und stellte beides auf den Tisch. Dann kramte er die Landkarte hervor, seinen Geldbeutel, die beiden Funkelsteine, die er immer bei sich trug, einen Tannenzapfen und eine Murmel.

»Willste die Glocke läuten?«

Benni zuckte zusammen.

Neben ihm stand Herr Blumberg ohne »en« und sah ihn freundlich an.

»Was haste denn da in deinem Rucksack?«, fragte Herr Blumberg ohne »en«, und Benni murmelte etwas Unverständliches.

»Komm, wir legen gleich ab.« Herr Blumberg ohne »en« machte eine auffordernde Geste, und Benni stellte den Rucksack beiseite und erhob sich. Er musste bimmeln, er musste sich ganz normal benehmen, sonst könnte Herr Blumberg ohne »en« Verdacht schöpfen.

»Na, dann mach mal ordentlich Krach«, sagte Herr Blumberg ohne »en« und verschwand auf der Brücke.

Benni stand unschlüssig da. »Jetzt?«, fragte er, aber Herr Blumberg ohne »en« hörte ihn nicht.

»Herr Blumberg ohne e-ähänn!«, rief Benni.

Herr Blumberg ohne »en« drehte sich um.

»Jetzt?!«, schrie Benni.

Herr Blumberg ohne »en« nickte. Und Benni hielt sich mit einer Hand ein Ohr zu und zog mit der anderen Hand kräftig an dem kurzen, dicken Seil, das aus der goldenen Glocke heraushing.

Herr Blumberg ohne »en« grinste ihm zu und hob einen Daumen. »Willste reinkommen?«

Benni schüttelte den Kopf. Einmal hatte ihn Herr Blumberg ohne »en« sogar an das große Steuerrad gelassen. Aber nur kurz. Benni war sehr aufgeregt gewesen und hatte plötzlich angefangen, das Steuer in eine Richtung zu drehen. Herr Blumberg ohne »en« war sofort dazwischen gefahren. »Ruhig, Brauner, ruhig!«, hatte er gesagt.

Ob er das Schiff zum Kentern gebracht hätte? Benni wurde heute noch nervös, wenn er an die brenzlige Situation dachte. Sie hätten alle untergehen können! Und das Wasser hier war bis zu sechshundert Meter tief. Oder waren es sechzig? Noch so eine Zahl, die sich Benni nicht merken konnte.

Das Schiff legte ab. Benni atmete tief ein und aus.

Die Landschaft begann sich langsam zu bewegen. Das Schiff wendete und glitt gemächlich auf den See hinaus.

Benni betrachtete gedankenverloren die tiefgrünen Wälder, die an ihm vorbeizogen. Sie erreichten Eschauel, aber das Schiff legte nicht an, weil niemand ein- oder aussteigen wollte. Im Sommer, wenn es richtig heiß war, sah man oft Leute, die vom Ufer in den See sprangen. Und einmal – Benni musste bei dem Gedanken kichern – hatte ein Mann seinen nackten Hintern dem Schiff entgegengestreckt.

Benni schreckte auf, als er ein Klackern hörte. Die Murmel war vom Tisch gerollt. Hektisch bückte sich Benni und kroch ihr hinterher. Dann packte er die Murmel und all die anderen Schätze wieder in den Rucksack.

Das Schiff glitt ruhig übers Wasser. Herr Blumberg ohne »en« sagte mit sonorer Stimme die einzelnen Stationen an. Kermeterufer, Woffelsbach.

Benni mochte die Durchsagen sehr. Es klang toll, wenn Herr Blumberg ohne »en« durchs Mikrofon sprach. So musste es auch auf Flughäfen sein. Oder in Amerika. »Nächste Station: Amerika. Fahrgäste mit dem Ziel Amerika bitte zum Ausgang. Nächste Station: Amerika.«

Das Schiff näherte sich dem letzten Halt. »Nächste Station: Rurberg. Rurberg Endstation. Nächste Abfahrt 13 Uhr. Sie haben Anschluss an die Schiffe vom Obersee um 13.30 Uhr. Hier ist Rurberg. Rurberg Endstation.«

Jetzt war es also so weit. Benni packte seinen Rucksack und ging zum Ausgang. Noch einmal sah er sich auf dem Schiff um. Wie oft war er schon mitgefahren! Ob er es jemals wieder tun würde? Aber sein Plan stand fest. Und sein Ziel auch.

»Steigste hier aus?«, fragte Johann überrascht, der am Ausgang stand.

Benni nickte nur. Er trat vorsichtig auf die türkisfarbenen Stahlplatten der Anlegestelle.

»Na, dann mach's mal gut, Benni«, rief Johann. »Und denk dran: 17 Uhr letzte Fahrt zurück!« Der Matrose lächelte.

Benni ging an Land. Ein kleiner Wegweiser zeigte die Routen zur *Schifffahrt Obersee* (nach links) und zum *Minigolf* (nach rechts). Minigolf hatte er schon lange nicht mehr gespielt, dachte Benni. In Heimbach gab es auch eine Anlage. Er musste Herrn Hensen vom Wohnheim fragen, ob sie nicht mal wieder einen Ausflug dorthin machen könnten, dachte Benni. Aber im selben Moment fiel ihm ein, dass er Herrn Hensen ja vermutlich nie mehr sehen würde.

Er sah sich um. Suchend. Wo war denn eigentlich sein Fahrrad? Benni wurde unsicher. Wie sollte er ohne Fahrrad nach Amerika kommen?

Ihm wurde heiß und kalt zugleich, als es ihm einfiel: Er hatte sein Fahrrad in Schwammenauel stehen gelassen! Benni kratzte sich hinterm Ohr.

Er blickte zum Schiff. Johann stand auf dem Bootsanleger und sah freundlich zu ihm hinüber. Benni drehte sich um und sah wieder zu dem Wegweiser. *Schifffahrt Obersee* nach links, *Minigolf* nach rechts. Amerika stand nicht drauf. Langsam setzte er sich in Bewegung.

Johann trat wortlos und mit irritiertem Blick zur Seite, als Benni das Schiff betrat. »Fährste doch wieder mit zurück?«, fragte der Matrose, aber Benni antwortete nicht. Er schlurfte hoch aufs Oberdeck und ließ sich auf eine Bank fallen.

Das Schiff legte ab und Benni sah zu, wie der Schiffsanleger von Rurberg kleiner und kleiner wurde. Sie kamen an einem weiteren Anleger vorbei, an dem zahlreiche Segelboote verankert waren. Herr Friedrichs hatte ihn mal auf seinem Boot mitgenommen. Das war toll gewesen. Manchmal hatte sich das Segelboot so sehr auf die Seite gelegt, dass Benni vor Aufregung angefangen hatte zu quietschen.

Eine Hand erschien in Bennis Blickfeld und stellte einen Teller ab. »Hier, Benni, Stückchen Apfelkuchen. Magste doch so gern.«

Er blinzelte in die Sonne und erkannte Sabine, die Frau, die immer hinter dem Tresen stand.

»Danke«, murmelte er und griff zur Gabel.

Er kaute, dann hielt er inne, weil er merkte, dass Sabine immer noch neben ihm stand und ihn ansah. »Alles okay, Benni?«, fragte sie.

»Mhmh.« Benni nickte.

Der Kuchen war wirklich lecker. Natürlich war er lecker. Er war immer lecker.

Benni legte die Gabel auf den Teller und ließ den Blick schweifen. Die »Aachen« zog vorbei, und Benni winkte, aber offenbar hatte ihn niemand gesehen, denn niemand winkte zurück.

Wie schön es hier war. Benni öffnete eine Seitentasche des Rucksacks und zog ein mehrfach gefaltetes Blatt heraus. Er faltete es auseinander und betrachtete das Bild. New York City, von einem Wolkenkratzer aus aufgenommen. Keine Frage, das war schon was anderes als Heimbach. Aber so viel Grün wie hier gab's dort nicht, dachte er und empfand fast so was wie Stolz.

Vom Ortsschild Schwammenauel bis zum Ortsschild Heimbach schob Benni sein Rad so exakt wie möglich über die weiße Linie am Straßenrand.

Am Schild in Heimbach schaute er auf den Tacho: 2,53 Kilometer. Er zückte sein Notizbuch und verglich die Zahlen. Bei der Hinfahrt waren es 2,54 Kilometer gewesen. Er schrieb die Zahlen untereinander auf seine Hand, rechnete eine Weile und besah sich sein Ergebnis: 0,01 Kilometer. Wie viele Meter waren das? Zehn oder hundert? Er war sich nicht sicher. Er würde gleich Herrn Friedrichs fragen.

»Zehn Meter«, sagte Herr Friedrichs. »0,01 Kilometer sind zehn Meter, Benni.«

Benni brummte.

»Du hast aber lange Mittagspause gemacht. Biste Boot gefahren?«, fragte Herr Friedrichs.

Erneut beschränkte sich Benni auf ein Brummen.

Herr Friedrichs zog eine Augenbraue hoch. Nur eine. Das konnte er wirklich gut. »Schlechte Laune, Benni?«

»Nöö.«

»Na, dann mach doch mal noch ein bisschen weiter. Vielleicht kannste noch die Schrauben einsortieren, die heute früh gekommen sind. In einer Stunde kommt doch auch schon der Bus und holt dich ab.«

Benni stand zögernd da. Er atmete den Geruch des Holzes ein. »Hier riecht's immer so gut«, sagte er dann, und ein Lächeln breitete sich auf seinem Gesicht aus.

»Ja«, sagte Herr Friedrichs. »Find ich auch.«

In Benni breitete sich ein seltsames Gefühl aus: Er fand, dass es eigentlich ein großes Glück gewesen war, das Fahrrad in Schwammenauel vergessen zu haben.

Herr Friedrichs riss Benni aus seinen Gedanken: »Ich bin mal kurz weg.«

Durch einen Spalt in der Hintertür beobachtete Werner Friedrichs, wie Benni seinen Rucksack ausräumte. Wie er schließlich die Kiste zutage beförderte, wie er sie zurück aufs oberste Regelbrett stellte und ganz nach hinten schob. Dorthin, wo sie heute früh gestanden hatte. Unser Benni, dachte Werner Friedrichs warmherzig. Wie oft hatte er die Kiste schon geklaut in den vergangenen beiden Jahren?

Das Lächeln verschwand aus Werner Friedrichs Gesicht. Was, wenn Benni eines Tages nicht mehr umkehrte? Wenn er weiter wollte? Noch war er bekannt – und beliebt – wie der sprichwörtliche bunte Hund. Noch hatten alle einen Blick auf ihn.

Kommt Zeit, kommt Rat, dachte Werner Friedrichs und wartete, bis sich Benni den Schrauben zugewandt hatte. Dann betrat er die Werkstatt mit einem fröhlichen »Bin wieder da!«.

Er ging zum Regal und holte die Kiste hervor.

Benni beobachtete ihn.

»Freitag, Benni. Zahltag«, sagte Herr Friedrichs, öffnete die Kiste und nahm eine der Holzmünzen heraus, die er für Benni angefertigt und mit Goldspray veredelt hatte.

Benni strahlte, als er die Münze entgegennahm und sorgfältig in seiner Hosentasche verstaute.

Und dieses Strahlen, fand Herr Friedrichs, war eigentlich unbezahlbar.

Karsunke kocht Kaffee

Schwer zu sagen, wann der Schwachsinn begonnen hatte. Der Tag X war nicht mehr zu bestimmen, Knut Karsunke wusste nur, dass es ihn gegeben haben musste, irgendwann. Jenen Tag, an dem zum allerersten Mal eine junge Frau sein Café betreten und, vermutlich mit unschuldigstem Augenklimpern, die folgende Bitte geäußert hatte: »Könnte ich einen Milchkaffee haben?«

Knut Karsunke erinnerte sich nicht mehr an seine Antwort, es wird irgendwas gewesen sein, wie: »Wat? Milchkaffee? Kaffee mit Milch oda wat?«

Ja, so ungefähr hatte wahrscheinlich alles angefangen, der ganze Quatsch.

Irgendwann war dann die erste Frau reingekommen und hatte eine Latte macchiato[2] bestellt, und wenig später brachen alle Dämme. Man bestellte Espresso, gerne auch mal einen »Expresso« oder gleich zwei »Expressi«,

2) Nein, Sie müssen nicht anfangen zu googeln. Laut Duden darf man sowohl einen *als auch* eine *Latte macchiato bestellen.*

man bestellte Espresso macchiato, man bestellte »Caffè corretto«, man bestellte Caffè Latte und Caffè Mocha – kurzum, Knut Karsunkes Gäste bestellten alles, nur keinen Kaffee mehr. Ganz normalen Kaffee, klassischen Filterkaffee, aufgebrüht mit heißem Wasser. Irgendwann kam so ein Vogel in den Laden und fragte nach einem Frappuccino – Knut Karsunke hatte den Typen mit einer wedelnden Handbewegung, mit der man Fliegen vom Kuchen vertreibt, herauskomplimentiert.

Karsunke frustrierte diese Entwicklung umso mehr, da er nie in seinem Leben irgendeine Brühe gekocht hatte. Karsunke war ein Kaffee-Fan, besser: ein Kaffee-Purist. Zudem hatte er stets und ausschließlich fair gehandelte Bohnen einer kleinen guatemaltekischen Bauernkommune gekauft. Aber er war eben ein Kaffee-Purist und kein Espresso- oder Latte- oder Was-es-sonst-noch-für-Quatsch-Kaffee-gab-Fan.

Kaffee war für Karsunke ein tiefschwarzes Getränk, das möglichst ohne verfremdende Beigaben, und wenn doch, dann aber wirklich höchstens mit Milch oder Zucker zu sich genommen werden wollte.

Karsunke hatte viel versucht, damit die Leute das endlich kapierten: Er hatte ein Schild an seine Tür gehängt, auf dem stand »Hier kein Milchkaffee«. Das Schild und die Schrift waren offenbar nur für ihn sichtbar, denn immer noch fragte jeder zweite, der den Laden betrat nach einer Latte. Fiel es den Idioten denn nicht auf, wie frivol das klang: »Guten Tag, ob ich hier wohl 'ne Latte kriegen kann?«

Das Erstaunlichste war: Die Gäste ließen sich nicht beirren. Karsunke war unfreundlich, Karsunke beschimpfte sie, ja, Karsunke ignorierte sie sogar. Aber trotzdem wurden es immer mehr!

Es dauerte eine Weile, bis Karsunke verstand, woran es lag. Er verstand erst, als ein Trupp gackernder Mittzwanzigerinnen sein Café betrat. Die Dämlichkeiten standen in der Mitte des Raums und glotzten mit offenem Mund Löcher in die Luft.

»Na?«, fragte die Anführerin triumphierend. »Hab ich zu viel versprochen?«

»Krass!«, murmelten die anderen, und: »Total schräg!« und wieder »Krass!« und: »Abgefahren!« und natürlich: »Voll krass!«

Knut Karsunke sah sich um. Krass? Abgefahren? Was meinten die Tussis? Den Kronleuchter? Die Gardinen mit der Goldkante? Das abgetretene Parkett? Die nur ganz leicht quietschenden Stühle mit den wirklich nur ganz leicht durchgesessenen Polstern? War es das Bild des röhrenden Hirsches? Oder eher das Panorama mit dem Bergsee im Vordergrund? Waren es womöglich die Plastikblumensträuße auf den Tischen?

Karsunke schüttelte den Kopf. Vierzig Jahre lang schien das niemand bemerkt zu haben – und nun war es auf einmal krass? Erst als ein weiteres Wort aus einem der Tussi-Münder fiel, fiel auch bei Karsunke der Groschen: »Super-kultig!«, quietschte ein Mädel.

Karsunke stand hinter der Theke und starrte seine Gäste an. Kultig, dachte er. Die finden mein Café kultig. Ach du grüne Neune!, dachte Karsunke. Ich bin bald dreiundsechzig und werde kultig! Jetzt ist alles aus!

Und Karsunke verstand. Er verstand, warum sich sein Café seit einiger Zeit immer mehr füllte, warum die Zeiten der leeren Tische vorbei waren.

Man muss dazu sagen: Die leeren Tische waren für Knut Karsunke nie ein Problem gewesen, ja, es hatte sogar eine Weile gedauert, bis er bemerkt hatte, dass er mitunter ganze Tage mutterseelenallein in seinem Café verbrachte. Ihm gehörte nicht nur der Laden, sondern das ganze Haus. Über ihm wohnten zwölf Mietparteien, die alle pünktlich ihr Geld überwiesen. Auf die Einnahmen aus dem Café war Karsunke nie angewiesen – auch wenn es ihm lange Zeit nicht klar gewesen war.

Und nun, nach wer weiß wie vielen Jahren der Flaute, kam »Karsunkes Eck« wieder in Mode. Karsunkes Eck, wohlgemerkt, nicht »Karsunke's Eck«. Der Deppen-Apostroph war noch so etwas, wogegen Karsunke sich stemmte. Es bereitete ihm körperlichen Schmerz, wenn er an »Roswitha's Blumenstübchen« vorbeiging oder an »Petra's Nagelstudio«. Er krümmte sich innerlich, wenn irgendwo Gyro's angeboten wurde. Oder Seelach's. Irgendwann war er an einem Matratzen-Laden vorbeigekommen, genauer: einem »Matratzen-Outlet«. Und was wurde dort angepriesen? »Tolle Matratze'n«! Karsunke war in den Laden gestürmt, hatte die völlig verwirrte und verängstigte Verkäuferin am Schlafittchen gepackt, sie vor die Tür gezerrt, auf das Schild gezeigt und gebrüllt: »Mach das weg, du Schlampe!«

Das Mädchen hatte Karsunke völlig entgeistert angestarrt, ohne jede Ahnung, was dieser offenkundig vollkommen Wahnsinnige von ihr wollte. Und Karsunke hatte das Plakat von der Wand gerissen, zerknüllt, es dem Mädchen vor die Füße geworfen und war davongestapft.

In der Tat, Knut Karsunke neigte in bestimmten Momenten durchaus zu einem gewissen Jähzorn. Dreimal hatte ihn diese Eigenschaft auch schon vor einen Richter geführt: Einmal, weil er einem Falschparker die Tür auf der Beifahrerseite verbeult hatte, ein zweites Mal, weil er seine damalige Frau Hedwig, also ... Karsunke war nicht stolz drauf, seine Hedwig, nun ja ... Aber hatte er ihr nicht schon tausend Mal erklärt, wie der Geschirrspüler einzuräumen war? Hatte es nicht etwas fast schon Boshaftes, wie sie immer wieder die Teller und Untertassen munter durcheinander im Gerät platzierte, anstatt sie zu ordnen? Keine Frage, das mit Hedwigs Zähnen tat ihm leid – und der Richter glaubte ihm, schließlich kam er mit einer Geldstrafe davon. Außerdem musste er, natürlich, Hedwigs Zahnersatz zahlen.

Als Knut zum dritten Mal vor dem Kadi stand, war er für ein paar Wochen fast so was wie eine lokale Berühmtheit. Er hatte einen Hundebesitzer auf den Boden gezwungen und mit dem Gesicht in die Hinterlassenschaft seines adipösen Chihuahuas gedrückt, woraufhin die Boulevardjournaille Knut zum mutigen Rächer aller ausrief, die jemals in Köter-Kacke getreten waren. Knut Karsunke bekam Bewährung.

Okay, dachte Karsunke. Wenn ich jetzt also Kult bin, sollten die Gäste auch was davon haben. Und er traf ein paar Vorbereitungen.

Am nächsten Tag betraten zwei junge Frauen sein Geschäft. Karsunke trat an ihren Tisch und nahm die Bestellung entgegen:

»Können wir zwei Latte macchiato haben?«, säuselten die Mäuschen.

»Sehr gern«, antwortete Karsunke, machte auf dem Absatz kehrt und verschwand in der Küche hinter der Theke. Er lugte noch einmal in den Gastraum und betrachtete die Weiber, die sich begeistert umsahen und kichernd mal hierhin und mal dorthin zeigten.

Karsunke trat an einen kleinen, tragbaren Kassettenrekorder, drehte ihn so, dass die Lautsprecher in Richtung Tür zeigten und drückte auf die Play-Taste. Das Geräusch eines Kaffeemahlwerks ertönte, dann ein doppeltes Klicken, aus den Lautsprechern drang ein irgendwie ratterndes Brummen, schließlich hörte man Flüssigkeit plätschern. Der junge Typ hinter der Theke einer trendigen Bar drei Straßen weiter hatte zwar komisch geguckt, als Karsunke ihm seinen Wunsch vorgetragen hatte, ihm dann aber erlaubt, die Arbeitsgeräusche eines dieser riesigen, neumodischen Kaffeevollautomaten aufzunehmen.

Während das Band lief, schüttete Karsunke einen Schwapp Kaffee aus der Kanne in zwei 0,4-Liter-Biergläser und kippte Milch drüber, die er in der Mikrowelle heißgemacht hatte.

Sie wollten Latte? Sie kriegten Latte!

Durch die Tür beobachtete Karsunke später, wie die beiden Mädels auf ihren Stühlen saßen, leicht vorgebeugt, die Beine übereinandergeschlagen, das Glas gleichsam umarmend, leise miteinander redend – und dabei schlückchenweise die »Latte« genossen.

In den folgenden Wochen wurde der Laden voller und voller, aber Knut Karsunke dachte gar nicht daran, Personal einzustellen. Schließlich wollte er nichts von den Gästen, die Gäste wollten was von ihm – also sollten sie warten, bis sie dran waren.

Und sie warteten. Warteten mit einer Geduld, die Knut Karsunke auf die Palme brachte.

Und sie bestellten Latte. Latte, Latte und wieder Latte. Als würde irgendjemand tagtäglich auf riesigen Plakaten in der ganzen Stadt ausrufen: *Endlich! In Karsunkes Eck gibt es jetzt auch Latte macchiato.*

Also drückte Knut auf die Play-Taste, kippte Kaffee und Milch in Biergläser und machte seine Gäste glücklich. Wie doof konnte man eigentlich sein?, fragte sich Knut mit einem Anflug von Verzweiflung.

Aber als er so hinter der Theke stand und durch sein voll besetztes Café blickte, kam ihm ein Gedanke. Er schlich sich aus hinteren Gehirnwindungen heran, Knut Karsunke spürte die Idee, bevor sie da war.

Und wenn er nun aus der Sache sein ganz persönliches Projekt machen würde? Karsunke strich sich über den Vollbart. Er sah all die plaudernden Menschen an, die Kaffee aus Biergläsern schlürften statt aus vernünftigen Tassen, die permanent rührten und rührten und rührten. Die so sehr mit ihren Löffeln – normalen Esslöffeln, versteht sich – in ihren Gläsern rührten, bis sich die Rührgeräusche verstärkten und weiter verstärkten, bis sie lauter und lauter wurden und in Knut Karsunkes Ohren dröhnten, wie eine Armada startender Kampfjets.

Und in Karsunke reifte ein Plan, reifte mit enormer Geschwindigkeit, der Plan war quasi in Sekundenbruchteilen komplett ausgearbeitet und stand fertig vor Karsunkes geistigem Auge.

Er würde all diesen Latte-macchiato-Schlürfern eine Lektion erteilen. Knut Karsunke musste bei dem Gedanken an seinen Plan lächeln, er starrte lächelnd auf all die glücklichen Latte-macchiato-Schlürfer vor sich und merkte erst nach einer Weile, dass ihm eine junge Frau zuwinkte. »Kann ich noch 'ne Latte haben?«, rief sie durch den Raum.

Knut Karsunke musste nicht lange suchen, gleich im ersten Park, ein paar Straßen weiter, wurde er fündig. Das Herz ging ihm auf. Sah ja auch zu schön aus, diese Pflanze, besonders jetzt, wo sie in voller Blüte stand. Anspruchslos war sie außerdem. Kein Wunder also, dass *Laburnum anagyroides* so beliebt war. Goldregen, der Name war wirklich Programm – und das dem Goldregen vorangestellte Wörtchen »Gemeiner« würde Knut Karsunke nun auf seine ganz eigene Art interpretieren.

Niemand beobachtete ihn, als er ein paar Äste abschnitt und in einer Plastiktüte verstaute, und natürlich beobachtete ihn erst recht niemand, als er wenig später in der Küche seines Cafés stand, die gelben Blätter abzupfte und damit begann, ein wenig zu experimentieren. Er zerkleinerte und trocknete und roch vorsichtig an den Produkten und war sich sicher, dass der dezente Geruch von einem ordentlichen Kaffee problemlos überdeckt werden würde.

Knut Karsunke würde ein faires Spiel spielen, das war er seinen Gästen schuldig. Sie würden selbst entscheiden dürfen. Niemand sollte später sagen können, dass es Knuts Schuld war. Schließlich war Knut immer fair gewesen: Auch den Autofahrer hatte er damals freundlich gebeten, seine Dreckskarre aus dem Halteverbot zu bewegen, den Hundebesitzer hatte er freundlich aufgefordert, gefälligst die Hinterlassenschaft seiner degenerierten Töle wegzuräumen – und seiner Frau, also bitte, der hatte er nun wirklich oft genug die korrekte Befüllung des Geschirrspülers erklärt. Okay, das mit dem Mädchen im Matratzen-Laden war nicht ganz fair gewesen, dachte er, aber wenn die dumme Kuh ein bisschen Grips im Hirn gehabt hätte, hätte sie den Fehler auf dem Werbeplakat selbst korrigiert, ach was: Sie hätte ihn gar nicht erst gemacht!

Und darum fragte Knut Karsunke an diesem denkwürdigen Nachmittag jeden einzelnen seiner Gäste sehr freundlich und sehr deutlich, ob er statt der ollen Latte nicht einmal seinen Filterkaffee probieren wollten. Guten, nein exzellenten Filterkaffee, fair gehandelt, gepflückt von einer guatemaltekischen Kleinbauernkommune.

»Ach nee«, winkten seine Gäste ab. »Ihre Latte ist doch sooo lecker.«

Knut Karsunke hakte nach, nicht einmal, sondern zweimal – und ein Gast, eine ältere Dame, schwenkte daraufhin tatsächlich um und bestellte ein Kännchen vom guten Filterkaffee.

Na bitte, dachte Knut, geht doch.

Und die anderen? Die hatten es nicht anders gewollt, und so rührten und schlürften sie fröhlich in ihren Tassen. Zwei, drei Mal wurde Knut Karsunke aufmerksam, als jemand mit leicht gerunzelter Stirn an dem Glas schnüffelte, doch auch in diesen Fällen folgte aufs Schnüffeln stets das Schlürfen.

In den folgenden Wochen gelangte Knut Karsunke erneut zu einer gewissen Berühmtheit. Was er allerdings gar nicht verstand, was er ganz und gar nicht fair fand, war seine Behandlung durch die Boulevard-Journaille. Aus Knut Karsunke, dem ehemaligen Rächer aller Köter-Kacke-Opfer war Knut Karsunke, der irre Kaffee-Killer geworden.

Auch vor Gericht stieß Karsunke zu seiner großen Überraschung auf äußerst mäßiges Verständnis.

Über die Frage des Vorsitzenden Richters, was er, Karsunke, sich dabei gedacht habe, musste Knut selbst erst mal eine Weile nachdenken.

Seine Antwort, er habe einfach ein Zeichen setzen wollen gegen den Fortschrittswahn der Welt, schien den Richter nicht zu befriedigen. Karsunke fühlte sich in seiner Einschätzung bestätigt, sein Anwalt hatte ihm diese Argumentationslinie eingeredet, Knut Karsunke hatte sie von vornherein für Blödsinn gehalten. Und so platzte es irgendwann im Laufe der Verhandlung aus Karsunke heraus: »Es hat mich einfach angekotzt, Herr Richter! Diese ganzen Latte-macchiato-Schlürfer! Wie sie da hockten und in ihren Gläsern herumrührten! Und rührten und rührten und rührten!! Verstehen Sie das denn nicht?!?«

Nein, der Richter verstand nicht. »Herr Karsunke, einhundertvierundachtzig Menschen mussten mit schweren Vergiftungserscheinungen ins Krankenhaus!«

»Ich hab sie alle gefragt, ob sie nicht lieber einen normalen Filterkaffee wollten!«, rief Karsunke und schüttelte die Hand seines Verteidigers ab, die sich auf Karsunkes Unterarm gelegt hatte.

»Haben Sie Ihnen denn gesagt, was die Alternative ist!?«, donnerte der Richter.

»Dann sind Sie also auch so einer!«, brüllte Karsunke zurück. Ein verdammter Latte-macchiato-Schlürfer! Sie sind befangen! Alle befangen hier! Das ist doch ein abgekartetes Spiel! Ich stelle einen Befangenheitsantrag!«

Ein kleiner Tumult bracht aus, als Karsunke seinem Anwalt, der erneut mit einer Hand am Unterarm seines Mandanten herumfingerte, einen Faustschlag mitten ins Gesicht verpasste. Justizbeamte stürzten herbei und rissen Karsunke zu Boden, der Anwalt hielt sich die blutende Nase, irgendjemand im Gerichtssaal kicherte.

Es blieb ungeklärt, welcher Leserreporter die Fotos geschossen hatte, und die Boulevardpresse nahm kühl lächelnd die Kritik in Kauf, die man ihr wegen des Abdrucks machte. Die Bilder waren einfach zu gut, um ungedruckt zu bleiben: Knut Karsunke, wie er sich von den Justizbeamten losriss; Karsunke beim Versuch, über den Richtertisch zu klettern; Karsunke, wie er den Staatsanwalt von sich schubste; Karsunke, wie er den Richter würgte; Karsunke, wie er in Handschellen abgeführt wurde. Knut Karsunke, der irre Kaffee-Killer.

Kaffee-Killer, das war natürlich übertrieben. Jeder einzelne von Karsunkes Gästen überlebte. Sie kotzten sich die Seele aus dem Leib, sie verbrachten ein paar Tage im Krankenhaus, dann durften sie zurück ins Leben. Ob sie anschließend wieder ohne ungute Gefühle zur Latte griffen, ist unbekannt.

Bekannt ist dagegen, wie es mit Knut Karsunke weiterging. Das Gericht verurteilte ihn wegen einhundertvierundachtzigfacher Körperverletzung zu einer mehrjährigen Freiheitsstrafe. Karsunke nutzte die Urteilsbegründung zu einem weiteren Wutausbruch, als der Richter ihn zu allem Überfluss auch noch wegen der ollen Kamelle mit der Köter-Kacke tadelte. Die Ausführungen bekam Karsunke deshalb auch nicht in voller Länge mit. Wirklich beruhigen konnte sich Knut Karsunke erst, nachdem er seine Haft angetreten hatte. Im Gefängnis gab es ausschließlich: Filterkaffee.

Hier ist die Welt noch in Ordnung, dachte Knut Karsunke zufrieden – und führte die Tasse zum Mund.

Die Geiselnahme

Was für ein Schlamassel! Dabei hatte er alles so perfekt geplant. Nur mit einem hatte er nicht gerechnet. Nämlich damit, dass inzwischen kaum noch jemand bar bezahlte. Er hatte diesen Umstand wahrscheinlich deshalb nicht beachtet, weil er selbst ausschließlich bar bezahlte. Was vor allem daran lag, dass er keine Kreditkarte besaß. Jedenfalls keine gültige.

So hatte Eberhard an jenem vermaledeiten Freitag, kurz vor Geschäftsschluss, Geldscheine im Wert von gerade mal 760 Schweizer Franken aus den Kassen der verängstigten Mitarbeiterinnen der ansonsten menschenleeren Aldi-Filiale in Zweisimmen im Berner Oberland geklaubt. 760 Franken – das sollten die Tageseinnahmen sein?! Schlecht gelaunt machte er eine Rechnung auf: 760 Franken durch acht Personen, das machte ... das machte ... ach, völlig egal, was das machte. Jedenfalls war es deutlich weniger als das, was Eberhard bei der Planung des Coups ausgerechnet hatte.

Scheiß-Kreditkarten, dachte er.

Zum Ausgleich hatten Eberhard und seine sieben … nun ja, Kollegen zusammengerafft, was sie tragen konnten. Viel Käse war dabei, Schinken, natürlich auch diverse Alkoholika, aber als sie den Laden verließen, kam aus Richtung Boltigen bereits ein Polizeiauto herangerast – mit Blaulicht und Sirene.

»Ist das ein Polizeiauto?«, fragte Hugo vollkommen überflüssigerweise.

Sie warfen die Beute in die beiden Autos, sprangen selbst hinterher und brausten in Richtung Gstaad. Eberhard, Hugo, Rudi und Matteo im ersten Auto, Luca, Leo, Tobbi und Nobbi im zweiten.

Es gelang ihnen leider nicht, den Polizeiwagen abzuhängen, im Gegenteil, die Bullenschaukel hing quasi in Lucas Kofferraum. Und Luca wiederum hing quasi in Eberhards Kofferraum.

Es war eine Polonaise der besonderen Art, die da die Saanenstraße entlangbretterte.

Eberhard dachte fieberhaft nach. Die Polizisten würden über Funk Verstärkung rufen, und die Verstärkung würde sich der Polonaise gewiss auch aus der anderen Richtung nähern.

Mit dieser Einschätzung lag Eberhard richtig. Sie hatten gerade mit Tempo 110 den Ortseingang von Schönried passiert und schossen die Straße hinab, als Eberhard Blaulicht wahrnahm. Das Blaulicht war zwar noch ein gutes Stück entfernt, doch es kam zügig näher. Eberhard registrierte auf der linken Seite ein prächtig erleuchtetes Gebäude, riss ohne groß nachzudenken das Steuer herum, und im nächsten Moment kam das Auto mit quietschenden Reifen zum Stehen. Sie stürmten aus den Wagen und hörten hinter sich noch den Ruf »Stehenbleiben! Hände hoch!«, da quetschten sie sich schon durch eine gläserne Eingangstür. Durch die Augenwinkel nahm Eberhard ein Schild wahr mit den Wörtern »Restaurant«, »Terrasse«, »Bar«.

Behagliche Wärme empfing den seltsamen Trupp. Luca hatte – warum auch immer – beim Sprung aus dem Auto noch zwei abgepackte Stücke Käse gegriffen, Matteo hielt drei Flaschen Wodka in den Händen.

Ein junger Mann am Empfang zog unmerklich die rechte Augenbraue um einen halben Zentimeter in die Höhe, bevor er sich wieder fing. »Sie wünschen?«, fragte er.

»Schnauze!«, schnauzte Eberhard, vorrangig, um Zeit zu gewinnen. Restaurant, Terrasse, Bar? Von wegen, das hier war zweifelsfrei ein Luxushotel der höchsten Kategorie. Von rechts drangen reichlich Gläsergeklirr und Menschenstimmen an sein Ohr. Es war jetzt exakt 20.26 Uhr und im Restaurant wurde gerade der Hauptgang serviert. Eberhards Kollegen schauten ihn erwartungsvoll an.

Eberhard zeigte auf Nobbi und Tobbi: »Ihr bleibt hier«, kommandierte er. »Keiner geht raus, keiner kommt rein. Ihr anderen: Mitkommen!«

Sie marschierten ins Restaurant – doch man bemerkte das Quartett erst, als Eberhard eine Kugel aus seiner Pistole im Gebälk des Raums platzierte.

Die Gespräche erstarben, ein einzelner, wirklich nur ein einziger spitzer Schrei ertönte, dann herrschte Ruhe.

»Ruhe!«, rief Eberhard, was ebenfalls ein bisschen überflüssig war. »Keiner verlässt den Raum!« Im nächsten Moment spürte er eine Berührung an der Schulter und zuckte zusammen. Eberhard wirbelte auf dem Absatz herum und sah in das Gesicht eines freundlich dreinblickenden Herrn.

»Was!?«, rief Eberhard.

Der Herr verbeugte sich leicht. »Guten Abend, ich bin der Hoteldirektor. Kann ich Ihnen auf irgendeine Weise behilflich sein?«

Eberhard starrte den Hoteldirektor fünf lange Sekunden an. Dann sagte er: »Das können Sie in der Tat. Sagen Sie Ihren Gästen, Sie sollen sämtliche Handys abliefern.«

Im selben Moment ertönte von irgendwoher eine von einem Megafon verstärkte Stimme. »Ähm, ja ..., also: Achtung, Achtung, hier spricht die Dings, die Polizei, das Haus ist umstellt. Also hier sind schon viele Polizisten. Kommen Sie raus ... ähm, am besten mit erhobenen Händen ...« Ein Knacken war zu hören, dann ein metallisches Scheppern, und schließlich wieder die Stimme, leiser diesmal: »Habe ich das so richtig gesagt?«

* * *

Zwei Tage später war die Situation immer noch ziemlich verfahren, aber auch etwas übersichtlicher.

Man hatte sich nach durchaus zäh zu nennenden Verhandlungen mit der Polizei darauf geeinigt, die Hotelgäste freizulassen, zumindest jene, denen es nicht gelungen war, durch den Wellnessbereich zu fliehen, bevor Eberhard auch dort eine Wache postiert hatte. Übrig geblieben waren vier Kriminalautoren, die für eine Woche in dem Hotel abgestiegen und einhellig zu dem

Urteil gekommen waren, eine bessere Inspiration für die zu verfassenden Kriminalgeschichten könne es ja gar nicht geben. Zurückgeblieben waren außerdem der Hoteldirektor sowie ein Teil des Personals, allen voran der Chef de Cuisine. Schließlich musste man ja auch etwas essen – und der Hoteldirektor hatte Eberhard davon überzeugt, seine Truppe könne natürlich wie ganz gewöhnliche Gangster Pizza bestellen, der Chef de Cuisine werde aber gewiss für deutlich abwechslungsreichere und – nebenbei bemerkt – auch gesündere Kost sorgen.

Eberhard verbrachte die meiste Zeit des Tages im Büro des Direktors, wo er wahlweise die aktuellen Fernsehnachrichten verfolgte, die immer noch sehr schönriedlastig waren, oder sich in Telefonaten mit dem Einsatzleiter der Polizei verhedderte. Letzterer hatte seine Nervosität immer noch nicht gänzlich abgelegt. Kein Wunder, schließlich war es sein erster Einsatz von dieser Tragweite.

Hugo, Rudi, Matteo, Leo, Luca, Tobbi und Nobbi bewachten abwechselnd die Geiseln und die Ausgänge – und erkundeten ansonsten die Angebote des Hauses.

* * *

Einen weiteren Tag später lag Luca gegen 14.30 Uhr im 35 Grad warmen Wasser des zum Hotel gehörenden Solebads. Der hohe Salzgehalt erlaubte es ihm problemlos, toter Mann zu spielen. Er lag auf dem Rücken und starrte auf die Berge. Er fühlte sich sehr entspannt. Dies und die Tatsache, dass sich seine Ohren unter Wasser befanden, waren vermutlich die beiden entscheidenden Gründe dafür, dass er das Geräusch nicht wahrnahm, das von hoch oben kam. Das warme Wasser sorgte zudem dafür, dass Lucas Reaktionen stark verzögert waren. So lag er da und nahm nur wie durch einen Nebel wahr, dass sich ein Fluggerät langsam näherte. Ein Hubschrauber, dachte Luca schläfrig.

Zur selben Zeit saß Eberhard im Büro des Hoteldirektors und starrte mit halb geöffnetem Mund auf den Fernseher. Das Bild zeigte die leicht verwackelte Luftaufnahme eines Schwimmbeckens. In der rechten oberen Bildschirmecke stand das Wort »Live«. Ziemlich genau in der Mitte des Wassers trieb Luca und starrte nach oben in die Kamera. Die Kamera zoomte Lucas Gesicht näher und näher heran, aber Luca regte sich nicht. Doch, jetzt regte er sich. Eberhard konnte nicht glauben, was er sah: Luca hob eine Hand und – winkte in die Kamera.

Hugo, der hinter Eberhard stand, meldete sich zu Wort, allerdings erneut mit einer gänzlich überflüssigen Frage: »Ist das Luca?«

Eberhard schlug mit der Faust auf den Tisch. »Hol den Idioten aus dem Wasser!«

90 Sekunden später sahen die Fernsehzuschauer, wie der im Pool treibende Mann von einer nicht sichtbaren Person mit Badelatschen beworfen wurde, irritiert aufblickte und schließlich aus dem Bild paddelte.

Weitere 105 Sekunden später stand Luca in einem schneeweißen Bademantel vor Eberhard und tropfte den Boden nass.

»Du Volltrottel!«, brüllte Eberhard und gestikulierte in Richtung Fernseher, auf dessen Bildschirm gerade eine attraktive Frau zu sehen war, die, mit einem

Mikrofon in der Hand, auf der Dorfstraße in Schönried stand. »Bist du völlig verblödet? Warum gehst du nicht gleich raus und gibst ein Interview?«

Hugo starrte auf den Boden. »Ich wollte doch nur mal kurz 'ne Runde …«, nuschelte er.

Eberhard unterbrach ihn: »Mann! Draußen steht eine Hundertschaft Polizisten, das Hotel ist umstellt und du gehst schwimmen?«

Luca fummelte an seinen Fingernägeln herum. »'tschuldigung. Der Hoteldirektor meinte, wir dürften …« Seine Stimme war kaum zu hören.

Eberhards Stimme dafür um so mehr: »Ich erwarte ein Mindestmaß an Professionalität! Und jetzt raus! Alle! Ich muss nachdenken!«

Luca und Hugo verließen langsam das Zimmer.

»Wie ist denn das Wasser?«, flüsterte Hugo.

»Wunderbar«, raunte Luca. »Da ist so eine Sprudelliege, die blubbert so, herrlich.«

»Raaaaus!«, brüllte Eberhard.

Er ließ seinen Kopf auf die Schreibtischplatte sinken. Das Telefon klingelte. Müde nahm Eberhard den Hörer ab. »Ja?«

»Hallo?«, meldete sich die immer noch nervöse Stimme des Einsatzleiters. »Hier ist noch mal Wirz, Andreas Wirz, von der fedpol, dem Bundesamt für Polizei. Sie wissen schon, wir haben ja in den vergangenen Tagen schon öfter …, also, ähm, können wir noch mal reden? Wegen Ihrer Forderungen, meine ich.«

»Was denn?«

»Na ja, wollen Sie nicht doch langsam aus dem Hotel kommen? Mit erhobenen Händen? Was halten Sie davon? Wir haben den Laden umstellt, ich meine, Sie haben keine Chance, das müssen Sie doch einsehen. Die Armee rückt in dieser Minute mit Panzern an, also, ich meine, die Armee könnte anrücken, ich meine, wenn Sie nicht rauskommen, dann rufen wir die Armee zu Hilfe, und dann ..., also, ha!, dann ist Schluss mit lustig. Aber wenn Sie mit erhobenen Händen rauskommen würden ...« Ich hätte doch Architektur studieren sollen, dachte der Einsatzleiter.

Eberhard knallte den Hörer aufs Gerät. Er stöhnte. Was für ein Mist!, dachte er und grübelte, an welcher Stelle sein Leben aus dem Ruder gelaufen war: Als er ins Hotel gestürmt war? Als er mit diesen Vollpfosten den Aldi-Überfall geplant hatte? Oder war es bereits aus dem Ruder gelaufen, als er als 25-Jähriger mit seinem Kumpel Beat versucht hatte, die UBS in Zürich zu überfallen und in der Drehtür stecken geblieben war? Oder sogar schon sieben Jahre zuvor, als er sich bei seinem Überfall auf eine Crédit-Suisse-Filiale in Basel vom Schalterbeamten auf 50 Franken hatte runterhandeln lassen?

Eberhard sehnte sich nach seiner Mama.

Zur selben Zeit labten sich Leo, Matteo, Nobbi und Tobbi am Kuchenbuffet. Rudi beobachtete seine Kollegen vom Foyer aus. »Wann löst mich denn mal einer von euch ab?«, rief er schließlich. »Ich will auch noch was vom Kuchen!«

Am anderen Ende des Raums betrachtete derweil der Hoteldirektor die Geiselnehmer nachdenklich, wie sie sich da in den Sesseln fläzten. Er sah, bei aller Nachdenklichkeit, durchaus zufrieden aus. Der Versuch mit diesem Luca war doch ganz erfolgreich verlaufen, dachte er. Er beschloss, eine weitere Stufe seines Plans zu zünden. Mit bedächtigen Schritten ging er zu den Männern, die in den vergangenen Tagen einiges von ihrer Angst einflößenden Optik verloren hatten. »Meine Herren«, sagte der Direktor und deutete einen Diener an. »Dürfte ich Ihnen einen Vorschlag machen?«

Knapp zwei Stunden später trottete Eberhard missmutig aus seiner provisorischen Kommandozentrale. Ihm dröhnte der Kopf, dieser Wirz hatte noch zweimal angerufen und ihm ein Ohr abgekaut und das eine Mal erneut mit der Armee gedroht und das andere Mal erklärt, es sei nicht so einfach, einen Flug nach Südamerika zu organisieren. Die Swiss Air habe keine verfügbaren Maschinen, das Kerosin sei so teuer und überhaupt. Man könne vielleicht ein Taxi nach Zürich organisieren.

Eberhard konnte sich des Eindrucks nicht erwehren, hingehalten zu werden.

Er hatte das Gespräch schließlich mit einer klaren Ansage beendet: »Ich hab die Schnauze voll! Entweder Sie erfüllen unsere Forderungen bis heute Abend 21 Uhr, oder wir erschießen die Geiselnehmer!«

Eine Pause entstand. Schließlich fragte der Einsatzleiter: »Die Geiselnehmer?«

Eine weitere Pause entstand. Dann rief Eberhard: »Die Geiseln natürlich! Sie wissen genau, was ich meine!«

Jetzt blickte er sich im Foyer um und nickte Rudi zu, der am Hoteleingang stand. »Wo sind die denn alle?«, fragte er. Rudi zuckte mit den Achseln. Mit langsamen

Schritten wanderte Eberhard in Richtung Hotelbar. Er blieb stehen, als er Stimmen hörte. Hugo und der Hoteldirektor kamen gerade aus Richtung Wellnessbereich die Treppe herauf. Hugo hielt eine Broschüre in der Hand, in der er blätterte. »Indonesische Ölmassage«, murmelte er. »Das klingt ja auch schön.«

»Gewiss, gewiss, das ist es auch«, sagte der Direktor.

»Da würde ich mich ja für interessieren.«

Eberhard trat dem Duo in den Weg. »Was ist hier los? Wo sind die anderen!?«

Hugo starrte verlegen auf den Boden. Der Direktor wies die Treppe hinab. »Einige der Herren befinden sich in unserem Vitalità-Bereich.«

»Was!?«

»Ich habe den Herren eine kleine Entspannung angeboten«, fuhr der Direktor unbeirrt fort.

»Eine … was?«, wiederholte Eberhard.

Der Direktor lächelte liebenswürdig. »Das würde Ihnen vielleicht auch guttun. Eine Massage. Oder eine Wohlfühlpackung. Was halten Sie von einer tibetischen Klangschalenmassage?«

* * *

Drei weitere Stunden später fühlte sich Eberhard entspannt wie seit Monaten, ach was, wie seit Jahren nicht mehr. Diese junge Dame musste Zauberhände haben. Ja, er war wirklich völlig verspannt gewesen. Und diese Fußreflexzonenmassage als krönender Abschluss!

Es war jetzt exakt 20.58 Uhr. Sie saßen im Restaurant um einen großen Tisch herum und vertrieben sich die

Wartezeit auf den warmen Zwischengang damit, den ebenso begeisterten wie eifrig mitschreibenden Krimiautoren die schönsten Geschichten ihrer Verbrecherkarriere zu erzählen.

Hugo und Luca hielten derweil missmutig die Stellung am Hotel- beziehungsweise am Spa-Eingang.

Matteo hatte gerade die Story zum Besten gegeben, wie er als 15-Jähriger sein erstes Auto geknackt hatte, wie dieses Auto aber schon nach fünf Kilometern seinen Geist aufgegeben hatte, und wie er einen Zettel unter den Scheibenwischer geklemmt hatte: *Scheißkarre.*

Sie rieben sich die Lachtränen aus den Augen, als Leo plötzlich fragte: »Und wenn wir unsere Forderungen ändern?«

»Ändern?«, fragte Eberhard.

»Na ja, wir könnten fordern, hierzubleiben.«

Nobbis Augen leuchteten auf. »Au ja.«

Vor dem Hotel Ermitage Golf schauten derweil der Einsatzleiter und seine Kollegen gebannt auf ihre Armbanduhren.

»Meinen Sie, die machen ihre Drohung wahr?«, fragte einer aus der Runde.

Der Einsatzleiter schaute düster: »Ich will's nicht hoffen.«

Die Digitalanzeige seiner Armbanduhr sprang von 21.01 auf 21.02 Uhr.

Um 21.04 passierte dem Chef de Cuisine ein Missgeschick – das erste seit Jahren. Er ließ den großen Bräter fallen, in dem die Lammkeule seit einigen Stunden im Ofen vor sich hingeschmort hatte. Im Versuch, das Schlimmste zu verhindern, eilten zwei weitere Köche herbei, was aber nur dazu führte, das auch noch einige Pfannen und Töpfe auf die Fliesen fielen. Der Lärm war bis auf die Straße zu hören.

»Mist!«, rief der Einsatzleiter. »Sie erschießen die Geiselnehmer!«

Eine Pause entstand. »Die Geiselnehmer?«, fragte einer seiner Mitarbeiter.

»Die Geiseln, Mann, Sie wissen doch genau, was ich meine. Los jetzt! Wir stürmen!«

Zur selben Zeit ging der Hoteldirektor mit schnellen Schritten in die Küche, um nach der Quelle des Lärms zu suchen. Die Männer am Tisch warfen sich verwunderte Blicke zu. Auch Hugo und Luca kamen neugierig vom Eingang her.

Die Männer des Einsatzkommandos arbeiteten mit lange eingeübter Präzision. Sie warfen Blendgranaten und stürmten das Hotel von mehreren Seiten. Die Geiselnehmer ließen sich widerstandslos festnehmen. Den Chef de Cuisine fand man weinend auf den Fliesen des Küchenfußbodens, neben sich die ruinierte Lammkeule.

So hätte es fast ein Happy End gegeben. Aber eben nur fast. Über Funk wurde den Einsatzkräften der erfolgreiche Abschluss der Mission mitgeteilt. Darüber war einer der Scharfschützen dermaßen erleichtert, dass er seinem Nebenmann fröhlich auf die Schulter schlug. Aus dessen Maschinengewehr löste sich daraufhin eine kurze, aber effektvolle Salve, die von mehreren anderen Scharfschützen falsch gedeutet wurde.

Viele, sehr viele weitere Salven wurden abgefeuert. Es dauerte fast zehn Minuten, bis der Irrtum aufgeklärt wurde, aber zehn Minuten können sehr lang sein, wenn unablässig Schüsse abgefeuert werden. Und so reichten diese zehn Minuten, um das Hotel in einen Zustand zu verwandeln, der einem Fünf-Sterne-Haus beim besten Willen nicht würdig war.

Der Hoteldirektor indes wahrte selbst in diesem Moment die Contenance. Er stand schweigend im Foyer und blickte den acht Geiselnehmern hinterher, die in Handschellen aus dem Hotel geführt wurden. Schließlich sagte er: »Tja, da werden wir wohl ein bisschen renovieren müssen.«

Muffe küsst Langschwanz

Wie es unserer Branche geht? Wie soll's uns schon gehen? Schlecht natürlich! Allen geht's doch schlecht. Harte Zeiten sind das. Ja, klar, auch für Trickbetrüger.

Sehen Sie, es geht schon los. Sie gucken auch gleich so komisch. Dabei gibt es dafür keinen Grund. Natürlich sind die Zeiten auch für Trickbetrüger härter geworden! Warum? Na, ganz einfach: Die Menschen sind misstrauischer! Die Vertrauensseligkeit ist futsch! Selbst Senioren lassen sich nicht mehr so einfach übers Ohr hauen! Die Zeiten, als man mit dem einfachen Enkeltrick an einem Nachmittag einen ganzen Wohnblock leer räumen konnte, sind vorbei. Heutzutage knallt der Rentner einem doch gleich die Tür vor der Nase zu. Oder er greift zum Handy, wenn ihm irgendwas nicht geheuer vorkommt.

Mich hat kürzlich sogar mal einer mit seinem Smartphone fotografiert, als ich bei ihm vor der Tür stand und nicht überzeugend darlegen konnte, dass es eine Störungsmeldung gibt und ich unbedingt mal in seine

Wohnung muss. Ist das nicht schlimm? Ich hab ihm das Handy aus der Hand gerissen, auf dem Weg nach unten das Foto gelöscht und das Handy dann in einen der Hausbriefkästen geworfen. Ich sage das nur, damit Sie sehen, dass ich ein ehrlicher Typ bin.

Einige von uns mussten sich inzwischen komplett umstellen. Mandy und Enrico zum Beispiel. Die waren jahrelang erfolgreich unterwegs mit einem der Klassiker schlechthin: Sie spielte immer die erschöpfte Hochschwangere, die an der Tür um ein Glas Wasser bat, und während sie dann in der Küche ihren »Durst« stillte und den Herrn oder die Dame der Wohnung einlullte, schaute sich Enrico in der Bude um. Aber was soll ich sagen: Sogar Mandy wird immer öfter die Tür vor der Nase zugeknallt. Kann man sich das vorstellen? Einer Schwangeren! Klar, sie ist natürlich nicht wirklich schwanger. Aber trotzdem.

Ach, schrecklich ist das. Jeder misstraut jedem.

Die Lage der Dinge war natürlich auch in Lauf ein großes Thema. Lauf, genau, Lauf an der Pegnitz. Da fand diesmal unser Bundeskongress statt. Ja, richtig, der Bundeskongress der Vereinigung der deutschsprachigen Trickbetrügerinnen und Trickbetrüger. Ich bin da übrigens der zweite Schriftführer. Also, besser: Ich war der zweite Schriftführer. In Lauf ist ja einiges aus dem Ruder gelaufen, wie Sie wissen … Aber der Reihe nach.

Hübsches Städtchen übrigens, dieses Lauf, wirklich. Ich muss zugeben, ich war vorher immer nur dran vorbeigefahren. Liegt ja ziemlich verkehrsgünstig an der A 9, kurz vor Nürnberg. Da war ich natürlich schon oft. Der Christkindlesmarkt dort ist ja quasi Pflichtprogramm für uns. Obwohl das inzwischen auch kein Selbstläufer mehr ist, mit diesen Geldbeuteln, die die Leute direkt am Körper tragen … ach, lassen wir das.

Jedenfalls, die Tagung stand diesmal unter dem Motto »Das Geld der anderen – Neue Wege in Zeiten der Krise«. Vier Tage dauert der Kongress immer, stets am letzten Mai-Wochenende. Ich muss sagen, ich freu mich da das ganze Jahr über drauf. Man sieht die lieben Kollegen, man plaudert, und vor allem gibt es jedes Mal interessante Vorträge und Workshops. Abends trifft man sich an der Bar. Wir organisieren sogar immer ein Fußballspiel gegen eine Mannschaft aus der Region. Da sind wir allerdings nicht so erfolgreich.

Höhepunkt ist immer die Preisverleihung am Samstag. Es gibt da verschiedene Kategorien: Bester Trickbetrüger, bester Newcomer, beste Gemeinschaftsarbeit, bester innovativer Trick – und als Hauptpreis der Preis fürs Lebenswerk. Schon die Nominierung ist eine Ehre. Ich weiß, wovon ich rede, ich war nämlich schon mal nominiert: in der Kategorie innovativer Trick. Hatte mir einen besonderen Trick für Geldautomaten ausgedacht; man braucht allerdings drei Leute dafür, was natürlich die Einnahmen minimiert … na ja, ich will nicht zu viel verraten, Sie verstehen.

Nein, natürlich treten wir nicht als Bundesverband der Trickbetrüger auf! Das wäre ja wohl ein bisschen bescheuert. Nee, wir denken uns da immer was aus. Diesmal gaben wir uns als Freundeskreis der Langschwanzpinguinie aus.

Es war übrigens in mehrerlei Hinsicht eine ganz besondere Tagung, nicht nur wegen des … nun ja, wie soll ich sagen, wegen des dramatischen Endes. Diesmal hatten wir einen echten Star unter uns, ach was, einen Superstar. Tony Sopranetti aus den USA! Ich sag Ihnen, der klaut Ihnen das Auto unterm Hintern weg. Während Sie mit 150 Sachen in Richtung Kreuz Nürnberg unterwegs sind. Und Sie merken nichts! Künstlername »Daddy Longfinger«, der Mann ist eine Legende. Der Kerl ist der absolute Wahnsinn. Acht Mal ausgezeichnet als »Trickiest Man Of The Year«, acht Mal! Den müssten Sie sehen. Schon wie der auftritt. Die Seriosität in Person. Dem gibt man fast schon freiwillig sein Portemonnaie. Tony war sogar Berater bei diesen Gauner-Filmen mit George Clooney, Sie wissen schon: *Ocean's 11, Ocean's 12, Ocean's 54* …

Es fing ja auch wirklich alles sehr schön an. Nach einem stimmungsvollen Eröffnungsabend trafen wir uns am nächsten Tag in den verschiedenen Workshops. Ich hatte einen Kurs zum Thema Taschendiebstahl belegt, bei dem es genau um jenes Problem der Gürtel-Portemonnaies ging. Vormittags Theorie, nachmittags dann praktische Übungen im Städtchen, quasi direkt am Objekt. Um das Erlernte auch umzusetzen. Besonders gut eignen sich dafür immer Stadtführungen. Na ja, ehrlich gesagt hatte ich mir da allerdings mehr von versprochen. Wolfgang, der Kursleiter, hatte zwar angekündigt, viele neue Tricks zeigen zu wollen, aber einige Sachen kannte ich dann doch schon. Immerhin: Bei der Stadtführung hat man auch noch was über den Ort gelernt.

Übrigens: Nicht, dass Sie denken, wir sind alle kriminell. Bei den Tagungen ist es üblich, das Geklaute auch wieder zurückzustecken. Das war dann ja auch der Punkt, an dem wir gemerkt haben: Hier stimmt was nicht. Hier spielt einer falsch. Na ja, es war dann ja auch nicht nur einer, wie sich herausstellte.

Tja, Sie sehen, es läuft immer wieder auf meine Eingangsbemerkung hinaus: Man kann niemandem mehr vertrauen.

Wo war ich stehen geblieben? Ach ja, die Stadtführung. Wir waren ein gutes Dutzend Teilnehmer, darunter sechs aus unserer Gruppe, Wolfgang und noch fünf andere. Wolfgang übte jeweils mit Zweiergruppen neue Varianten eines Klassikers: des Remplers mit anschließender »Erleichterung«, wie wir immer sagen. Wobei sich Erleichterung auf die Geldbörse der anderen bezieht, logisch. Besonders effektiv sind da natürlich enge räumliche Situationen, wir sprechen von »körpernahen Ereignisräumen«. Den Aufgang zum Turm der Johanniskirche kann man da geradezu idealtypisch nennen. Sehr eng und nach oben hin immer enger. Wolfgang hatte uns vormittags in der Theorie ein paar Varianten gezeigt, bei denen zwei Leute immer eine Zielperson in die Zange nehmen, einer vorne, einer hinten; der vorne tut so, als würde er stolpern und nach hinten fallen, und schon hat man die schönste Gruppenarmung, bei der Sie wirklich alle Zeit der Welt haben.

Als wir jetzt im Turm waren und ich dran war, kletterte zwischen uns so ein altes Omchen die Stufen hoch, also »klettern« ist fast übertrieben, sie schnaufte im Zeitlupentempo die Treppen hinauf. Ich scherzte noch, man müsse mal über den Einbau eines Treppenlifts nachdenken, als Wolfgang oben seine Stolperei ansetzte. Dummerweise kam in dem Moment auch die Dame selbst ins Straucheln und fiel mir quasi in die Arme. Ich kann Ihnen sagen: Um ein Haar wäre ich mit Karacho nach hinten gefallen. Das Omchen entschuldigte sich tausend Mal, ein alter Mann kam hinzu, ihr Gatte, nahm ich an. Also, da war jedenfalls nichts mit »Erleichterung«.

Geradezu ideal war später dann natürlich der unterirdische Teil, die Führung durch die Felsenkeller. Man muss wissen: Im Stadtkern von Lauf befindet sich unter fast jedem Haus ein solcher Keller, die ältesten stammen aus dem 15. Jahrhundert. Sie dienten als Lagerräume für Bier oder andere Lebensmittel. Hochinteressant, sag ich Ihnen.

Und natürlich optimal für körpernahe Ereignisräume. Im Dunkeln ist gut Rempeln, sag ich immer.

Das hat dann auch echt gut geklappt. Wir konnten ein paar richtig schöne Griffe üben.

So weit, so gut. Aber nach der Führung kam dann das böse Erwachen. Wir wollten zum Italiener am Hersbrucker Tor. *Campo* hieß der, wenn ich mich nicht täusche. Pause machen, ein Eis essen und dabei die praktischen Übungen auswerten. Wolfgang wollte uns einladen, aber als es ans Bezahlen ging, tastete er erst langsam, dann immer hektischer an seinem Körper herum. Schließlich ließ er sich in seinen Stuhl fallen, grinste uns breit an und meinte: »Sehr gut, ich sehe, Ihr habt das Gelernte gleich umgesetzt. Also: Wer hat mein Portemonnaie?«

Ich glotzte in die Runde, die anderen glotzten auch. »Nun kommt schon«, sagte Wolfgang und wurde langsam ungeduldig. »Wirklich gute Arbeit. Aber wer hat es nun?«

Wir guckten – und nacheinander schüttelte jeder von uns langsam den Kopf.

Wolfgangs Augen wurden schmale Schlitze. »Sehr witzig«, meinte er. »Aber man muss wissen, wann es genug ist.« Er machte eine Pause. »Also?«

»Also«, sagte Rudolf aus Berlin zögernd und blickte in die Runde. »Ick hab's nich', Wolfjang.«

Nacheinander zuckten wir mit den Schultern und schüttelten die Köpfe. »Ich auch nicht«, murmelte einer nach dem anderen.

Wir saßen eine Weile stumm da, einer sah zum anderen, die Blicke kreisten, und es war, als hätten in ein und derselben Sekunde alle ein und denselben Gedanken. Jedenfalls sagten wir quasi aus einem Mund: »Die Ommma!«

»Verdammt«, rief Wolfgang. »Verdammt, verdammt, verdammt! Die Ommma.«

»Und der Opppa«, ergänzte Rudolf aus Berlin überflüssigerweise.

Wolfgang ließ sich in seinen Stuhl zurückfallen. »Ist das nicht schrecklich?«, rief er. »Man kann wirklich niemandem mehr vertrauen.«

»Meine Rede«, brummte ich.

»Un' nu'?«, fragte Wolfgang.

Abends an der Bar stellten wir schnell fest, dass auch anderen Kollegen solch ein, nun ja, Missgeschick widerfahren war: Einige aus der Gruppe, die einen Ausflug zum Kunigundenberg unternommen hatte, waren ebenfalls um ihre Portemonnaies erleichtert worden. Und Heinz und Dieter, die im *Zanzibar* versumpft waren, berichteten von einem nervenden Besoffenen, der sie im Laufe des Abends angemacht und – wie sich herausstellte – auch beklaut hatte.

Es dauerte dann nicht mehr besonders lang, bis wir die Lösung herausgefunden hatten. Eigentlich war es kaum zu glauben. Wir waren nicht die Einzigen, die sich Lauf als Tagungsort ausgeguckt hatten. Der Verband Deutscher Muffen- und Nippelhersteller bestand keineswegs aus Muffen- und Nippelherstellern. Das war eine Tarnung. Die Muffen- und Nippelhersteller waren in Wahrheit der »Verein der Freunde und Förderer des Trickbetrugs«. Diese Penner! Schon deren Motto: »Trickbetrug mit Niveau!« Wenn ich das schon höre. Mit Niveau!

Warum ich da so sauer werde? Na, weil die wirklich total bescheuert sind. Ich muss dazu erklären, wir waren mal ein Verein, aber irgendwann krachte es, in der Fachliteratur ist vom Zweiten Großen Trickbetrüger-Schisma die Rede. Ende der 1990er-Jahre war das. Eine Gruppe spaltete sich ab, und seitdem gibt es zwei Berufsverbände in Deutschland.

Ist das denn zu glauben? Da suchen wir uns dasselbe Städtchen für unsere Jahresversammlung aus!

Für uns war natürlich sofort klar: Das lassen wir uns nicht bieten!

Gemeinsam schworen wir Rache.

Und nach einer kurzen Recherche wussten wir auch wo.

Das Schöne an unserem Beruf ist ja immer noch die Verbindung von Arbeit und Kultur. Ich selbst bin ein großer Theaterfreund. Darum hatte ich mich sehr gefreut, dass im Rahmenprogramm auch der Besuch einer Vorstellung im Dehnberger Hoftheater angeboten wurde. Ein toller Laden ist das, kann ich nur empfehlen, falls Sie ihn noch nicht kennen: ein mehr als hundert Jahre altes Gehöft, das zum Theater umgebaut wurde. Gespielt wird wahlweise im lauschigen Innenhof oder im ausgebauten Theaterraum.

Das Programm kam uns auch entgegen. Inhaltlich, meine ich. Auf dem Spielplan stand der Klassiker *Wie klaut man eine Million?*

Diesmal war aber klar, dass wir uns nicht uneingeschränkt aufs Bühnenvergnügen würden konzentrieren können.

Wolfgang hatte herausgefunden, dass eine zweite große Besuchergruppe angemeldet war. Ausverkaufte Hütte, zweihundert Besucher.

Wir wollten fair spielen – und darum hatte Jürgen, unser Vereinsvorsitzender, an der Rezeption des Hotels, in dem die vermeintlichen Muffen- und Nippelhersteller abgestiegen waren, eine Nachricht hinterlassen für Willi, den Chef der Idioten: Muffe küsst Langschwanz im Theater!

Die Penner verstanden erstaunlicherweise sofort, worum es ging, denn eine halbe Stunde später erhielt Jürgen einen Anruf auf seinem Handy. Er und Willi trafen sich quasi als Emissäre eine Stunde vor Vorstellungsbeginn und baldowerten die Regularien aus. Wobei die eigentlich ganz einfach waren: Sämtliche während der Vorstellung gestohlenen Gegenstände wurden gegeneinander aufgerechnet. Gegenstände von normalen Besuchern zählten einfach, Gegenstände von Mitgliedern des jeweils anderen Vereins zählten doppelt. Gegenstände von der Bühne zählten fünffach. Um die Spannung ein bisschen hochzuhalten und damit auch alle den richtigen Ansporn bekamen, sollte außerdem jeder, der einen erfolgreichen Fischzug gelandet hatte, dies durch einen Huster deutlich machen. Überschaubar, logisch, einleuchtend – sogar für die Deppen von den Freunden und Förderern. Kurzum: Wir waren alle einverstanden.

Und dann ging's los. Der erste Huster war nach einer halben Minute zu hören. Der zweite zehn Sekunden später. Ich selbst hustete das erste Mal nach vier Minuten und sechsunddreißig Sekunden (Brieftasche des Nebenmanns links) und das zweite Mal nach exakt sechs Minuten (Armbanduhr der Dame rechts neben mir).

Also, ich muss sagen, das hat echt Spaß gemacht. Na ja, den Schauspielern auf der Bühne vermutlich jetzt nicht so. Die reagierten einigermaßen verwundert und bald auch genervt auf die Husterei.

Ich meine, bis zu einem gewissen Grad werden sie das gewohnt sein. Das Problem war: Mit unseren Sitznachbarn waren wir ziemlich schnell fertig. Und so hörte die Husterei nach einer Viertelstunde dann auch wieder auf.

Na ja, ich gebe zu, wir haben uns dann wohl alle ein bisschen in die Sache hineingesteigert. Unser Plan war: Wir machen in der Pause Kassensturz, und dann setzt sich jeder an einen anderen Platz.

Tja, und da standen wir also draußen beim Bier, die Dödel von den Freunden und Förderern und wir. Jürgen und Willi stapelten die Beute auf zwei Tischchen.

Na ja, und auf einmal war dann Schluss. Hände hoch! Keiner bewegt sich! Das volle Programm. Überall auf einmal Typen, die Handschellen aus ihren Taschen zogen. Ich erkannte auch meinen Nebenmann links aus dem Theater und die Dame rechts.

Dumm gelaufen, sagen Sie?

Ja, so könnte man es ausdrücken. Aber mal ehrlich. Dass in Lauf auch noch der Bundeskongress der verdeckten Ermittler tagte und dass die sich ausgerechnet an diesem Abend im Dehnberger Hoftheater … also wirklich.

Aber ich sag's ja immer: Man kann einfach niemandem mehr vertrauen.

Wie bitte?

Ja, Herr Richter. Jetzt bin ich fertig. Fällen Sie ein weises Urteil.

Ein Dichter rastet aus

Guntram Waldvogel war ein friedliebender Mensch. Ja, es wäre keineswegs eine Übertreibung zu sagen: Für ihn hätte die Redewendung ›Er konnte keiner Fliege etwas zuleide tun‹ erfunden sein können. Insofern hatte er selbst lange zu knabbern an dem, was man ihm vorwarf: Nötigung! Freiheitsberaubung! Körperverletzung! Waldvogel verstand die Welt nicht mehr. Und sich selbst noch viel weniger. Denn die Vorwürfe, sie waren allesamt berechtigt. Wie nur hatte es dazu kommen können?

Waldvogel war im Hauptberuf Lyriker. Tatsächlich, er schrieb Gedichte. Keine reimlose Lyrik in unregelmäßigen Rhythmen, kein unverständliches Zeug ohne Rücksicht auf Grammatik, keine Wortneuschöpfungen à la *Oh, Mensch / Du Ichdingbehafteter Krauslock / schrumpfgeworfenes Selbst / in törnudeliger / Auffahrt*, sondern echte Verse. Waldvogel reimte Leben auf Streben und Sonne auf Wonne. Die Lebenshaltungskosten bestritt er aus einem umfänglichen Erbe, das ihm sein

Vater in Form eines Baumaschinenkonzerns hinterlassen hatte. Baumaschinen indes – unnötig zu betonen – langweilten Waldvogel, ja, sie ekelten ihn geradezu an. Umso dankbarer war er seinen Geschäftsführern, dass sie ihm den gesamten Firmenkram vom Hals hielten – und die Geschäftsführer waren ihrerseits nicht minder dankbar, weil Waldvogel sie schalten und walten ließ. Er selbst verbrachte den größten Teil des Jahres auf seinen Landsitzen in der Provence und der Toskana – und dichtete.

Dichten war sein Lebensinhalt, allein: Das Talent hielt nicht Schritt mit der Begeisterung. Kein Wunder also, dass Waldvogels Verse von der Kritik komplett ignoriert wurden, was vor allem daran lag, dass sie auch von den Verlagen komplett ignoriert wurden. Waldvogel hatte deshalb selbst einen Verlag gegründet und ihm den passenden Namen *Edition Vis Vitalis* gegeben. Allerdings finden im Eigenverlag herausgegebene Bücher bekanntlich so gut wie nie den Weg in die Feuilletons, es sei denn, sie haben abnorme Sexualpraktiken oder Fabelwesen mit langen Eckzähnen zum Thema.

Waldvogel bedauerte das zwar, konnte die Nichtbeachtung aber durch ausgedehnte Lesereisen kompensieren. Natürlich wurde er nicht selbst eingeladen – vielmehr lud er sich ein. Und fand dankbare Abnehmer seiner kostenlosen Lesungen in Form von Seniorenkreativvereinen und Altenheimen.

Die Lyrik des Guntram Waldvogel hatte vor allem die Natur zum Thema. Seine bislang vier Gedichtbände hießen: *Die Welt ist schön*, *Schön ist es, auf der Welt zu sein*, *Die Welt als Blumenmeer* und *Guck mal, was da sprießt*.

Jetzt, rechtzeitig zur Leipziger Buchmesse, hatte die Druckerei sein neuestes Werk geliefert: Mit dem Band *Wenn ich ein Wassertropfen wär'* wagte Waldvogel erstmals auch kleinere Ausflüge in den heiter-ironischen Bereich.

Wie jedes Jahr, so hatte Waldvogel auch diesmal einen sechs Quadratmeter großen Messestand der Variante E gemietet. Dort saß er vor seinen gesammelten Werken und schaute den vorbeiziehenden Massen freundlich hinterher, abends las er in gastronomischen Einrichtungen, manchmal auch in sonderbaren Lokalitäten, dieses Jahr zum Beispiel stand unter anderem ein Auftritt in einem Frisörsalon auf dem Programm.

Normalerweise genoss er die Tage im Messetrubel, diesmal war es irgendwie anders. Eigentlich verlief alles genau wie in den Vorjahren und doch verschlechterte sich Waldvogels Stimmung zusehends. Tatsächlich ertappte er sich irgendwann dabei, wie er sich selbst eine Frage stellte. Die Frage lautete: Was mache ich eigentlich hier?

Waldvogel konnte sie nicht beantworten. Er beobachtete die Menschenmenge, die an ihm vorbeitrottete; aber kaum einer blieb stehen, um sich Waldvogels Bücher anzusehen.

Waldvogel bemerkte an sich selbst ihm gänzlich fremde, weil missmutige, ja, fast schon verächtliche Gedanken. In unmittelbarer Nachbarschaft seiner Messekoje standen einige zugegebenermaßen sehr hübsch anzusehende junge Frauen und verteilten Leseproben eines auf erotische Literatur spezialisierten E-Book-Verlags an die vorbeiziehenden Massen. Auch ihm,

Waldvogel, hatten sie irgendwann zwei solcher Heftchen aufgedrängt. Waldvogel war entsetzt. Nein, das war keine Erotik, das war …, das war …, ach, Waldvogel wusste nicht, was es war.

Ja, auch er hatte sich in seinen Gedichten der Liebe gewidmet. Aber doch nicht auf diese Weise!

Seufzend nahm er ein Exemplar von *Die Welt ist schön* aus dem Regal und blätterte. Da, *Liebesgedicht IV*, ja, so ging es eben auch:

Als ich dich gesehen,
war's um mich geschehen.
Alles will ich dir geben,
sogar mein eigenes Leben.
Was gibt's Größ'res auf der Welt?
Vergessen sind Reichtum und Geld.
Ich brauche nur diesen Satz:
Du bist mein größter Schatz.

Kopfschüttelnd dachte Waldvogel an den Vorabend, an die Lesung in dieser muffigen Kneipe. Nach zwanzig Minuten waren sechsunddreißig der zweiundvierzig Gäste gegangen. Nur ein älteres Ehepaar harrte aus und am Rand saßen ein paar vorlaute Jugendliche: zwei Mädchen, die fortwährend kicherten, daneben zwei präpotente Jungs, von denen einer nach jedem Gedicht »Krawehl! Krawehl!« durch den Raum rief. O ja, Waldvogel verstand die Anspielung auf die Szene aus dem Loriotfilm, in dem ein versponnener Dichter zu Beginn seiner Lesung einen Schluckauf bekommt.

Nach weiteren fünf Minuten war der Kneipenwirt an ihn herangetreten und hatte mit leiser Stimme gefragt, wie lange er noch lesen wolle und ob er sich nicht vorstellen könne, das Ganze abzukürzen, er, der Wirt, wolle ihm auch ein paar Biere spendieren.

Was war nur los mit der Welt? Zählten wirklich nur noch Fun und Party?

Waldvogel war so sehr in trübsinnige Gedanken versunken, dass er die Frau nicht bemerkte, die vor einem der Regale stand, in der Hand das Buch *Die Welt als Blumenmeer*, aufgeschlagen auf den Seiten vierundfünfzig und fünfundfünfzig. Jetzt hob sie den Kopf, sah Waldvogel direkt in die Augen und sagte: »Das ist schön.«

Waldvogel war so perplex, das ihm nichts Originelleres einfiel, als zu fragen: »Was?«

»Das Gedicht ist schön«, wiederholte die Frau. »Drei Rosen im Wind.«

Waldvogel nickte. Drei Rosen im Wind, ja, er erinnerte sich. Er erhob sich.

»Ich mag Lyrik«, sagte die Frau.

Waldvogel schätzte sie auf Anfang fünfzig; klare Gesichtszüge, glattes Haar, ein elegantes dunkelblaues Kostüm.

Waldvogel nickte erneut. »Ich habe heute Abend eine Lesung in der Stadt. In einem Frisörsalon.«

»Aha, wo denn?«

»Bei …, ähm«, Waldvogel holte sein Handy aus der Hosentasche, öffnete den Kalender und las: *Schnittstelle*. Er nannte die Adresse und die Uhrzeit.

»Vielleicht schaue ich vorbei«, sagte die Frau, schenkte Waldvogel ein reizendes Lächeln und zog weiter.

Dem Dichter wurde warm ums Herz. Es gab also doch noch Menschen mit Niveau.

Der Dichter ärgerte sich aber auch: Warum hatte er die Frau nicht in ein Gespräch verwickelt? Er trat auf den Gang, ging bis zur nächsten Ecke, schaute nach rechts und links, aber es war hoffnungslos. Die Unbekannte war in der Menge verschwunden. Unwirsch wehrte er eine der jungen Frauen ab, die ihm auf dem Rückweg zum *Edition Vis Vitalis*-Stand schon wieder eines dieser Sex-Machwerke in die Finger drücken wollte.

Kaum saß er, gesellte sich der nächste Besucher an Waldvogels Stand – ein älterer Herr mit einem Rucksack. Waldvogel wusste sofort, was der Mann wollte. Tatsächlich hob der Unbekannte die Tasche vom Rücken und zog einen Hefter hervor.

»Sind Sie der Verleger?«, fragte der Mann und Waldvogel nickte.

»Ihr Verlag ist mir empfohlen worden«, fuhr der Unbekannte fort. Eine glatte Lüge, das wusste Waldvogel. Aber diese Freizeitdichter waren offenbar so verzweifelt, dass sie selbst vor hemmungslosem Falschspiel nicht zurückschreckten.

»Ich schreibe auch Gedichte.« Der Mann sah auf den Boden, während er sprach. »Ich habe hier einige Arbeitsproben mitgebracht, ich würde mich freuen, wenn Sie Zeit finden würden mal hineinzuschauen …« Er zögerte, dann fuhr er fort: »Und noch mehr würde ich mich natürlich freuen, wenn Sie eine Veröffentlichung in Betracht ziehen würden.« Der Blick blieb auf den Boden geheftet.

Immerhin, der Unbekannte hatte Manieren, das gefiel Waldvogel schon mal. Wie oft waren ihm diese Möchtegernautoren frech gekommen, waren fordernd aufgetreten, hatten sich dummdreist in die Traditionen von Goethe und Schiller gestellt.

»Ich verlege eigentlich keine fremden Autoren«, begann Waldvogel.

Der Unbekannte hob den Blick – und es zerriss Waldvogel das Herz. Nicht viel anders konnte ein Lamm gucken, wenn es zur Schlachtbank geführt wurde.

Waldvogel seufzte. »Ich kann es ja mal mitnehmen.«

Die Miene des Mannes hellte sich auf.

»Aber ich kann Ihnen wirklich nichts versprechen.«

Der Mann nickte eifrig, bedankte sich mehrmals unterwürfig und zog von dannen.

Waldvogel legte das Manuskript auf einen kleinen Stapel. Nummer zwölf, dachte er. Natürlich würde er sie alle zurückschicken. Er war sich bis heute nicht sicher, was besser war: die Manuskripte gar nicht erst anzunehmen? Oder die Hobbydichter eine Weile hoffen zu lassen?

Abends machte sich Waldvogel auf den Weg in den Frisörladen. Und er verspürte tatsächlich eine gewisse Nervosität: Ob die Unbekannte unter den Zuhörern sein würde?

Sie war es nicht, stellte Waldvogel enttäuscht fest. Dafür knapp zwanzig andere Gäste, die auf Plastikklappstühlen auf den Beginn der Veranstaltung warteten. Die allerdings keine besonders erfreuliche Lesung zu werden versprach.

»Wir hätten ja lieber einen Krimiabend gehabt«, sagte die Geschäftsinhaberin, als sie Waldvogel begrüßte.

Später wiederholte sie diesen Wunsch sogar noch coram publico, meinte, Gedichte seien »so gar nicht mein Ding« und stellte Guntram Waldvogel zu allem Überfluss als »Herrn, äh, Wald …, äh, … mann« vor.

Entsprechend ging der Abend weiter: Waldvogel las zunächst einige Gedichte aus seinem neuesten Werk – und musste mit einiger Überraschung feststellen, dass er damit bei Teilen des Publikums Erheiterung hervorrief. Tatsächlich, die Menschen lachten über Plitsch, den Wassertropfen! Gewiss, da war manch heitere Stelle in den Texten, aber doch nichts zum Schenkelklopfen! In der ersten Reihe saß breitbeinig ein schnöseliger Kerl, vielleicht Mitte dreißig, der sich immer wieder zu seiner Begleiterin beugte und ihr etwas ins Ohr flüsterte, was bei der Frau zu einem nur mühsam unterdrückten Kichern führte. Ab dem vierten Gedicht ging der Mann dazu über, besonders laut und ausdauernd zu applaudieren, er rief »Bravo!« und »Großartig!« und wurde dafür von seiner grinsenden Begleiterin ein ums andere Mal in die Seite geknufft. Auch der Rest des Publikums verfiel in immer ausgelassenere Stimmung. Inzwischen wurde mehr oder weniger unverhohlen gelacht, während Waldvogel las.

Aus den Augenwinkeln registrierte der Poet – er trug gerade das Gedicht *Zwei Hasen im Sturm* vor –, wie in der hinteren Reihe drei Frauen vornübergebeugt saßen und prustende Geräusche von sich gaben.

Inzwischen brach nach jedem Gedicht ein wahrer Applausorkan aus, die Zuhörer klatschten, lachten und jubelten und schafften es kaum, sich bis zum Beginn des nächsten Gedichts wieder herunterzuregeln.

Was geschieht hier?, fragte sich Waldvogel irritiert. Gewiss, auch er musste immer noch über das eine oder andere Wortspiel schmunzeln, aber dieses Gejohle des Publikums fand er dann doch übertrieben. Sollte es möglich sein, dass man sich wieder mal … lustig machte?

Eine bis dato nicht gekannte Wut kroch in Waldvogel hoch, gepaart mit Ärger über den bisherigen Verlauf der Buchmesse und mit Frust darüber, die sympathische Dame ziehen gelassen zu haben. Da rief der Mann in der ersten Reihe: »Krawehl! Krawehl!«, und förderte damit einen Sturm des Gelächters beim Rest des Publikums hervor.

Waldvogels Augen verengten sich zu Schlitzen. Er stand da, sah sich selbst in einem der Frisörspiegel und vor sich das sich krümmende Publikum. Aha, dachte er, so ist das also. Guntram Waldvogel, die Witzfigur. So, so. Na, da wollen wir doch mal sehen, wie viel Humor die Leute hier haben.

Wie ferngesteuert packte Waldvogel eine Schere, die auf einem Beistelltisch mit Rollen lag. »Es reicht!«, rief er mit lauter Stimme, erntete aber nur noch mehr Gelächter.

»Ich hab die Schnauze endgültig voll!«

Die Zuschauer kreischten.

Guntram Waldvogel trat auf den arroganten Sack aus der ersten Reihe zu, der sich den Bauch hielt vor Lachen. Irgendwo weiter hinten meinte Waldvogel erneut den Ruf »Krawehl! Krawehl!« zu hören. Der arrogante Sack wischte sich Tränen aus den Augen.

Waldvogel holte aus und rammte dem Mann die Schere in den rechten Oberschenkel.

Der Sack schrie auf, seine Begleiterin quiekte entsetzt und starrte auf die Schere – die meisten anderen Zuhörer registrierten indes mit deutlicher Verspätung, was geschehen war. Nur langsam senkte sich der Lärmpegel in der *Schnittstelle,* deren Name auf einmal eine völlig neue Konnotation erhielt.

»Zieh sie raus! Zieh sie raus!«, brüllte der arrogante Sack, während seine Freundin apathisch auf die Schere starrte, die im Oberschenkel hin- und herschwankte. Der Sack packte die Schere, riss sie selbst heraus und warf sie von sich. Doch Guntram Waldvogel hatte bereits eine weitere Schere gegriffen und rammte sie dem Mann nun in den noch intakten Oberschenkel.

Erneut Gebrüll und Gequieke aus der ersten Reihe, während der Rest des Publikums endlich die Klappe hielt. Zwei Leute in der letzten Reihe sprangen auf.

»Hinsetzen!«, donnerte Waldvogel und fuchtelte mit einer dritten Schere, die er gegriffen hatte. »Niemand verlässt den Raum!«

Die Zuhörer sackten langsam auf ihre Klappstühle.

»Sind Sie wahnsinnig!?«, schrie der arrogante Sack, riss auch die zweite Schere von sich und warf sie weg.

Waldvogel stand vor ihm, die dritte Schere in der Hand. »Habe ich nun Ihre Aufmerksamkeit?«, fragte er.

»Sie sind ja irre!«, brüllte der Verletzte und hielt sich mit je einer Hand je eine Wunde.

»Schnauze!«, antwortete Waldvogel und hielt die Spitze der Schere dem arroganten Sack direkt an den Hals. Wäre das Ganze eine Comicszene gewesen, so hätte nun neben dem Kopf des Mannes eine Sprechblase mit dem Wort Gulp gestanden. In der Realität schluckte der arrogante Sack geräuschlos. Und schwieg. Genau wie der Rest des Publikums.

»So«, sagte Waldvogel. »Wenn wir uns jetzt alle wieder ein bisschen beruhigt haben, können wir ja fortfahren.« Er atmete tief ein und aus, dann schrie er: »Das ist eine Lesung! Keine Comedyveranstaltung! Hier geht es um Lyrik! Um Schönheit! UM REINHEIT! UM ANMUT!«

Er starrte in entsetzt aufgerissene Augen und offene Münder. »So. Ich werde Ihnen jetzt das nächste Gedicht vorlesen«, sagte er leise. Um dann erneut zu schreien: »Und Sie werden mir zuhören!«

Kopfschüttelnd blätterte er in seinem Buch. Er atmete tief ein. »Das Gedicht heißt«, es folgte ein weiteres Luftholen. »*Innerer Frieden.*«

»Ich verblute«, stieß der arrogante Sack hervor.

»SCHNAUZE!«, schrie Waldvogel.

Der Sack stöhnte gepresst.

»*Innerer Frieden*«, wiederholte Waldvogel erschöpft. Und dann begann er zu rezitieren:

»Das Leben, scheint's, besteht nur aus Krieg.
Ein jeder, scheint's, strebt nur nach dem Sieg.
Wie nur finden wir die Einigkeit,
in dieser ach so schlimmen Zeit?«

Waldvogel hob die Stimme und hielt die Hand mit der Schere in die Höhe:

»Wer ist da in dieser Welt,
der sich der Gewalt entgegenstellt?«

Wahrlich, dachte der Dichter, das ist gut gereimt. Er warf einen Blick auf den arroganten Sack, der nun mit geschlossenen Augen dasaß, beide Hände fest auf die Oberschenkel gedrückt. Na bitte, sogar dieser Arsch schien nun endlich nachdenklich zu werden. Zufrieden setzte Waldvogel zu den letzten Zeilen an und merkte nicht, dass in den hinteren Reihen eifrig SMS getippt wurden.

»Frieden, das heißt, in der Liebe zu ruh'n.
Kampf hat damit nichts zu tun.
Wer den Frieden hat, findet Harmonie.
Mit Gewalt jedoch findet er sie nie.«

Waldvogel schaute auf. Die Zuhörer starrten ihn schweigend an. Er verbeugte sich leicht, irgendwo fing einer an zu klatschen, zwei, drei Zuhörer stimmten zögerlich ein, dann herrschte wieder Stille.

Im nächsten Moment war ein mehrtöniges Klingeln zu hören. Die Eingangstür des Frisörgeschäfts öffnete sich; im Türrahmen stand eine Frau und blickte schüchtern in den Raum.

»Entschuldigung«, sagte sie. »Ich habe mich verspätet. Ist die Lesung schon vorbei?«

Waldvogels Herz machte einen Hüpfer. Das Buch in der einen Hand, die Schere in der anderen, ging er schnellen Schritts auf die Frau zu.

»Aber nicht doch!«, rief er. »Treten Sie ein! Wie schön, dass Sie es noch einrichten konnten! Ich habe gerade mein Gedicht *Innerer Frieden* gelesen.« Er lachte. »Wir sind alle noch ganz ergriffen.«

Durch die große Schaufensterscheibe war nun das Geflacker von Blaulicht zu erkennen, aber Guntram Waldvogel hatte nur Augen für den verspäteten Gast. Er hakte sich bei der Frau unter und führte sie nach vorne – doch er kam nicht weit. Zwei Zuhörer sprangen plötzlich von ihren Stühlen auf, warfen sich auf Waldvogel und rissen ihn zu Boden. In den Rest des Publikums kam ebenfalls Bewegung, nicht wenige Menschen nutzten die Gelegenheit und flohen aus dem Frisörgeschäft.

Den Anwälten Guntram Waldvogels gelang es relativ problemlos, ihren Mandanten aus den Schlagzeilen herauszuhalten. Aufgrund seines untadeligen Lebenslaufs und der überzeugend vorgetragenen Zerknirschtheit sprach nichts gegen eine Bewährungsstrafe. Positiv wurde dabei auch die gute Sozialprognose bewertet. Denn Guntram Waldvogel war über beide Ohren verliebt. Und seine Liebe wurde erwidert.

Nein, die schöne Dame ließ sich nicht von der Tat des Poeten abschrecken – im Gegenteil, sie half ihm, eben jene Tat und die damit verbundenen Schuldgefühle zu verarbeiten. So erschien nach gerade mal vier Monaten der erste Gedichtband des auf sieben Teile angelegten Zyklus *Sühne und Schuld*. Den Titel des Auftaktbandes fand Guntram Waldvogel besonders gelungen. Er lautete: *Scheren zu Pflugscharen*.

Wir kriegen dich!

oder: Die nie gesendete Vorgängersendung von Aktenzeichen XY … ungelöst

Innen, Studio, Tag

Moderator: Guten Abend, meine Damen und Herren, ich begrüße Sie zu unserer ersten Ausgabe von »Wir kriegen dich – Die große Verbrecherjagd«. In unserem ersten Fall geht es gleich um einen ziemlich merkwürdigen Einbruch, der die Polizei in Großoberhinterhausen in Atem hält. Aber sehen Sie selbst.

(Der Moderator blickt nach rechts unten.)

(Ein Film wird eingespielt.)

Innen, Wohnzimmer, Abend

Stimme aus dem Off (getragen): Der 43. April ist ein ganz normaler Samstag bei Familie Saftmeier-Abendrot. Die beiden sind seit 54 Jahren verheiratet. Als Vertreter für Großviehbesamungsanlagen ist Klaus Saftmeier-Abendrot oft auf Reisen. Seine Frau Elvira hütet derweil das Haus. Den Abend verbringt das Ehepaar mal wieder schweigend vor dem Fernseher. Nun, nach dem Ende der Sendung, kommt es zu einem kurzen Dialog.

Klaus Saftmeier-Abendrot (kopfschüttelnd): Na, das war ja wirklich ein kniffliger Fall, den die Kommissare diesmal zu lösen hatten.

Elvira Saftmeier-Abendrot (lachend): Ja, du hast recht. Das war wirklich knifflig. Aber ich hatte doch recht. Der Gärtner war's.

Klaus Saftmeier-Abendrot (lachend): Ja, du hattest recht. Wie immer. Möchtest du noch einen Schluck Wein?

Elvira Saftmeier-Abendrot (lachend): Nein, ich glaube, ich gehe schon ins Bett. Du möchtest doch bestimmt noch dein *Aktuelles Sportstudio* sehen.

Klaus Saftmeier-Abendrot (lachend): Na dann, bis gleich.

(Sie geht lachend, er blickt ihr hinterher und streckt ihr die Zunge heraus.)

Klaus Saftmeier-Abendrot: Blöde Kuh.

(Er trinkt ein paar Schlucke Wein direkt aus der Flasche.)

Innen, Wohnzimmer, Nacht

Stimme aus dem Off: Klaus Saftmeier-Abendrot ist wieder mal vor der Glotze eingeschlafen. Plötzlich schreckt er hoch. Neben ihm liegt die leere Flasche Wein. Saftmeier-Abendrot wird bewusst, dass er nicht mehr im Sessel sitzt, sondern auf dem Boden liegt. Benommen sieht er sich um.

Klaus Saftmeier-Abendrot: Das … gibt's … doch nicht. Wo ist denn … wo sind denn …

(Er rappelt sich mühsam auf und dreht sich in dem vollkommen leeren Zimmer einmal um die eigene Achse.)

Klaus Saftmeier-Abendrot (schreit): Elviiiraaa! Komm mal!

(Abblende)

Innen, Studio, Tag

Moderator: Ja, ein wirklich verrückter Fall. Unbekannte haben das Haus der Saftmeier-Abendrots quasi komplett ausgeräumt. Im Studio ist jetzt Kriminalhauptkommissar Schneider. Herr Schneider, das ist wirklich ein rätselhafter Fall, mit dem Sie es da zu tun haben.

Kommissar (roboterhaft): Ja, das ist in der Tat ein rätselhafter Fall, mit dem wir es da zu tun haben.

Moderator: Man muss ja sagen: Eigentlich haben Saftmeier-Abendrots sogar Glück gehabt oder?

Kommissar: Ja, eigentlich haben Saftmeier-Abendrots sogar Glück gehabt.

Moderator: Wenn der Ehemann aufgewacht wäre, hätten sich die Einbrecher vermutlich gezwungen gesehen, ihn zu überwältigen.

Kommissar: Das ist richtig. Wenn der Ehemann aufgewacht wäre, wäre es zur direkten Konfrontation gekommen.

Moderator: Sie gehen davon aus, dass es sich um mehrere Täter gehandelt haben muss. Was macht Sie da so sicher?

Kommissar: Ein wichtiges Indiz für diese Annahme ist die Tatsache, dass so viele Gegenstände gestohlen wurden. Die Couch beispielsweise und auch der Schrank wären einfach zu schwer gewesen für eine einzige Person.

Moderator: Das leuchtet ein. Trotzdem kommen Sie nicht weiter.

Kommissar: Das ist richtig. Trotzdem kommen wir nicht weiter.

Moderator: (macht ein paar aufmunternde Handbewegungen) Und?

Kommissar (jetzt begreifend): Ah, ja, genau! Leider sind alle unsere Ermittlungen bisher im Sande verlaufen. Aber wir wollen deshalb nicht den Kopf in denselben stecken. Denn es gibt einige Dinge, die die Täter am Tatort zurückgelassen haben und zu denen wir heute Abend von den Zuschauern Hinweise erhoffen.

Moderator: Da sind zunächst natürlich die vielen Gegenstände, die gestohlen worden sind.

Kommissar: Ja. Es sind sehr viele Gegenstände gestohlen worden. Es handelt sich: um eine viersitzige Couch, einen Zweisitzer, zwei Sessel, einen Fernseher, einen Schallplattenspieler, diverse Schallplatten, jede Menge Bücher, zwei Teppiche, eine sogenannte Wohnwand samt diverser darin befindlicher Gegenstände. Für uns wäre natürlich interessant: Wem ist oder sind in letzter Zeit einer oder mehrere dieser Gegenstände angeboten worden?

Moderator: Aber es sind auch kleinere Gegenstände verschwunden.

Kommissar: Das ist richtig. Bei dem Überfall wurden auch einige kleinere Gegenstände entwendet. Zum Beispiel diese 0,5-Liter-Flasche Bier der Marke »Schlucki« mit diesem markanten Etikett. Unsere Fragen in diesem Zusammenhang: Wer kennt dieses Bier? Wem ist in letzter Zeit ein solches Bier angeboten worden?

Moderator: Die Täter müssen wirklich sehr leise zu Werk gegangen sein.

Kommissar: Das ist richtig.

Moderator: Aber die Täter haben auch einige Fehler gemacht. Sie haben nämlich einige Gegenstände am Tatort zurückgelassen. Und da setzen Sie, Herr Schneider, all Ihre Hoffnungen vor allem in einen Gegenstand.

Kommissar: Das ist richtig. Wir haben am Tatort diesen Personalausweis gefunden, der möglicherweise dem Täter gehört.

Moderator: Interessant. Ein Personalausweis. Warum gehen Sie davon aus, dass er einem der Täter gehört?

Kommissar: Weil der Name nicht identisch ist mit den Namen der Opfer.

Moderator: Ein starkes Indiz.

Kommissar: Das ist richtig. Unsere Fragen sind: Wer kennt diesen Mann, der darauf abgebildet ist? Wer kann etwas über seinen derzeitigen Aufenthaltsort sagen?

(Der Personalausweis wird eingeblendet.)

Moderator: Aber Sie haben ja noch mehr gefunden.

Kommissar: Das ist richtig. Wir haben noch mehr gefunden.

Moderator: Was denn?

Kommissar: Dieses Notizbuch!

Moderator: Ein Notizbuch.

Kommissar: Ja. Wir müssen davon ausgehen, dass es dem Täter gehört. Unsere Spezialisten haben das Notizbuch untersucht. Interessant sind für uns natürlich vor allem die Telefonnummern, die dort notiert sind.

Moderator: Das könnte eine Spur ergeben?

Kommissar: In der Tat. Wir sind auf die Telefonnummern mehrerer Personen gestoßen: Manni, Atze, Holgi, Teffi, Gisela, Schlapinsky und vor allem: *Mutti.* Unsere Fragen lauten daher: Wer kennt Personen namens Manni, Atze, Holgi, Teffi, Gisela, Schlapinsky und Mutti? Wem sind eine oder mehrere dieser Personen in jüngster Zeit angeboten worden oder wer kann etwas über ihren derzeitigen Aufenthaltsort sagen?

Moderator: Haben Sie die Nummer dieser ominösen *Mutti* einfach mal angerufen?

Kommissar: Äh, wie meinen Sie das?

Moderator: Na ja, Sie hätten doch einfach, nun ja, anrufen …

Kommissar: Wie meinen Sie das?

Moderator: Na ja, ich meine … ein Notizbuch … eine Nummer …

Kommissar: Ja?

Moderator: Ich höre gerade, wir schalten jetzt in unser Aufnahmestudio nach Wien zu Konrad Nidetzky.

Nidetzky (extrem wienernd, im Hintergrund ist permanentes Telefonklingeln zu hören): Ja, ich kann sagen, der mysteriöse Einbruchsfall aus Hinterober …, Großhinter …, Hauserhinter … hausen stößt auch hier bei uns in Österreich auf großes Interesse. Bei uns laufen die Telefone wirklich heiß, darf ich sagen. Die meisten Hinweise beziehen sich auf die verschwundenen Gegenstände, vor allem auf die Bierflasche der Marke Schlucki. Offenbar gibt es in der Steiermark ein Kaffeehaus, in dem diese Marke ausgeschenkt wird, das könnte natürlich eine sehr interessante Spur sein. Ein weiterer … ein weiterer … ebenfalls … KANN MAL EINER AN DAS VERDAMMTE TELEFON GEHEN! … (das Klingeln endet abrupt) … DANKE! (atmet tief ein) In einem weiteren sehr interessanten Anruf hat ein männlicher Anrufer berichtet, er kenne besagte Mutti und habe sogar selbst eine. Das muss aber noch genauer überprüft werden. Und damit zurück nach München.

Moderator: Das ist ja sehr vielversprechend. Und damit gehen wir in die Schweiz, genauer: in unser Aufnahmestudio in Zürich zu Peter Toenz. Hallo, Peter Toenz.

Toenz (langsam, mit extremem Schweizer Dialekt): Ja, auch hier bei uns in der Schweiz stößt der Einbruchsfall von Überoberhinter … Groß … ähm … Vorderhinterhausen auf größtes Interesse. Erst vor wenigen Sekunden hat sich eine Person gemeldet, die von sich behauptet, jene Mutti zu sein. Wir hören einmal kurz in den Anruf hinein.

Weibliche Stimme aus dem Off (gebrechlich): Hallo? … Hallo! Ruedi, bist du das? Hier ist Mutti! Du hast dich schon so lange nicht gemeldet! Du wolltest dich doch mal melden. Ich wollte dir nur sagen, der neue Fernseher funktioniert sehr gut.

Moderator: Das klingt doch nach einer weiteren vielversprechenden Spur, meinen Sie nicht auch Herr …, äh … Herr Kommissar. (Er blickt sich um). Herr Schneider?

(Kommissar schaut ihn stumm an, dann blicken sich beide im vollkommen leergeräumten Studio um.)

Moderator: Äh, wo sind denn die Kameras? Und unser Stehpult? Die Schreibtische! Meine Brotdose! Das gibt's doch gar nicht! Regie!!!

Ein Toter

Der Vorfall

Das erste, was in sein Bewusstsein drang, war ihre Stimme. Das zweite war der Schmerz kurz oberhalb seines Hinterns.

»Heinz«, flüsterte sie. »Heinz, wach auf!« Sie rüttelte an seiner Schulter.

»Was?«, murmelte er, immer noch nicht ganz bei Bewusstsein.

»Wach endlich auf«, wiederholte sie. »Da ist jemand im Haus!«

»Was?«, wiederholte er.

»Da. Ist. Jemand. Im. Haus!«

»Äh?« Ächzend richtete er sich kleines Stück auf, was einen stechenden Schmerz tief unten am Rücken zur Folge hatte. »Jemand im Haus?«

»Hör doch!«

Gemeinsam lauschten sie in die Stille. Nach ein paar Sekunden meinte er: »Ich hör nix.« Doch im selben Moment drang ein Geräusch an sein Ohr, ein irgendwie schleifender Ton.

Heinz starrte Gertrud an – und selbst in dieser Situation hatte ihr Blick etwas Triumphierendes. *Siehst du, du hast mir mal wieder nicht geglaubt*, sagte der Blick, *aber ich hab recht. Mal wieder.*

Er dachte an die Artikel, die er in den vergangenen Wochen in der Zeitung gelesen hatte. *Einbruchserie in Köthen. Extrem dreiste Täter. Eine Stadt in Angst.* Heinz hatte das für Panikmache der Lokalzeitung gehalten. Stadt in Angst, ging's vielleicht auch eine Nummer kleiner?

Vorsichtig stemmte er sich aus dem Bett und brachte sich langsam in eine aufrechte Position. Mist, dachte er, die Wirkung der Ibuprofen lässt schon wieder nach. Am liebsten hätte er gleich eine neue Tablette eingeworfen.

Gertrud war ebenfalls aufgestanden. Ihre Hand krallte sich in das Oberteil seines Pyjamas.

Ein weiteres Geräusch ertönte, wieder schwer zu definieren, doch zum Schrecken von Heinz und Gertrud erklang gleich danach ein Ächzen, das ziemlich eindeutig menschlicher Natur war.

»Ich hab dir immer gesagt, wir brauchen ein zweites Telefon im Schlafzimmer«, flüsterte Gertrud. »Aber nein, du meinst ja, das sei nicht nötig. Jetzt haben wir den Salat. Wenn wir hier ein zweites ...«

»Halt die Klappe«, zischte er und öffnete die Schlafzimmertür.

»Was hast du vor?«, fragte Gertrud.

Ohne zu antworten schlich Heinz aus dem Raum und schielte um die Ecke, die Treppe ins Erdgeschoss hinab.

Nichts zu sehen.

»Hallo?«, rief Heinz und lauschte mit leicht vorgebeugtem Oberkörper. Eine aufrechte Haltung einzunehmen, war ihm immer noch nicht möglich.

Nichts.

»Ist da jemand?« Er lauschte erneut und machte sich langsam an den Abstieg. Er hatte erst eine Stufe geschafft, als er eine Berührung an der Schulter spürte. Er drehte sich um. Gertrud stand hinter ihm und hielt ihm ein dickes Buch entgegen. Das *Große Lexikon der Homöopathie*, das stets auf ihrem Nachttisch lag und in dem sie allabendlich blätterte. 864 Seiten.

Er sah sie irritiert an.

»Falls du dich verteidigen musst«, flüsterte sie und deutete an, ihm das Buch über den Schädel zu hauen.

Er verdrehte die Augen, nahm den Wälzer aber doch und setzte den Abstieg fort.

Unten angelangt, tastete er mit seiner Hand zum Schalter für das Licht in der Küche. Ein schneller Blick zur Wohnungstür: Sie war geschlossen, die Kette vorgelegt. Er blickte die Treppe hinauf und sah Gertrud langsam herunterkommen. Er machte hektisch-wedelnde Bewegungen, um sie zurückzuscheuchen, aber sie ließ sich nicht beirren.

Heinz schüttelte den Kopf und drehte sich wieder um: »Hallo?«

Als Antwort war erneut ein merkwürdiges Ächzen zu hören, gefolgt von jenem undefinierbaren Schleifgeräusch. Ein Tier, dachte er. Ein Tier, das irgendwie ins Haus gekommen war. Aber welches Tier machte solche Geräusche?

Heinz packte das Buch fester, kniff die Augen zusammen, drückte den Schalter, öffnete die Augen wieder und trat um die Ecke. Angestrengt starrte er in die Küche, blinzelte ein paar Mal, damit sich seine Augen an die Helligkeit gewöhnten.

Dann fiel sein Blick auf den Küchenfußboden.

Da hockte ein Mann auf allen vieren und starrte auf die weißen Fliesen.

Heinz erschrak, als er Gertruds Hand an der Schulter spürte. Im nächsten Moment stieß seine Frau einen Schrei aus, gefolgt von einem Konglomerat an Fragen und Befehlen: »Ah! Wer ist das? Wer sind Sie? Was wollen Sie? Was machen Sie in unserer Küche? Stehen Sie auf! Verlassen Sie unser Haus!«

Kann sie nicht einfach mal die Klappe halten?, dachte Heinz und spürte selbst in dieser Situation eine Genervtheit in sich aufsteigen. Sie plappert wie Thomas Gottschalk, als der noch bei *Wetten, dass …?* war.

Als Antwort erhielten Gertrud und Heinz ein weiteres Ächzen. Dann zwei hervorgestoßene Wörter. »Keine Bewegung!«

»Was?«, rief Gertrud. »Was erlauben Sie sich!? Wer sind Sie überha…«

»Halt den Mund, Gertrud«, fuhr Heinz seine Frau an, denn er sah etwas, was Gertrud offenbar nicht sah. Noch nicht. Der Unbekannte presste mit der einen Hand eine Pistole auf die Fliesen.

»Ja. Bitte«, stieß der auf dem Boden kauernde Mann hervor. »Halten Sie einfach den Mund. Und setzen Sie sich. Bitte!«

»Er hat eine Pistole«, raunte Heinz seiner Frau zu, bevor sie zu einem erneuten Redeschwall ansetzen konnte.

Gertrud stöhnte auf, dann traten sie und Heinz langsam an den Esstisch – und setzten sich.

Eine Weile sagte niemand etwas. Nur das Ticken der Küchenuhr war zu hören. Kurz vor drei, registrierte Heinz. Er bewegte sich langsam hin und her, um eine möglichst schmerzfreie Position zu finden.

So saßen sie eine Weile. Heinz und Gertrud am Küchentisch; zwei Meter von ihnen entfernt ein ihnen unbekannter Mann, der auf Händen und Knien am Boden hockte. Heinz und Gertrud blickten sich ratlos an. Gertrud grimassierte, ohne dass Heinz den Sinn erkennen konnte. Es bedeutete wohl irgendwas wie: Jetzt tu doch endlich was! Warum tust du nichts? Tu was!

Nach einer gefühlten Ewigkeit durchbrach Heinz das Schweigen. »Wie geht es denn jetzt weiter?«

Der Mann ächzte und schaute hoch – ausgewaschene Jeansjacke, unrasiert, kurze Haare, vielleicht fünfundvierzig Jahre alt, schätzte Heinz.

»Wenn Sie uns …«, begann Heinz. »Also … wir werden Sie nicht anzeigen … wenn Sie einfach wieder … gehen.«

»Wie sind Sie überhaupt reingekommen?«, meldete sich Gertrud. »Das ist Einbruch, wissen Sie das? Und Kidnapping. Entführung.«

Heinz starrte Gertrud an: »Entführung? Wieso Entführung?«

»Dann eben Geiselnahme. Verlassen Sie sofort unser Haus, oder wir rufen die Polizei.« Heinz sah Gertrud möglichst streng an, aber die ließ sich nicht beirren. »Verlassen Sie sofort unser Haus!«, wiederholte sie.

Vom Fußboden erklang ein weiteres Ächzen. Und dann sagte der Mann: »Ich kann nicht.«

Nach ein paar Sekunden der Stille fragten Heinz und Gertrud unisono. »Was?«

»Ich! Kann! Nicht!«, stieß der Mann hervor.

»Was soll das heißen, Sie können nicht?«, fragte Gertrud.

»Ich kann nicht. Ich kann mich nicht bewegen«, kam es mit gepresster Stimme vom Küchenboden.

»Was soll das ...«, begann Gertrud erneut, doch bevor sie ihren Satz beenden konnte, schrie der Mann: »ICH HABE EINEN HEXENSCHUSS!«

Heinz und Gertrud starrten den Einbrecher an, der nun versuchte, sich zu bewegen. Er zog eine Hand vor – diejenige, mit der er nicht die Pistole auf die Fliesen presste – und erreichte das Bein eines Küchenstuhls, zog ihn quietschend ein paar Zentimeter über den Boden (Heinz erkannte das Geräusch, das er schon im Schlafzimmer gehört hatte) und versuchte sich an dem Stuhl aufzurichten. Er stöhnte laut auf, brach seine Bemühungen ab und begab sich zurück in die Hundeposition. Leise fluchte er vor sich hin.

Heinz und Gertrud sahen sich an. »Er hat einen Hexenschuss«, sagte Gertrud und wiederholte damit das Offensichtliche. »Genau wie du.«

Wieder verging eine halbe Minute, ohne dass irgendjemand etwas sagte. Wieder war es Gertrud, die das Schweigen durchbrach. »Wie gesagt, wenn Sie einfach gehen, lassen wir Sie laufen.«

Der Mann erhob den Kopf und sah Gertrud direkt in die Augen, blieb aber stumm.

»Sie brauchen ein Stufenbett«, sagte Heinz nach weiteren langen Sekunden der Stille.

Gertrud glotzte ihn an: »Spinnst du?«

»Was denn?«, rief Heinz gereizt. »Sollen wir hier ewig sitzen bleiben? Er hat eine Pistole. Wir können nicht weg. Er kann nicht weg.« Ruckartig stand Heinz auf, wurde aber sogleich von seinen unteren Lendenwirbeln bestraft. Auch in den Einbrecher kam Bewegung, soweit man das Bewegung nennen konnte: Er hob die Hand mit der Pistole. »Bleiben Sie sitzen!«

»Ich baue Ihnen ein Stufenbett«, rief Heinz und hielt in der Bewegung inne. »Sie werden sehen, das hilft.«

»Keine falsche Bewegung«, presste der Einbrecher hervor.

»Keine Sorge«, brummte Heinz und dachte eine Sekunde darüber nach, dem Mann vorzuschlagen, Gertrud als Geisel zu nehmen. Dann würde er einen Fluchtversuch starten, der Einbrecher würde Gertrud erschießen, und so hätte die verkorkste Nacht sogar noch ihr Gutes gehabt.

Stattdessen humpelte er zur Speisekammer und zog einen halb leeren Wasserkasten heraus, nahm die Flaschen und stellte sie auf die Fliesen. Dann humpelte er zu dem Einbrecher und stellte den Kasten neben ihn. Er hinkte weiter zur Küchenbank, nahm die große Wolldecke, faltete sie drei Mal längs und legte sie neben dem Mann auf den Boden. Den Kasten stellte er ans Ende der Decke. Schließlich nahm er noch ein Kissen von der Küchenbank und legte es auf den Kasten.

Heinz ging neben dem Mann in die Knie. »So. Jetzt versuchen Sie mal, sich umzudrehen und die Beine auf die Kiste zu legen. So als würden Sie im Liegen sitzen.«

Der Mann starrte abwechselnd Heinz und die Kiste an.

»Na los«, munterte Heinz ihn auf.

Der Mann knickte den rechten Arm ein und ließ sich dann zur Seite fallen. Er schrie auf. Entschlossen packte Heinz den auf der Seite liegenden Oberkörper und drehte ihn auf die Decke. Der Mann brüllte erneut. Gertrud bestaunte die Szenerie mit offenem Mund vom Küchenstuhl aus. Schwer schnaufend lag der Mann schließlich auf der Decke, die Beine angezogen.

»So«, sagte Heinz. »Und jetzt noch die Beine auf die Kiste.« Er griff in die Kniekehlen des Mannes und hob die Beine auf den gepolsterten Plastikkasten. Der Einbrecher ächzte und stöhnte, aber als Heinz fertig war, wurde er ruhiger. Nur sein schneller Atem zeugte von den Anstrengungen.

Heinz betrachtete den Einbrecher. »Besser?«

»Aaaah«, machte der Unbekannte – und nickte. Langsam beruhigte sich sein Atem. Er umfasste die Waffe fester und richtete sie auf Heinz.

»Wunderbar, Herr Professor Brinkmann!«, quakte Gertrud sarkastisch vom Küchentisch. »Jetzt kann er uns viel besser in Schach halten.«

»Er hat Schmerzen!«, gab Heinz zurück. »Du hast ja keine Ahnung, wie das ist!«

»Ich hab keine Ahnung?«, keifte Gertrud. »Wer hat dich denn all die Jahre gepflegt?«

Gepflegt, dachte Heinz verächtlich. Toll, Kügelchen hast du mir gegeben! Deine Scheißglobuli. D-irgendwas. Er ignorierte ihre Bemerkung und betrachtete den Einbrecher. »Geht's?«, fragte er.

Als Antwort erhielt er ein weiteres Ächzen. Nach einer Weile murmelte der Mann: »Schöne Scheiße.« Und dann: »Schätze, das ist eine klassische Pattsituation.«

»Gar nicht Patt«, meldete sich Gertrud. »Wir sind zwei und Sie sind einer!«

Der Mann hielt die Pistole hoch. »Die hier zählt für zwei. Also steht's drei zu zwei.«

Gertrud wollte etwas erwidern, klappte dann aber ihren Mund zu.

»Ihr erster Hexenschuss?«, erkundigte sich Heinz in die Stille hinein.

Der Mann schüttelte den Kopf.

»Vielleicht haben Sie ja auch einen Bandscheibenvorfall«, meinte Heinz und weil der Unbekannte schwieg, fuhr er fort. »Ich hab zwei. Schon seit Jahrzehnten. Bei L4-L5 und L5-S1.

Der Mann schaute verständnislos.

Heinz fasste an seine untere Rückenpartie. »Lendenwirbel, ganz unten, knapp überm Hintern.« Ihm fiel etwas ein. »Haben Sie Schmerzen im Bein?«

Der Mann zögerte, dann machte er ein Geräusch, das nur als Zustimmung gedeutet werden konnte.

Heinz nickte wissend. »Aha! Bandscheibenvorfall, klarer Fall. Da können Sie jetzt einen Monat bei uns auf dem Küchenfußboden liegen bleiben.«

Die Waffe des Einbrechers schnellte hervor und zielte an Heinz vorbei. Heinz wirbelte herum. Gertrud stand stocksteif neben dem Küchentisch. »Setzen Sie sich wieder hin«, sagte der Mann. Aber seine Stimme klang eher matt als Angst einflößend.

»Was soll der Blödsinn, Gertrud?«, fragte Heinz. Und zu dem am Boden Liegenden gewandt: »Ich setze mich auch wieder an den Küchentisch, einverstanden?«

Der Mann nickte.

Heinz setzte sich, dann war nur noch das Ticken der Uhr zu hören. Der Einbrecher starrte an die Decke, Gertrud starrte auf den Einbrecher – und Heinz grübelte. Eine Pattsituation, in der Tat. Ob der Einbrecher verschwinden würde, wenn er könnte? Oder ob er sie erschießen würde? Heinz hatte schon oft gelesen, dass Einbrecher eher nicht dazu neigen, Gewalt anzuwenden. Und der Typ da auf dem Küchenfußboden sah auch nicht besonders gewalttätig aus. Eher ärmlich. Ein Hartzi möglicherweise, der keine andere Chance sah, an Geld zu kommen? Ich könnte ihm Schmerzmittel anbieten, überlegte Heinz. Doch im gleichen Moment verwarf er die Idee: Nein, die Folgen eines solchen Angebots wären absolut unüberschaubar.

Die Stimme des Einbrechers riss Heinz aus seinen Gedanken: »Haben Sie irgendwas im Haus?«

»Was?«

»Ein Schmerzmittel«, stöhnte der Unbekannte. »Aspirin oder so.«

Heinz musste lachen. »Aspirin? Die helfen Ihnen in Ihrer Situation gar nix.«

»Dann halt was Anderes. Was Stärkeres.«

Heinz streifte Gertrud mit einem Seitenblick. Sie starrte immer noch fassungslos auf den Einbrecher. Dann öffnete sich ihr Mund, und sie sagte mit kühler Strenge: »Wir haben dieses Zeug nicht! Wir haben nämlich kein Interesse daran, uns selbst zu vergiften!« Ein diabolisches

Grinsen erschien in ihrem Gesicht: »Aber ich gebe Ihnen etwas anderes, wenn Sie dann abhauen.«

Heinz verdrehte die Augen.

Gertrud schien aus ihrer Trance zu erwachen. »Ich habe etwas, das besser ist als jedes Schmerzmittel.«

»Nehm' ich«, schnaufte der Einbrecher.

Gertrud hob den Zeigefinger. »Erst müssen Sie versprechen, dass Sie dann abhauen.« Sie hatte eindeutig wieder Oberwasser.

»Und was ist das für ein Wundermittel?«, fragte der Einbrecher misstrauisch.

»Ein homöopathisches«, antwortete Gertrud.

Heinz stöhnte sehr leise.

»Homöopathisch?«, echote der Mann. »Und das soll helfen bei einem Hexenschuss?«

»Ist nur ein Angebot.« Gertruds Stimme wurde mit jeder Sekunde fester; Heinz erkannte bereits wieder diesen typisch schnippischen Ton, den er hassen gelernt hatte in vierundvierzig Ehejahren.

Der Einbrecher schien zu überlegen, dann meinte er: »Na … okay.«

»Und Sie hauen dann ab?«

»Sobald ich wieder gehen kann.«

Gertrud erhob sich entschlossen, aber der Einbrecher zielte sofort mit der Pistole auf sie.

»Unser Medizinschrank ist oben!«, zischte Gertrud.

Eine weitere Pause entstand, dann sagte der Einbrecher: »Wenn Sie Scheiße bauen, knalle ich Ihren Gatten ab.«

Gertrud bedachte ihren Gatten mit einem langen Blick, und Heinz wurde mulmig. Sie drehte sich um und verschwand aus der Küche. Im nächsten Moment waren ihre Schritte auf der Treppe zu hören.

Heinz reagierte blitzschnell – oder jedenfalls so schnell es eben ging mit den Schmerzen im Rücken. Er legte einen Finger auf die Lippen und bedeutete dem Einbrecher, still zu sein. Dann humpelte er zur Spüle und öffnete den Schrank darunter, hinter dem der Mülleimer steckte. Er langte mit der Hand weit nach hinten, holte ein Päckchen hervor und hastete zu dem Einbrecher, der Heinz' Bewegungen mit stummer Ratlosigkeit verfolgt hatte.

Heinz kniete sich neben den Mann und fummelte gleichzeitig an dem Päckchen herum.

»Wir haben nicht viel Zeit«, flüsterte er. »Sie kommt gleich mit Kügelchen, aber das können Sie vergessen. Sie gibt mir seit Jahren Kügelchen.« Er drückte zwei Tabletten aus der Folie. »Hier, schlucken Sie die, Ibuprofen 800, in einer halben Stunde sollten Sie wenigstens halbwegs hier raushumpeln können.«

Der Einbrecher starrte Heinz an.

Der drückte dem Mann die Tabletten in die Hand. »Los, schnell, brauchen Sie Wasser, um sie zu schlucken?«

Der Einbrecher stierte die Tabletten an.

»Nun machen Sie schon, diese Kügelchen werden nix ...«

Ein Schrei ertönte. Heinz schreckte hoch.

Gertrud stand am Küchentisch, in der Hand ein kleines Fläschchen. »Was machst du da, Heinz?!?«

Der Einbrecher stopfte sich die Tabletten in den Mund und schluckte gequält.

»Heinz!«, rief Gertrud und war mit wenigen Schritten bei ihm. Sie beugte sich zu ihm herab, nahm ihm die Tablettenpackung aus der Hand und glotzte sie lange an.

Dann brach es aus ihr heraus: »Wie kannst du nur? Das sind Ibuprofen! Das ist pures Gift! Wo hast du das her? Wieso hast du dieses Zeug im Haus? Warum hast du …«

»Halt die Klappe!«, unterbrach Heinz. »Halt endlich die Klappe! Du mit deinen Scheißkügelchen! Was glaubst du denn? Ich habe zwei Bandscheibenvorfälle! Da helfen keine Kügelchen!«

»Aber … Heinz … wir waren uns doch einig …«

Heinz wandte sich dem Einbrecher zu: »Kennen Sie sich mit Homöopathie aus?« Der Einbrecher schüttelte den Kopf.

Heinz zeigte mit ausgestrecktem Finger auf seine Frau: »Einmal im Monat schleppt sie mich ins Hahnemann-Haus zwecks Anbetung ihres Säulenheiligen. Sagt Ihnen das was, Hahnemann?«

Der Einbrecher schüttelte stumm den Kopf.

»Samuel Hahnemann, Erfinder der Homöopathie, lebte von 1821 bis 1835 hier in Köthen. Glauben Sie mir, ich weiß alles über Hahnemann!«

»Heinz …«, sagte Gertrud, aber weiter kam sie nicht, denn Heinz war nicht zu bremsen.

»Sagen Ihnen Potenzen was?« Heinz lachte irre. »Nicht in sexueller Hinsicht, sondern D9? D23? Bei der Potenz D9 entspricht das Verhältnis eins zu einer Milliarde. Anders gesagt: Ein Wirkstofftropfen in einem Tanklastwagen! D23 bedeutet eins zu einhundert Trilliarden, gleich ein Wirkstofftropfen im Mittelmeer! Im Mittelmeer! D78 – eins zu einer Tredezillion!« Heinz kreischte jetzt. »Tredezillion, das heißt, ein Wirkstoffmolekül kommt auf alle Moleküle des Universums! In Deutschland werden Kügelchen bis zu einer Potenz von D1000 hergestellt. Können Sie mir mal sagen, wie das gehen soll, wenn schon D78 alle Moleküle des Universums enthält!?«

Heinz wandte sich an seine Frau. Seine Stimme wurde nun leise. Bedrohlich leise. »Weißt du was, meine Liebe? Ich habe überall im Haus Tabletten und Tropfen versteckt. Ibuprofen, Tramadol, Codein, Diclofenac, ich hab sie alle! Eine Zeit lang hatte ich sogar Morphiumpflaster!«

Gertrud stöhnte auf. »Heinz …«

»Schluss mit Heinz!«, donnerte der Gatte, quetschte eine Ibuprofen aus der Folie und stopfte sie sich in den Mund. »Da, siehst du? Lecker! Wunderbar!« Er schluckte die Tablette hinunter. »Anders hätte ich meine Rückenschmerzen überhaupt nicht ertragen, hörst du? Weißt du, wie demütigend das ist? Immer heimlich Tabletten schlucken zu müssen und nebenbei deine Scheißkügelchen? Und immer so tun zu müssen, als ob die Kügelchen helfen würden? Damit du es weißt: Sie helfen nicht, hörst du, sie helfen …«

In diesem Moment ächzte der Einbrecher und versuchte sich aufzurichten. »Ähm, also … ich glaube, mir geht es schon langsam besser …« Mit schmerzverzerrtem Gesicht wälzte er sich auf die Seite und brachte sich in die Vierbeinerposition, in der er schwer schnaufend verharrte. Er setzte den rechten Arm vor, zog das linke Bein nach, schob den linken Arm vor und dann das rechte Bein, bis der den Küchentisch erreicht hatte. Unter Aufbietung all seiner Kräfte zog er sich langsam, sehr langsam nach oben.

»Warten Sie, ich helfe Ihnen«, rief Heinz.

»Geht schon«, schnaufte der Einbrecher.

»Nun seien Sie doch nicht so störrisch!«, meinte Heinz und packte den Arm des Mannes. Der versuchte, Heinz' Hand abzuschütteln, Heinz spürte einen Stich im Rücken, stieß einen Schmerzensschrei aus und rutschte mit seiner linken Hand nach unten, dorthin, wo die rechte Hand des Einbrechers die Pistole festhielt.

»Mein Rücken, verdammter Mist!«, stieß Heinz hervor, auch der Einbrecher ächzte, er hob seine rechte Hand, aber Heinz drückte sie sofort wieder auf den Tisch, der Einbrecher riss die Hand erneut nach oben, beide Männer verloren nun das Gleichgewicht und knickten langsam ein.

Als sie gemeinsam zu Boden stürzten, waren ihre Schmerzensschreie so laut, dass sie fast den Schuss übertönten, der sich aus der Waffe löste, die der Einbrecher und Heinz umklammert hielten.

* * *

Diese Wärme! Wie gut sie ihnen tat! Ihnen beiden. Heinz und Dirk lagen in ihren Liegestühlen, vor ihnen das Rote Meer, das an diesem Morgen aussah wie ein riesiges, frisch gewaschenes, azurblaues Handtuch, hinter ihnen einer von Dutzenden Hotelkomplexen, die den Strand der ägyptischen Touristenhochburg Hurghada säumten.

Sie sprachen nicht mehr oft über jene Nacht. Es gab ja auch nicht mehr viel zu sagen.

Klar, da war die Schuldfrage. Bloß: Wer war Schuld?

Für die Polizei und die Öffentlichkeit war es jener unbekannte Einbrecher, der in Köthen für Angst und Schrecken gesorgt hatte.

Heinz und Dirk wussten es besser, natürlich. Sie wussten, die Schuldfrage war nicht so eindeutig zu klären. Beim besten Willen nicht. Es war ihnen schon in jenem Moment klar gewesen, als sie beide vom Schmerz niedergedrückt auf dem Küchenfußboden hockten und ihrer beider Hände – Dirks rechte und Heinz' linke – die Pistole umfassten.

Sie hatten eine Weile beratschlagt, dabei eine erstaunliche Menge an gemeinsamen Interessen festgestellt, und währenddessen Ibuprofentabletten verspeist. Irgendwann hatten sie eine Art Plan. Noch etwas später war Dirk wieder in der Lage gewesen davonzuhumpeln, und Heinz hatte mit zitternder Stimme die Polizei angerufen.

Gertruds Lebensversicherung zahlte anstandslos.

Die Einbruchserie endete abrupt.

Nun, drei Monate später, blickten Heinz und Dirk also übers Rote Meer, in dem sich längst Gertruds gesammelter Kügelchenvorrat aufgelöst hatte.

Vier Tage zuvor hatte Heinz die Fläschchen entleert, und er war dabei noch einmal für einen Moment melancholisch geworden. Ein bisschen, fand er, war es so, als streue er Gertruds Asche aus.

Manni fährt zum Horizont

Der ganze Schlamassel fing damit an, dass der CD-Spieler an seinem Autoradio den Geist aufgab. Damit war Manni von einer Sekunde auf die andere von seinen Lieblingssongs abgeschnitten. Und das ausgerechnet heute, am Tag seiner alljährlichen Gronau-Reise.

Vermutlich war es der Schock über das kaputte CD-Gerät, der dazu führte, dass Manni sich gleich danach verfuhr, und zwar gehörig.

Manni staunte über sich selbst. Sich auf dem Weg von Enschede nach Gronau zu verfahren, das war ihm bislang auch noch nicht gelungen. Er deutete sein Missgeschick nicht nur als Resultat des kaputten CD-Spielers und der infolgedessen permanent ablenkenden Suche nach einem Sender, der halbwegs gescheite Mucke spielte – er deutete es vor allem als Indiz für die herausragende Qualität des Krauts, das er in einem kleinen Coffeeshop erworben und bereits ausgiebig getestet hatte. Wie sich herausstellte, war er einfach mal in die komplett entgegengesetzte Richtung gefahren, dann eine Weile durch Hengelo gekurvt, bis er schließlich die A1 gefunden hatte. An der Autobahnauffahrt verursachte er einen kleinen Stau, als er stehen blieb, um die Richtungsschilder ausgiebig zu studieren, aber das musste er in Kauf nehmen. Irgendwann wollte er schließlich noch in Gronau ankommen, da konnten die Fahrer hinter ihm ruhig hupen und gestikulieren. Blöde Holländer.

Um sich intensiver aufzuregen, war Manni schon zu vollgedröhnt.

Er nahm einen tiefen Zug von seinem Joint und bearbeitete mit seinen eher grobmotorischen Fingern weiter die Taste für den Senderdurchlauf des Autoradios.

Was die Fahrerei anging, so würde er jetzt auf Nummer sicher gehen. Manni plante, bis zum Kreuz Schüttorf zu fahren, dann auf die A 31 zu wechseln und sich weiter nach Gronau durchzuschlagen. Nein, ausgerechnet sein kleiner Jubiläumsbesuch in der Lindenbergstadt gestaltete sich nicht gerade so wie erhofft. Verfahren, keine Songs von Udo auf dem Weg in Udos Geburtsstadt. Eigentlich konnte es nur besser werden.

Zum fünfzehnten Mal war Manni unterwegs nach Gronau – das Städtchen im äußersten Nordwesten von Nordrhein-Westfalen war zwar kein gleichwertiger Ersatz für Hamburg, aber seit ihm ein Gericht verboten hatte, sich dem Hotel Atlantic zu nähern, hatte er sich zwangsläufig Ersatz suchen müssen. Diese Hamburger Penner! Bloß weil er ein paar Mal versucht hatte, Udo in seiner Suite an der Außenalster zu besuchen. Was hätten sie gemeinsam für Spaß haben können! Okay, Manni hatte diesen Krawattenheini vom Hotel in eine

Vitrine geworfen, aber doch nur, weil man ihn wieder nicht durchlassen wollte zu seinem Freund.

Dabei kannte niemand Udo besser – vermutlich nicht mal Udo selbst. Manni hatte im Verlauf seines 55-jährigen Fan-Lebens sämtliche Windungen miterlebt, aus der Distanz zwar, aber mit Herzblut. Die Distanz, das war sein Elternhaus in Hürth, Ortsteil Fischenich, in dem er immer noch lebte. Nachdem seine Mutter den Vater vor ein paar Jahren zum Teufel gejagt hatte, lebten sie zu zweit: Manni und Mama, ein Superteam, fast so gut wie Manni und Udo.

Aus der holländischen A 1 wurde die deutsche A 30, aber einen vernünftigen Sender fand Manni nicht. Langsam wurde er doch ein bisschen sauer. Der Senderdurchlauf blieb wieder mal bei WDR 2 stehen. Irgendein Pop-Häschen trällerte irgendein belangloses Liedchen.

»Mann«, brummte Manni zwischen zwei Jointzügen durch seinen grauen Vollbart. »Jetzt reicht's aber. Gibt es denn hier keinen Sender, der mal richtige Musik spielt?« Er angelte sein Handy vom Beifahrersitz und tippte die Zahlen für die Telefonauskunft.

»Hallöchen, ich brauch mal die Nummer vom WDR«, schnarrte er und bejahte die Frage des Fräuleins, ob sie ihn gleich verbinden solle. Er lauschte den atmosphärischen Geräuschen in seinem Mobiltelefon und dem Gezwitscher des Pop-Sternchens.

»Einen schönen guten Tag. Hier ist der Westdeutsche Rundfunk in Köln.«

»Hallo?« Manni hatte die Frau am anderen Ende der Leitung nicht richtig verstanden. Er drehte das Radio leiser.

»Hallo? Sie sind beim WDR gelandet. Was kann ich für Sie tun?«

»Mal vernünftige Mucke laufen lassen, das können Sie tun«, rief Manni.

»Bitte?«

»Vernünftige Mucke! Nicht so'n Pop-Quatsch. Mal was Richtiges. Macht doch mal Udo, Mann!«

»Entschuldigen Sie, ich glaube, ich verstehe nicht ganz.«

»Mann, ich fahr hier seit Stunden rum und hör euren Sender. Glaubste, da läuft mal ein vernünftiges Lied? Macht doch mal Udo!«

»Welcher Udo?«

Das war doch nicht zu fassen. Kein Wunder, dass alles den Bach runterging. »Udo, Mann! Udo Lindenberg!«

»Herr Lindenberg, ich weiß wirklich nicht, wie ich Ihnen ...«

Manni verdrehte die Augen. War die Alte denn völlig verblödet? »Nein! Ich bin nicht Herr Lindenberg. Ich bin Manni Schibulski!«, rief er, und ein Speicheltropfen fiel auf seine abgeriebene Lederhose.

»Entschuldigung, und was kann ich jetzt für Sie tun, Herr Schibulski?«

»Mal vernünftige Mucke spielen, sag ich doch die ganze Zeit!«

»Welchen Sender hören Sie denn gerade?«

»WDR 2.«

»Einen Moment, bitte.«

»Was? ... Hallo!«

»Westdeutscher Rundfunk, guten Tag?

»Hallo?«

»Guten Tag. Hier ist der Westdeutsche Rundfunk.«

»Ja und hier ist Manni Schibulski. Könnt ihr nicht mal ...«

Lautes Hupen ließ Manni aufschrecken. Er riss das Steuer zur Seite und fuhr wieder auf die rechte Fahrspur. Neben ihm tauchte ein Auto auf; der Fahrer gestikulierte wild zu Manni herüber. Manni antwortete mit der Scheibenwischer-Geste. Das Handy flog ihm aus der Hand, segelte auf den Beifahrersitz und von dort in den Fußraum. Manni fluchte und beugte sich zur Seite. Dabei hatte er offenbar zu stark am Lenkrad gedreht, denn das Auto brach aus. Manni lenkte in die Gegenrichtung und schoss auf die Überholspur. Er meinte irgendwo das Quietschen von Bremsen zu hören, danach ein merkwürdiges Geschepper. Er guckte nach vorn, brachte den Wagen wieder in die Spur und versuchte erneut, an sein Handy zu kommen. Er musste einsehen, dass es zu weit weg war.

»Ihr sollt vernünftige Mucke spielen!«, brüllte er seinem am Boden liegenden Funktelefon entgegen. Dann machte er eine wegwerfende Handbewegung und konzentrierte sich wieder auf den Verkehr.

So gut es eben ging. Das mit der Konzentration war nämlich so eine Sache bei Manni, auch ohne Joints. Er hatte es sogar schriftlich: Massives Aufmerksamkeitsdefizitsyndrom hatte es der bekloppte Gutachter genannt. ADS – das war doch so eine Kinderkrankheit. Frechheit! Dabei konnte sich Manni doch so gut konzentrieren! Es musste nur um Udo gehen.

Kurze Zeit später merkte er, dass das Lämpchen der Benzinanzeige leuchtete.

»Oh Mann«, murmelte Manni und versuchte, den kleinen Zeiger zu ignorieren, der bereits mitten im unteren Abschnitt des roten Bereichs prangte. Seine Laune besserte sich kurzzeitig, als er im Radio hörte, dass die Autobahn 31 zwischen Schüttorf-Ost und Ochtrup-Nord nach einem schweren Unfall in Richtung Ruhrgebiet gesperrt worden war.

»Da hab ich ja mal ausnahmsweise Schwein gehabt«, murmelte er. »Da bin ich doch eben noch vorbeigefahren.«

Um sich Mut zu machen, begann er zu singen: »Ich bin Rocker, ich bin Rocker, meine Gang nennt sich Lucifer Mob«, aber er war natürlich froh, als er das Ortseingangsschild von Gronau passierte. Und noch froher war er, als er das Reklameschild einer Tankstelle sah. Erstaunlich, wie weit man fahren konnte, wenn der Sprit quasi alle war.

Während er tankte, betrachtete er frustriert die rasenden Ziffernfelder an der Tanksäule. Verflucht, diese Reise riss wieder ein tiefes Loch in sein Budget. Da konnten die da oben noch so viele Rentensteigerungen beschließen – unten, bei Manni, kamen, seit er vor einem Vierteljahrhundert seine Frühverrentung durchhatte, immer nur Pfennig- und inzwischen Centbeträge an. Dabei hätte er doch so gern weitergearbeitet in dieser Fleischbude! Aber irgendwie ging es in seinem Kopf immer durcheinander, wenn ihm ein anderer sagte, was er zu tun hatte. Wie hatte der bescheuerte Arzt gesagt? »Herr Schibulski, Sie müssen sich von Ihrem Idol lösen, der Herr Lindenberg nimmt eine viel zu wichtige Stellung in Ihrem Leben ein.«

Viel zu wichtig? Ja, klar, wie auch sonst? Warum auch nicht? Er war doch mit Udo quasi aufgewachsen. Natürlich nicht im selben Ort, aber doch mit Udos Musik. Sie begleitete ihn, seit er mit seinen Eltern als Junge in das Reihenhaus in Fischenich gezogen war. Mann, wer sonst war denn in der Lage, Gesellschaftskritik so perfekt in Worte zu fassen?

»Das Leben all der andern, sag mir mal warum,
sie laden die Gewehre und bring'n sich gegenseitig um.
Sie stehen sich gegenüber und könnten Freunde sein,
doch bevor sie sich kennen lernen, schießen sie sich tot.
Ich find das so bekloppt, warum muss das so sein?«

Er hängte den Schlauch an die Zapfsäule und schlurfte in den Kassenraum, wo er eine Weile unschlüssig vor der Kühltheke mit den Getränken stand. In der Scheibe spiegelte sich sein in den vergangenen Jahren etwas aufgedunsenes Gesicht. Manni griff zwei Büchsen *Red Bull* und einen Sechser-Pack Pils. Er bezahlte, ging zum Auto und warf sich auf den Fahrersitz.

Als er den Schlüssel ins Zündschloss stecken wollte, stutzte er. Da hing schon ein Schlüssel. Manni starrte den Schlüsselbund in seiner Hand an und versuchte sich zu erinnern, ob und warum er den Ersatzschlüssel für die Karre mitgenommen hatte. Er hatte keine Ahnung. Er warf seinen Schlüssel auf den Beifahrersitz und startete den Motor. Langsam rollte er von der Tankstellenauffahrt auf die Straße.

Er erschrak, als jemand gegen die Beifahrerscheibe hämmerte. Ein Typ lief neben dem Wagen entlang und brüllte irgendwas. Manni machte die Scheibenwischerbewegung und gab Gas. Im Rückspiegel sah er, wie der Mann noch ein paar Meter auf der Straße hinter ihm herlief.

»Nur Bekloppte hier«, murmelte Manni und hielt Ausschau nach einem Schild, das den Weg zum *rock'n'-popmuseum* wies.

Als er auf dem großen Parkplatz hielt, fiel ihm zweierlei auf. Erstens war die Benzinanzeige nur knapp über dem roten Strich. War der Sprit in Gronau so teuer? Oder war die Tankanzeige kaputt?

Zweitens, und das wog schwerer, war sein Handy verschwunden. Wenn er sich recht erinnerte, war es ihm doch in den Fußraum des Beifahrersitzes gefallen. »Konzentrier dich, Manni«, zischte er, dann war ihm alles klar: Während er in der Tanke war, hatte ihm irgend so ein Idiot sein Handy aus dem Wagen geklaut. Wut stieg in ihm auf. Sollte er zurückfahren? Aber was hätte das für einen Sinn, der Mistkerl war doch bestimmt längst verschwunden.

Er stieg aus, wischte mit den Händen ein paar Mal über seine speckige Lederkluft und lief über den weiten Platz auf das große Museumsgebäude zu. Seine Laune besserte sich mit jedem Schritt, den er sich dem Haus näherte. Seit der Eröffnung im Jahr 2004 war es fester Teil von Mannis Besuchsprogramm.

Er sah die großen Gemälde – Schattenrisse berühmter Musikszenen: das tauchende Baby vom Nirvana-Album Nevermind, Grace Jones, Pete Townshend, dann, na ja, der bekloppte John Travolta bei seiner Diskogymnastik, und wer war noch mal der Typ, der da seine Gitarre zertrümmerte? Und natürlich, vor gelbem Hintergrund: Udo!

Manni löste eine Karte und fuhr im Aufzug hinauf ins berühmte Studio der Gruppe Can. Er war allein, na, wenigstens was, dachte er. Manni wanderte durch den Raum und sang leise und in einer Endlosschleife und aufgrund seines allgemeinen Zustands nicht mehr ganz textsicher: »Wo ich meinen Hut hänhing', da ist mein Zuhause. Wo ich meinen Hut hänhing ...«

Er steuerte das Gestell mit den Synthesizern an und bestaunte den Oberheim. Mann, dachte er, ein Oberheim-Synthie, was für ein cooles Teil. Er begann erneut zu singen, diesmal Reeperbahn:

»Ich komm herum, hab viel gesehn –
Istanbul, New York, Athen –
doch überall bin ich 'n bisschen traurig.
Auch in Rio im Abendwind,
in jedem Arm ein schönes Kind –
immer bin ich irgendwie so traurig.«

Er hämmerte auf die Tasten, ließ sich immer mehr mitreißen vom Song und vom Rhythmus, den er in sich spürte.

»Reeperbahn – ich komm an,
Du geile Meile, auf die ich kann.
Reeperbahn – alles klar,
Du alte Gangsterbraut, jetzt bin ich wieder da.«

Plötzlich, Manni wusste nicht wie und warum, geriet der Synthesizer ins Rutschen. Das Gerät krachte auf das darunter liegende Instrument, von dort noch eine Etage tiefer, dann weiter, irgendwas knirschte hässlich, dann rumpelte der Synthesizer auf den hellen Holzboden, in dem er eine tiefe Schmarre hinterließ.

Manni blickte sich hektisch um. Er registrierte, wie sich die Aufzugtüren öffneten, und machte sich geduckt durch die andere Tür aus dem Staub. Hastig stieg er die Treppen hinunter, vorbei an der aktuellen Sonderschau (irgendwas zur Geschichte der Techno-Musik, wie er mit Schaudern erkannte), bis zur Dauerausstellung.

Auch dort waren nur wenige Besucher. Manni schaute, ob jemand unter der Trance-Glocke stand. Weil keine Beine zu sehen waren, schlüpfte er selbst unter das rote, gut zwei Meter im Durchmesser große Gebilde und wartete. Nachdem der Sensor ihn erfasst hatte, begann die Musik, zunächst der Herzschlag, dann rhythmische Stimmen, erst leise, dann immer lauter, aus 24 kleinen Boxen. Manni mochte diesen Ort, bei manchen Museumsbesuchen hatte er sich ein Dutzend Mal die hypnotische Komposition angehört, die im Zusammenhang mit bewusstseinserweiternden Substanzen noch mal einiges gewann.

An bewusstseinserweiternden Substanzen mangelte es diesmal zwar weiß Gott nicht – dennoch wollte bei Manni die rechte Stimmung nicht aufkommen. Er lugte immer wieder unter der Glocke hindurch in Erwartung hektischer Personen auf der Suche nach jemandem, dem zwei Stockwerke weiter oben ein kleines Missgeschick unterlaufen war.

Irgendwie war jetzt die Luft raus. Die ganze Fahrt stand unter einem schlechten Stern. Dabei hatte es Manni doch so viel Mühe gekostet, seine Mama davon zu überzeugen, dass er auf keinen Fall auf diese Reise verzichten könne. Die äußerst resolute Liselotte Schibulski hatte eine große Ausnahme gemacht und ihrem Sohn freigegeben, obwohl im elterlichen Haus zur gleichen Zeit der alljährliche Nachbarschafts-Scrabble-Marathon stattfinden sollte.

Manni krabbelte unter der Glocke hervor, ließ Jimi Hendrix' Bühnenhemd links und Bill Wymans Bassgitarre rechts liegen und marschierte in die Lindenberg-Ecke, jenen Bereich der Dauerausstellung, in dem Udos Plattencover hingen. Er ließ sich auf dem Hocker nieder, setzte sich einen Kopfhörer auf und drückte auf einem Monitor herum, mit dem man Ausschnitte von Interviews mit Udo Lindenberg anwählen konnte, aber er merkte schnell, dass ihm selbst dafür im Moment die Muße fehlte.

Ich brauch ein Bier, dachte er, und wollte den Kopfhörer wieder an seinen Platz hängen, verlor aber das Gleichgewicht, rutschte vom Hocker und stürzte zu Boden. Er rappelte sich wieder hoch, den Kopfhörer hatte er immer noch in der Hand, allerdings war bei dem Gerät durch den Sturz das Kabel abgerissen. Manni sah sich um. Weil in dem großen Saal ein ebenso großes Durcheinander von Musik herrschte, schien niemand seinen Sturz mitbekommen zu haben. Leise fluchend hängte Manni den Hörer wieder an seinen Platz und verließ den Ausstellungsraum. Er brauchte frische Luft.

Manni überlegte: Noch den obligatorischen Abstecher zu Udos Geburtshaus, und dann hatte er sich endlich ein paar Pils bei Rolinck-Bräu verdient.

Er lief die Ochtruper Straße entlang und fragte sich, ob es ihm nur so vorkam, oder ob tatsächlich heute mehr Polizei als üblich unterwegs war. Am Kreisverkehr machte er kurz Pause. Er ließ sich auf dem Sockel des drei Meter hohen Udo-Lindenberg-Denkmals nieder, dachte an den Tag der Einweihung und diese Arschgeige von einem Security-Typen, der Manni davon abgehalten hatte, Udo seine persönlichen Glückwünsche auszurichten. Mit geschlossenen Augen ließ Manni die Kraft, die von der Bronzestatue ausging, auf sich wirken. Nach ein paar Minuten stand er mit einem Seufzen auf und schlurfte weiter. Er bog nach rechts in die Gartenstraße ein und erreichte das Haus mit der Nummer 3. Eine viereckige Tafel erinnerte daran, dass Udo Lindenberg, »Panikpräsident« und »Rocklegende« am 15. Mai 1946 hier geboren wurde. Er berührte das Schild mit der rechten Hand, ließ den Kopf sinken und sang leise die erste Strophe von »Baby, wenn ich down bin«. Dann atmete er tief ein und machte sich auf den Rückweg.

Er nuschelte der Wirtin ein »Hallöchen« zu und ließ sich auf der kleinen Holzbank am Ecktisch neben der Tür nieder. Wenn Udo in Gronau war, um seinen alten Schulfreund Clemens Buss zu besuchen, dann ging er mit ihm auch ins Rolinck-Bräu und setzte sich an genau diesen Tisch.

»Und dann reicht sie mir das Glas, das volle. Und sagt: Alles unter Kontrolle«, sang Manni, als die Wirtin mit dem Bier um die Ecke kam.

»Sehr zum Wohl«, sagte die Frau und stellte das Getränk vor Manni ab.

Manni hob es, hielt es ihr entgegen und meinte: »Dadrauf, dass wir wirklich mal so alt werden, wie wir jetzt schon aussehen.«

Die Wirtin grinste und verschwand.

»Und überhaupt ist heute wieder alles klar, auf der Andrea Doria«, vollendete Manni die Songzeile.

Er trank konzentriert und drehte sich nebenbei einen neuen Joint. Dann nahm er abwechselnd tiefe Züge – mal aus dem Glas, dann aus der Tüte.

Als die Wirtin ein neues Bier vor ihm abstellte, meinte sie: »Sag mal, kiffst du?«

»Mmh?«, machte Manni.

»Kiffen ist hier nicht. Quarzen ja, aber kiffen nicht.«

»Ey, sei doch nicht so uncool«, nuschelte Manni.

»Ich bin nicht uncool, aber die Polizei ist uncool, wenn sie reinkommt. Hier wird nicht gekifft.«

»Mach das Ding aus«, rief ein Mann vom Tresen herüber.

Manni sah um die Ecke. »Wer quatscht denn da dazwischen, wenn sich zwei erwachsene Menschen unterhalten?«

»Ich, du Udo-Verschnitt.«

»Sie halten sich da bitte raus, Sie machen hier auch schon die ganze Zeit Stunk«, sagte die Wirtin zu dem Typ am Tresen.

»Hast du irgend 'n Problem oder was?«, fragte Manni in dieselbe Richtung.

Der Typ rutschte von seinem Hocker und trat an Mannis Tisch. »Sie hat dir gesagt, du sollst das Ding ausmachen, also machst du das Ding aus. Wir wollen hier keine Drogen.«

Manni schüttelte den Kopf. »Mann, kein Wunder, dass Udo abgehauen ist.«

»Und du haust am besten auch gleich ab.«

»Ihr setzt euch jetzt beide wieder hin «, sagte die Wirtin streng. »Oder ihr geht beide nach draußen.«

»Keine schlechte Idee«, sagte Manni.

»Was?«, fragte der Typ.

»Rausgehen.«

Die Wirtin schüttelte den Kopf: »So! Schluss jetzt. Raus hier, alle beide! Rechnung geht auf mich, aber beide raus jetzt! Ab.« Sie machte wedelnde Handbewegungen, dann nahm sie Mannis Bier und verzog sich hinter den Tresen.

»Was bist du überhaupt für ein Vogel?«, sagte der andere, als er mit Manni vor der Kneipe stand.

»Mach dich mal schön locker, ja«, antwortete Manni. »Keine Gewalt, ja? Ich bin 'n Rocker, aber keine Gewalt.«

»Du bist ein Rocker? Wo haste denn dann deinen Rock?«

Manni schüttelte den Kopf und trottete langsam in Richtung Fußgängerzone.

Er kam nur ein paar Meter, dann war der Typ neben ihm. Sie standen auf einer Brücke, die über einen Kanal führte.

»Am besten, du nimmst gleich den nächsten Sonderzug nach Pankow«, maulte der Typ.

Langsam wurde Manni echt sauer. Er trat nahe an den anderen heran, aber der wich nicht zurück. Sie standen nun anderthalb Meter vor dem Brückengeländer. »Hey, pass mal auf, Bürschchen. Ich steh nicht auf Gewalt. Ich bin nicht so'n primitives Schwein, ich schlag keinem Schwachen die Fresse ein.«

»Samma, bist du so was wie ein Udo-Klon? Redest du nur in Zitaten von diesem Schwachmaten?«

Das war zu viel! Manni packte den Unbekannten und schubste ihn mit aller Kraft gegen das Brückengeländer. Der Typ rammte gegen die Stahlstäbe, verlor das Gleichgewicht und kippte hintenüber.

Es platschte laut, als der Mann ins Wasser stürzte.

»Blödmann«, murmelte Manni, drehte sich um und machte sich auf den Weg. Was für ein Scheißtag, dachte er, während er matt und schlecht gelaunt durch die rot gepflasterte Fußgängerzone schlurfte. Unwahrscheinlich peinlich, das Ganze. Dann begann er leise vor sich hin zu singen:

»Wir sind Rocker, wir sind Rocker.
Doch ohne amputiertes Gehirn.
Und wenn man uns nicht dumm
von der Seite anquatscht,
dann kann auch nichts passieren.«

Es wunderte ihn nicht mehr, dass zwei Polizisten an ihn herantraten, als er ins Auto steigen wollte.

»Auf ein Wort, Meister«, sagte der eine.

Manni drehte sich um.

»Ihr Auto?«

»Klar.«

»Irrtum ausgeschlossen?«

»Was ist denn los?«

»Würden Sie bitte mit aufs Revier kommen. Wir müssten da mal was klären.«

»Hey, ich steh nicht auf Gewalt«, sagte Manni müde.

»Wir auch nicht«, sagte der Beamte. Drum kommen Sie doch einfach mit.« Er drehte sich zu seinem Kollegen um und raunte: »Der ist total hinüber. Komplett bekifft. Kein Wunder, dass er die Karren verwechselt.«

Sie setzten Manni auf die Hinterbank des Polizeiwagens und fuhren los.

Schweigend fuhren sie durchs Städtchen.

»Wie wär's denn wenigstens mal mit ein bisschen Musik?«, fragte Manni nach einer Weile.

Die Polizisten sahen sich an, dann drückte der Beifahrer auf einen Knopf.

Manni erkannte das Lied sofort. »Hey!«, rief er und stimmte begeistert ein:

»Wir war'n so richtig Freunde
für die Ewigkeit, das war doch klar.
Ham die Wolken nicht geseh'n
am Horizont, bis es dunkel war.«

Der Beifahrer drehte sich um. »Udo, oder?«

Manni strahlte ihn an wie ein Kind: »Klar Udo! Endlich mal vernünftige Mucke!« Vor Begeisterung boxte er dem Fahrer mit seiner schweren Pranke gegen den Arm. Der verriss das Steuer und das Fahrzeug geriet außer Kontrolle.

Manni schrieb es den bewusstseinserweiternden Stoffen zu, dass es sich auf einmal anfühlte, als gerate die ganze Welt ins Wanken. Der Polizeiwagen kam von der Fahrbahn ab und näherte sich auf zwei Rädern in hohem Tempo einer alten Eiche neben dem Straßenrand. Noch kurz vor dem Aufprall sang Manni lauthals mit:

»Hinter'm Horizont geht's weiter. Ein neuer Taaag!
Hinter'm Horizont, immer weiter …«

Jupp ante portas

Sie drückte die rote Taste des Telefons und stellte es mit leicht zitternder Hand auf die Basisstation. Eine kurze, schnelle Tonfolge erklang, als die Kontakte der Gerätschaften zueinanderfanden.

Änne atmete einmal tief ein und wieder aus, dann ließ sie sich matt auf den Stuhl neben dem Telefontischchen fallen. Mit einem Anruf ihres Bruders – ihres verlorenen Bruders, um genau zu sein – hatte sie am allerwenigsten gerechnet an diesem sonnigen Aprilmorgen. Und mit der Botschaft, die er ihr überbracht hatte, erst recht nicht.

Jupp wollte sie – besuchen! Nach … nach wie vielen Jahren eigentlich? Änne begann zu rechnen. Wann hatte Jupp Sundern verlassen? Irgendwann Anfang der Sechzigerjahre, wenn sie sich richtig erinnerte. Er hatte es offenbar kaum erwarten können. »Dieses Kaff macht mich fertig«, hatte er gebrüllt.

Zuerst war er nach Köln gezogen, wenig später nach München und dann nach Hamburg. Von dort erreichten Änne fortan ab und zu Karten, Geburtstagsglückwünsche oder Neujahrsgrüße, stets garniert mit den neuesten beruflichen Erfolgen. Und mit ein paar Gemeinheiten über die alte Heimat.

Gedankenverloren starrte Änne aus dem Fenster und auf den Turm der Johanneskirche. Dieser Anblick beruhigte sie für gewöhnlich. Heute verfehlte das Gotteshaus seine Wirkung.

Jupp, das alte Großmaul! So war er immer schon gewesen, bereits als Kind. Änne war zwei Jahre älter als Jupp, aber schon als Sechsjähriger hatte ihr Bruder die Kommandos gegeben.

Und jetzt dieser Anruf.

»Ännchen! Schwesterherz!«, hatte er durch die Leitung gerufen.

Schwesterherz! Gerade so, als hätten sie sich vergangene Woche zum letzten Mal gesehen. Gerade so, als würden sie regelmäßig im *Venezia* in der Hauptstraße ein Eis löffeln!

»Wie läuft's denn so im kleinen Sundern?«

»Ähm … gut.«

»Schön, schön, schön. Änne, ich habe eine Überraschung! Ich komme dich besuchen!«

»Aha.« Mehr war Änne nicht eingefallen, aber eine enthusiastischere Reaktion hatte Jupp wohl gar nicht erwartet.

Munter schwallte er drauflos. Er müsse mal raus aus Hamburg – er rollte das R, als sei er Hans Albers persönlich. Es war absolut lächerlich, wie er sich dialektal an seine Wahlheimat ranschmiss. Es klang einfach falsch, fand Änne.

»Besuchen?«, wiederholte sie. »Du hast mich seit fünfzig Jahren nicht mehr besucht.«

»Ist das so lange her?« Er lachte. »Mir kommt's vor, als hätten wir uns gestern das letzte Mal gesehen!«

Ännes Laune sank mit jeder Sekunde, die das Telefonat dauerte. Diese großkotzige Art, dieses Getue, dieser aufgesetzte Hamburger Dialekt!

»Ich komm am Frrrreidach an!«

»Am Freitag?« Die Nachfrage klang entsetzter, als Änne es beabsichtigt hatte. »Das ist … übermorgen.«

»Genau!«, schrie Jupp. »Jetzt sag nicht, du hast schon was vor. Du hast doch nie was vor, du altes Mauerblümchen!«

Altes Mauerblümchen! Wumm! War Jupp eigentlich bewusst, wie beleidigend, wie verletzend er sein konnte? Machte er das absichtlich? Und, ja, sie hatte tatsächlich etwas vor: Am Freitag war das nächste Treffen der katholischen Frauengemeinschaft!

Sie saß mit hängenden Schultern auf dem Stuhl, starrte auf den Kirchturm und ärgerte sich. Warum hatte sie ihm nicht gesagt, er solle bleiben, wo der Pfeffer wächst? In den Gewürzspeichern des Hamburger Hafens gab es ja wohl genug! Dieser Schnösel, dieser Blödmann! Fünfzig Jahre hatte er kaum etwas von sich hören lassen, selbst zum Begräbnis der Mutter war er nicht erschienen, hatte nur eine Karte mit ein paar nichtssagenden Worten geschickt. Und sonst? Einmal im Jahr ein Telefonat, in dem er über seine alte Heimat lästerte, über Ännes Engagement bei der Caritas und bei Amnesty International und über ihre Mitgliedschaft im Frauenchor.

Was, zum Henker, wollte er bloß?

Ein Gedanke ließ Änne hochschrecken: Will er womöglich auch bei mir übernachten? In meiner Wohnung? Unmöglich, sie hatte keinen Platz. Allenfalls die Wohnzimmercouch könnte sie ihm anbieten. Aber vermutlich erwartete er, dass sie ihr Bett für ihn freiräumen und selbst auf der Couch oder seinetwegen auch in der Badewanne schlafen würde.

Aber nein, er würde gewiss in einem Hotel absteigen. Im feinsten Haus, das es gab. Schließlich hatte er es zu etwas gebracht in der großen Stadt. Zu was er es genau gebracht hatte, das wusste Änne nicht. Jupp hatte immer nur irgendwas von Import-Export gequasselt. Hamburg, Änne, das ist eine Metropole, eine Weltstadt, da liegt das Geld auf der Ssstrrraaaaße, du musst es nur aufheben!

Wut stieg in ihr hoch. Wie oft hatte sie als Mädchen seine Sachen wegräumen müssen, weil ihre Mutter der Meinung war, das könne man von einem Jungen nicht erwarten? Änne wunderte sich selbst darüber, wie schnell all die alten Gefühle wieder da waren, all der Ärger über seine Marotten und die Extrawürste, die man ihm als Kind gebraten hatte. Über die Selbstverständlichkeit, mit der er das alles angenommen hatte. Und getoppt wurde alles von der Unverschämtheit, dass er sich offenbar zu keinem Wort des Dankes verpflichtet fühlte. Schon als Zwölfjähriger hatte er sich wie Lord Kacke aufgeführt. Ich, Josef, die Sonne!

Oh, ich könnte ihn umbringen!

Änne erschrak. Ihr war, als hätte sie diesen ungeheuerlichen Satz nicht nur gedacht, sondern laut ausgerufen. War es so?

Ächzend erhob sie sich und wankte zu der handbemalten Bauernkommode, die schon im Häuschen ihrer

Großmutter in Stockum gestanden hatte – und ungeachtet der Tatsache, dass es noch nicht mal Mittag war, genehmigte sie sich einen Likör.

»Änne!« Er schrie es geradezu, als er sie an der Bushaltestelle ausmachte. Sie hatte kurz daran gedacht, ihn einfach nicht abzuholen, sollte er doch sehen, wie er zu ihrer Wohnung kam. Sie hatte sich ausgemalt, wie sie ihn erstaunt anblicken würde, wenn er irgendwann vor ihrer Tür gestanden hätte. Was? Heute schon? Ich dachte, du wolltest erst morgen, du liebe Zeit, mein Gedächtnis …

Nun ja, es war bei Gedankenspielen geblieben.

»Grüß dich, Jupp«, murmelte sie.

Er sah gut aus, zumindest auf den ersten Blick, das musste sie zugeben. Langer, eleganter Wollmantel, der ihr für die Temperaturen viel zu warm vorkam. Das verbliebene Haar hellgrau und raspelkurz. Er war alt geworden, keine Frage, aber er war in Würde gealtert.

Ob er das Gleiche auch von ihr dachte? Ich hätte mir etwas Schickeres anziehen sollen, überlegte sie.

»Komm her«, rief Jupp und presste sie an sich. Ein starker synthetischer Duft drang an Ännes Nase. Irritiert registrierte sie, dass seine Umarmung länger dauerte, als ihr lieb war. Sie hatte ihre Arme von seinem Rücken bereits wieder gelöst, doch er drückte sie noch ein paar Sekunden an sich, bevor er sie endlich freigab. Sie sah ihm in die Augen. Irgendwas war mit seinem Blick, fand sie. Er wirkte unnatürlich glasig.

Plappernd spazierte er neben ihr her. Er zog einen kleinen Rollkoffer, dessen Räder übers Pflaster hoppelten. Als sie Ännes Auto erreicht und das Gepäck verstaut hatten, drehte er sich mit betonter Langsamkeit einmal um die eigene Achse. »Sundern«, sagte er dann. »Hier hat sich ja überhaupt nichts verändert!«

Das Einzige, was sich nicht verändert hat, ist deine Großkotzigkeit, dachte Änne.

»Ich hab ein paar Hotels rausgesucht. Du müsstest mir sagen, wo du hinwillst. Vielleicht ins Sunderlandhotel, das hat sogar vier Sterne und wäre …«

»Hotel?«, unterbrach er sie mit gespielter Empörung. »Ich übernachte selbstverständlich bei dir!«

»Heute will ich aber mal was sehen, Schwesterherz!«

Jupp saß am Frühstückstisch und nahm sich ein weiteres Brötchen aus dem Korb. Das dritte! Dann hielt er ihr wortlos die Kaffeetasse entgegen. Sein Blick hatte schon wieder diesen leicht glasigen Ausdruck.

Wie heißt das Zauberwort?, dachte sie – und goss ihm nach.

Ja, etwas unternehmen. Unbedingt. Bloß nicht weiter mit ihm hier rumhocken und seine Heldengeschichten anhören müssen. Sie hatte damit gerechnet, dass er sie in irgendein Restaurant führen würde, aber er hatte an beiden Abenden gemeint, er sei viel zu müde. Lieber würde er mit ihr einfach gemütlich im Wohnzimmer sitzen und über die alten Zeiten plaudern.

Aus der Plauderei war dann jedes Mal ein Monolog geworden, der vor allem ein Thema hatte: Jupps großartiges Leben in der Großstadt. Mit Erstaunen hatte Änne zur Kenntnis genommen, dass Jupp zwei Kinder hatte, zwei Söhne, der eine arbeitete als Chirurg an der

Berliner Charité, der andere war nach New York gegangen und machte dort offenbar Millionen als Investmentbanker. Von seiner Ehefrau hatte sich Jupp vor etlichen Jahren getrennt. Derzeit lebe er mit einer sechsunddreißig Jahre jüngeren Frau zusammen, berichtete er, und seine Augen leuchteten, als er detailreich beschrieb, wie diese Beziehung auch ihn verjüngt habe. »Du findest das vielleicht unpassend, Änne, aber so ein junges Ding fordert einen natürlich ganz anders.« Er machte eine Kunstpause und platzte dann heraus: »Nicht nur intellektuell!« Er lachte los. »Änne!«, rief er dann. »Du wirst ja ganz rot!«

Im Laufe des Monologs wurde Änne immer deutlicher, dass sie kein Bedürfnis hatte, etwas über sich selbst zu erzählen. Was gab es auch zu berichten? Ihr Leben war ein langer, ruhiger Fluss gewesen. Dieter, ihr Mann, lag schon seit zehn Jahren auf dem Neuen Friedhof. Ihre einzige Tochter Susanne wohnte als alleinerziehende Mutter in Höxter, was zwar nur zwei Autostunden entfernt war, aber offenbar doch weit genug, um sich nur ein Mal im Vierteljahr sehen zu können.

Jupp rammte seine Zähne in die Brötchenhälfte und ließ sie zu zwei Dritteln in seinem Mund verschwinden. Er merkte offenbar nicht, wie ein kleiner Tropfen Erdbeermarmelade an seinem Mundwinkel hängen blieb.

Änne betrachtete den roten Fleck mit Abscheu. »Wir können ja ein bisschen rumfahren«, schlug sie vor.

»Jau!«, rief Jupp mampfend. »Zeig mir meine alte Heimat!« Das von Jupps Mundflora eingemaischte Backwerk wurde sichtbar.

Änne sah aus dem Fenster. Aber aus den Augenwinkeln nahm sie wahr, wie ihr Bruder sich schon wieder verstohlen eine Tablette zwischen die Zähne schob.

»Was schluckst du denn da immer für Pillen?«, fragte sie, ohne den Blick vom Kirchturm zu wenden.

»Ich?« Jupp lachte gekünstelt. »Bloß was gegen den hohen Blutdruck.«

Also fuhren sie ein bisschen durch die Gegend. Von einer Freundin, die in der Sunderaner Stadtverwaltung arbeitete, hatte Änne sich den Schlüssel für das Heinrich-Lübke-Haus besorgt, auch wenn sie bereits ahnte, welche Kommentare Jupp abgeben würde. Ihre Ahnungen wurden bestätigt.

»Lübke!«, plärrte Jupp, als Änne ihm die erste Zwischenetappe der kleinen Rundreise offenbart hatte. »Meine sehr geehrten Damen und Herren, liebe Neger!« Er lachte polternd los.

»Das hat Lübke nie gesagt«, sagte Änne leise.

Als sie die Tür aufgeschlossen hatte, fragte Jupp, was das denn für ein komisches Museum sei, für das man sich den Schlüssel holen müsse. In anderen Städten gebe es Öffnungszeiten für Museen. Erneut lachte er.

Jupp spazierte mit halb desinteressiertem, halb spöttischem Gesichtsausdruck durch die Räume, die einst eine Schule gewesen waren. Er packte eine Heinrich-Lübke-Biografie, die auf einem Schreibtisch lag, ließ die Seiten sinnlos durch seine langen Finger wischen und danach das Buch – mit der Rückseite nach oben! – wieder an seinen Platz fallen. Änne nahm den Band. Ganz schön schwer, dachte sie, als sie das Buch in der Hand hielt. Jupp spazierte bereits ein paar Treppenstufen hinauf in den letzten Raum, in dem unter anderem die Orden hingen, die Lübke während seiner Amtszeit als Bundespräsident auf Staatsbesuchen verliehen worden waren. Ich sollte ihm das Ding über seine dämliche Rübe ziehen, dachte sie. Dann legte sie die Biografie wieder an ihren Platz – mit der Titelseite nach oben.

Sie fand Jupp vor einer der Vitrinen.

»Kongo, Elfenbeinküste, Sudan, Togo, Senegal, Kamerun ... Junge, Junge, der Typ hat sich ja tatsächlich nur bei den Kaffern rumgetrieben.«

»Ja«, sagte Änne. »Afrika lag ihm wirklich am Herzen. Er wollte ...«

»Jetzt fällt's mir wieder ein«, unterbrach Jupp. »Equal goes it loose!« Er schrie den Satz regelrecht. »Das war doch so ein berühmter Lübke-Spruch! Equal goes it loose – gleich geht's los!« Wieder brach er in Gelächter aus.

»Auch das hat er nie gesagt«, meinte Änne.

»Hat er nicht?«

»Nein. Das war eine Erfindung von einem Journalisten.«

»Aha«, sagte Jupp, aber es schien ihn nicht im Geringsten zu interessieren. Er war schon wieder auf dem Weg zum Ausgang. Mit leicht wankendem Gang, wie Änne bemerkte. Hatte er getrunken?

Änne seufzte und folgte ihm.

Wenig später lenkte sie das Auto zum Sorpesee und parkte in der Nähe der Anlegestelle von Langscheid.

»Aaah«, rief Jupp und glotzte auf das Wasser.

Änne sah ihn von der Seite an: »Keine Erfindung von Journalisten ist übrigens Heinrich Lübkes Satz: ›Nach meiner Asienreise hat mich die frische, raue Luft des Sauerlands umgeschmissen.‹«

»Hmhm«, machte Jupp. »Fehlt nur noch eine Fontäne in der Mitte, dann könnte ich glatt meinen, ich stünde am Jungfernstieg.« Dann fragte er unvermittelt: »Wie läuft's denn so bei dir … also finanziell … ich meine, ähm … Kommst du hin?«

»Ich hab meine Rente«, sagte sie. »Nicht viel, aber es reicht. Warum fragst du?«

Er schüttelte den Kopf. »Nur so. Also … wenn du mal was brauchst … was bräuchtest …« Er sprach nicht weiter.

Schweigend wanderten sie die Promenade entlang. Wieder verschwand eine Tablette in Jupps Mund.

Änne verspürte ein leichtes Hungergefühl. Lust auf einen Kaffee hatte sie auch. Sie hoffte, Jupp käme auf die Idee, sie in eines der angrenzenden Restaurants einzuladen. Man saß dort wunderbar, mit Blick auf den See.

Aber Jupp schwieg. Also übernahm Änne die Initiative. »Wollen wir nicht einen Kaffee trinken?«

»Kaffee«, echote Jupp blöd.

»Ja, und eine Kleinigkeit essen. Ein Stück Kuchen vielleicht. Könntest dein Schwesterherz ruhig mal einladen.«

»Och«, machte er. Im nächsten Moment hellte sich sein Blick auf. »Lass uns doch da hingehen. Das sieht gemütlich aus.« Jupp zeigte auf einen Kiosk. *Grillimbiss* stand dort mit weißer Schrift auf rotem Grund und *Pizzeria*.

Das ist nicht sein Ernst, dachte Änne.

»Was Deftiges, da hab ich Lust drauf«, rief Jupp und machte bereits Anstalten, die Straße zu überqueren.

Änne schlurfte frustriert hinterher.

»Einfach 'ne Portion Pommes«, rief er ihr zu. »Können wir uns teilen. Auf Pommes hab ich jetzt Lust. Und Kaffee gibt es auch.«

Schweigend sah sie ihm zu, wie er die frittierten Kartoffelstangen in sich hineinstopfte.

Später gingen sie über den Damm der Talsperre bis zum Überlaufkanal auf der anderen Seite. Es war ein imposanter Anblick, wenn das Wasser die Terrassen hinabrauschte, aber jetzt war das treppenförmige Bauwerk völlig trocken.

Jupp lugte neugierig über die Mauer. Wenn ich stark genug wäre, könnte ich ihn da hinunterwerfen, dachte Änne, und inzwischen war sie gar nicht mehr entsetzt über ihre immer stärker werdenden mordlüsternen Gedanken.

Jupp brach gerade wieder in ein halb gekünstelt, halb irre wirkendes Gelächter aus, aber Änne hatte den Witz, der dem vermutlich vorausgegangen war, nicht mitbekommen.

»So!«, sagte Jupp. »Was steht als Nächstes auf dem Programm?«

Änne nahm es mit Genugtuung zur Kenntnis, wie sehr Jupp schnaufte und schwitzte, als sie die Aussichtsplattform des Sendemastes oberhalb von Wildewiese erklommen. Endlich hielt das Großmaul mal die Klappe. Oben angekommen, genoss Änne die Ruhe und ließ ihren Blick schweifen. Der Wind pfiff ihr durch die Haare, versonnen betrachtete sie die hügelige Landschaft. Ihr Blick fiel auf den Ortsnamen Faulebutter, der

– mit einem Pfeil, der die Lage zeigte – auf dem Geländer der Plattform verzeichnet war. Na, dazu würde Jupp doch bestimmt gleich ein toller Witz einfallen. Sie drehte sich um. Ihr Bruder stand am Geländer und betrachtete sie mit einem merkwürdigen Gesichtsausdruck.

»Änne …« Er sprach nicht weiter, wandte sich stattdessen ab.

»Was?«, fragte sie angriffslustig. »Ich weiß schon, in Hamburg sind die Berge natürlich viel größer. Und der Fernsehturm ist dort auch viel höher.«

Schweißperlen standen auf Jupps Stirn. Erneut setzte er an, zögerte, blickte sich um und meinte dann leise: »Schön hier.«

Ja, dachte sie. Genau. Wunderschön sogar. Das ist meine Heimat. Eigentlich ist es sogar deine Heimat, Jupp, JOSEF, du arrogantes Arschloch. Ich sollte dich hier runterwerfen. Dreißig Meter. Wusch und platsch! Ja, warum eigentlich nicht?, dachte sie. So, wie er gerade außer Atem ist, könnte er sich wahrscheinlich nicht mal wehren.

Sie erschrak, als sie seine Stimme hörte. »Änne. Es tut mir leid.«

Im nächsten Moment weiteten sich ihre Augen. Sie schrie.

Lange noch stand sie auf der Plattform. Sie hatte versucht, die hundertsiebenundsechzig Stufen hinabzusteigen, aber es ging nicht. Vor ihrem geistigen Auge spielte sich die immer gleiche Szene ab: Jupp, wie er plötzlich über das Geländer kletterte und fiel.

Ännes Knie zitterten. Irgendwann sauste unter ihr ein Radler am Turm vorbei und schoss hinab in Richtung Wildewiese.

Schließlich wagte sie den Abstieg. Jeder ihrer Schritte machte ein lautes Geräusch. Sie trat aus der Stahlgittertür und versuchte, Jupps Körper nicht anzusehen. Er lag neben dem Steintisch, der die Form eines Vogels hatte. Vor ein paar Minuten hatte sich Jupp noch lustig gemacht über den Tisch und über die danebenstehende Bank: »Sind das Wildschweine?«, hatte er gefragt. – »Pferde«, hatte Änne tonlos geantwortet. – »Sehen aber aus wie Wildschweine.«

Dann sah sie doch genauer hin. Ihre Wut war mit einem Mal wie weggeblasen.

Drei Tage später kramte ein freundlicher Mann einen Schlüsselbund aus einer der Taschen seines blauen Kittels und schloss die Wohnungstür auf.

Änne trat ein, die beiden Polizisten, die sie begleiteten, folgten ihr. Sie hatte das Gefühl, als laufe sie in Watte verpackt durch die Welt. Nun stand sie in einer schäbigen Einzimmerwohnung in einem hässlichen Viergeschosser in Hamburg-Billstedt, ganz im Osten der Hansestadt. In ihrem Kopf arbeitete es unentwegt, aber sie bekam keine Ordnung in das, was die Beamten ihr gesagt hatten. Per Haftbefehl gesucht? Steuerhinterziehung? Betrug? Erschleichen von Leistungen?

Ännes Fragen hatten die Polizisten nur mit Kopfschütteln beantwortet. Eine Ehefrau? Nein. Zwei Söhne? Auch davon war ihnen nichts bekannt.

Sie trat an eine Wand heran, an der viele gerahmte Bilder hingen. Alte Fotos. Postkarten mit Stadtansichten. Sie erkannte das Motiv sofort. Es war immer dasselbe. Auch der Turm der Johanneskirche war auf einigen Bildern zu sehen. Und sie erkannte sich selbst. Als Mädchen und als junge Frau. Die Fotos waren um ein kleines Hochzeitsporträt ihrer Eltern gruppiert.

Änne drehte sich um, als einer der Beamten hüstelte. Die beiden Männer standen verlegen da. »Tja«, sagte der eine schließlich. »Viel ist es nicht.«

»Nein«, sagte Änne.

Sie drehte sich wieder um und betrachtete die Fotos. Fragen schossen ihr durch den Kopf, viele Fragen, aber sie ahnte, dass sie nur noch auf die wenigsten eine Antwort erhalten würde. Ohne den Blick von den Bildern abzuwenden, fragte sie: »Kann ich die mitnehmen? Nach Hause?«

Der Aufschneider

Zuerst hörten sie es nur. Stimmen. Um genau zu sein: eine Stimme. Eine weibliche. Laut. Keifend. Sehr unpassend für diesen friedlichen Ort, an dem ansonsten an diesem wolkenverhangenen Novembertag nicht mal Vogelgezwitscher wahrzunehmen war.

»Hörste das?«, raunte Enrico ihr zu.

Nadine nickte.

Er ließ ihre Hand los und legte seinen Arm um ihre Hüfte.

»Ey, wie man sich in der Öffentlichkeit so zoffen kann«, sagte Nadine.

Enrico kicherte. »Wart's ab, wir kommen da auch noch hin.«

Sie knuffte ihn in die Seite. »Was soll das heißen?«

»Nix!« Enrico lachte.

»Ich find das doof, wenn du so was sagst.«

Statt zu antworten, drückte er sie näher an sich. Im nächsten Moment blieb er stehen und zwang auch Nadine anzuhalten. »Pst«, machte er. »Da vorn!«

Sie starrten angestrengt den nebligen Weg entlang. In

der Ferne waren zwei blaue Punkte zu erkennen, die sich bewegten. Im nächsten Moment hatte sie der Nebel auch schon wieder verschluckt.

»Los, hinterher«, flüsterte Enrico kichernd und stapfte los.

»Was soll das? Willste die jetzt belauschen?«

»Quatsch. Aber wir müssen doch ohnehin in die Richtung.« Wie zur Bestätigung passierten sie ein Wanderschild, auf dem die aktuelle Entfernung nach Elend stand: 4,3 Kilometer.

Schon nach wenigen Minuten tauchten die blauen Punkte wieder auf und wurden als Windjacken erkennbar. Zwei Wandersleute im typischen Partnerlook.

»Versprich mir bitte: Wenn wir uns irgendwann mal dieselben Jacken kaufen, dann musst du mich erschießen«, sagte Enrico.

»Die gleichen.«

»Was?«

»Wir können uns höchstens die gleichen Jacken kaufen. In dieselbe Jacke werden wir nicht zusammen reinpassen.«

»Ach, ich liebe kluge Frauen, hab ich dir das schon mal gesagt?«

Sie kicherten, küssten sich und marschierten weiter.

Auch die Wortfetzen zerschnitten nun wieder die Ruhe des Harzwaldes.

»Was hat die gesagt?«, fragte Enrico.

Nadine zuckte die Schultern.

Erneut kicherte Enrico albern. »Ich glaube, es geht um eine Schwester. Wahrscheinlich schimpft sie über die bucklige Verwandtschaft.«

»… verlogenes Miststück!« schallte es durch den Wald.

Enrico prustete los.

Nadine löste sich aus seiner Umarmung. »Ich find das nicht witzig.«

»Wieso nicht?«

»Ey, bevor ich mich jemals vor anderen Leuten so streite, will ich mich von dir getrennt haben.«

»In jeder guten Beziehung gibt es mal ein Gewitter.«

»Wo haste denn den Spruch her?«

»Komm her«, sagte Enrico, zog Nadine an sich und küsste sie auf den Mund. Doch bevor er seine Zunge in Stellung bringen konnte, hatte sie ihn wieder abgeschüttelt.

Die blauen Punkte waren nun deutlich zu erkennen und als Menschen zu identifizieren. Der schrille Strom an Worten riss nicht ab.

»Oh Mann«, raunte Nadine. »Der Mann kann einem ja echt leid tun.«

»Pst«, machte Enrico.

»Flöhe!«, schrie die weibliche Stimme. »Da waren Flöhe in den Kissen!«

»Och nee«, sagte Nadine. »Können wir nicht irgendwo abbiegen? Ich krieg sonst schlechte Stimmung. Wir feiern heute unser Dreijähriges. Wenn schon Nebel ist, will ich nicht auch noch hinter einem sich streitenden Paar herlaufen.«

Enrico packte Nadine am Oberarm. »Weißt du, wer das ist?«

»…?«

»Die beiden. Das sind die, die wir schon am Grenzmuseum gesehen haben!«

»Was?«

»Guck doch genau hin! Die Jacken. Und dann die Hose von der Alten: Dieser Traum in Pink! Und der Alte hat diesen kleinen schwarzen Rucksack. Die hatten sich da unten doch schon belöffelt. Oder besser: Die Alte hatte ihren Alten belöffelt.«

Nadine nickte langsam, dann sagte sie: »Komm, lass uns da vorne abbiegen.«

»Das ist aber ein Umweg«, gab Enrico zu bedenken.

»Scheißegal.«

Sie bogen auf einen schmaleren Weg ab, und in der Folge waren die Wortfetzen der keifenden Frau immer leiser und irgendwann gar nicht mehr zu hören.

Schweigend wanderten Enrico und Nadine eine Weile über weiche Nadelteppiche, atmeten die sauerstoffsatte Luft ein und lauschten auf die spärlichen Geräusche, die die Fauna verursachte. Enrico hatte eine Hand unter Nadines dicke Jacke und ihren Pullover geschoben und sie dann tiefer an ihrem Hintern platziert, doch irgendwann hatte Nadine seine Hand wieder weggeschoben mit dem Hinweis, es ziehe bei ihr rein.

Sie waren bereits eine Weile unterwegs, als beide wie auf Kommando stehen blieben.

»Nee, ne?«, raunte Nadine. Gute fünfzig Meter vor ihnen stieß der Weg wieder auf den Hauptweg, den sie eine Dreiviertelstunde zuvor verlassen hatten. Und auf diesem Hauptweg sahen sie nun zwei Menschen in blauen Jacken vorbeiziehen. Und wenn sie nicht schon die Jacken wiedererkannt hätten, dann hätten sie auf jeden Fall das Gekeife erkannt, das gerade wieder einsetzte.

»Ich könnte dich umbringen, weißt du das?«

Nadine und Enrico schauten sich an, sie mit erschrockenem, er mit amüsiertem Gesichtsausdruck.

»Umbringen!«, schallte es erneut durchs trübe Wetter.

»Och! Lass uns zurückgehen«, bat Nadine.

»Zurück? Wie zurück? Wir wollen doch noch nach Schierke.«

»Gibt's da keinen anderen Weg?«, jammerte Nadine.

»Doch, natürlich«, meinte Enrico sarkastisch. Wir können natürlich auch über Braunlage und Goslar.«

»Ach, Mensch, dann lass uns hier warten.«

»Warten? Das ist doch viel zu kalt.«

Nadine ließ sich auf einen Baustamm sinken und klimperte ironisch-anzüglich mit den Augen. »Komm her! Ich mach, dass dir warm wird.«

Enrico blickte sich hektisch um. Die weibliche Stimme war gerade wieder zu hören, diesmal aber bereits ein Stück weiter entfernt. Er grinste Nadine an.

Eine halbe Stunde später traten sie auf den Hauptweg. Enrico fror und er spürte vor allem irgendwelche Krümel an seinem Hintern. Er schob seine Hand in die Unterhose und fingerte eine Weile herum, bis er eine abgebrochene Tannennadel zum Vorschein brachte. Mit übertrieben vorwurfsvollem Blick hielt er sie Nadine vor die Nase. Sie kicherte. Untergehakt marschierten sie los in Richtung Elend.

Sie kamen nicht weit, denn schon nach ein paar Minuten stupste Enrico Nadine in die Seite. »Guck mal, wer da kommt.«

Ein Mann in blauer Regenjacke kam ihnen entgegen, er war vielleicht noch zweihundert Meter entfernt. Der Alte trottete mit müdem Schritt den Weg entlang.

»Wo ist denn seine Frau?«, fragte Nadine verwundert.

»Wahrscheinlich hat er sie umgebracht«, antwortete Enrico.

»Idiot.«

»Ich frag ihn mal.«

»Jetzt hör schon auf.«

Der Mann trottete näher, aber sein Blick blieb auf den Boden geheftet. Erst als er bis auf vierzig Meter an Nadine und Enrico herangekommen war, blickte er auf. In seinem Gesicht war keinerlei Regung zu erkennen.

Der Mann und das Pärchen passierten einander – und Nadine konnte es kaum glauben, als Enrico seine Ankündigung wahr machte: »Tach auch«, sagte er, als der Mann auf gleicher Höhe war.

»Tach«, brummte der Mann.

»Wo haben Sie denn Ihre Frau gelassen?« Enrico grinste.

Der Mann blieb stehen und das Grinsen verschwand aus Enricos Gesicht.

»Meine Frau?«

»Ähm, na ja, Sie waren doch … also, Sie waren doch eben noch zu zweit unterwegs gewesen. Wir haben Sie gehört …, ähm.« Enricos Unsicherheit ging in ein albernes Kichern über. Nadine blickte ihren Freund streng an.

»Meine Frau«, brummte der Mann und fixierte erst Enrico und dann Nadine. »Die hab ich umgebracht.« Er schwieg.

Alle schwiegen. Stille breitete sich im Wald aus. Dann setzte der Mann umständlich seinen Rucksack ab und hielt ihn locker in der Hand. »Umgebracht hab ich sie, was denn sonst? Mit einem dicken Stein auf den Kopp gehauen, und dann mein Messer aussem Rucksack geholt und ihr die Kehle aufgeschnitten.«

Nadines Hand suchte Enricos Hand und drückte sie fest.

Der Mann grinste jetzt diabolisch: »Dann noch ein paar Stiche ins Herz. Mitten rein. Um sicherzugehen.« Mit seiner Rechten langte der Mann in den Rucksack.

»Ähm«, machte Enrico. Nadine presste sich an ihren Freund.

Der Mann schien etwas zu suchen, dann schnellte seine Hand mit einer schnellen Bewegung aus dem Rucksack hervor.

Nadine schrie auf.

In seiner Hand hielt der Mann – eine Thermoskanne. Im nächsten Moment platzte es aus dem Alten heraus. Er lachte los, tief und kollernd, während Nadine und Enrico ihn entsetzt anstarrten. Der Mann schraubte die Kanne auf, setzte sie an seinen Mund und trank ein paar Schlucke. Dampf sickerte aus der Kannenöffnung. Dann meinte der Unbekannte: »Na, ihr seid mir ja ein paar Früchtchen.«

Weder Nadine noch Enrico fiel etwas ein, was sie hätten sagen können. Der Mann grinste das Paar an. Schließlich fand Nadine die Sprache wieder. »Entschuldigen Sie bitte, aber wir sind eine Weile hinter Ihnen hergewandert und wurden unfreiwillig Zeuge des ... also, der ..., na ja ...« Sie brach ab.

Der Mann nickte und machte eine wegwerfende Handbewegung. »Ja, ja, war wieder ordentlich in Fahrt, meine Hilde. Aber die beruhigt sich so schnell, wie sie sich aufregt.«

»Ähm … und wo ist sie nun?«, fragte Nadine.

Der Mann zeigte mit dem Daumen in die Richtung aus der er gekommen war. »Sie ist schon weiter nach Elend. Ihr war schlecht geworden.« Er zwinkerte den beiden zu. »Ich brauchte einfach noch ein bisschen meine Ruhe.«

Nadine und Enrico lächelten erleichtert.

»Na dann«, meinte der Alte. »Macht's mal gut.« Er setzte sich in Bewegung, Nadine und Enrico starrten ihm nach. Nach ein paar Metern drehte sich der Mann noch einmal um. Mit seinem Zeigefinger deutete der Alte auf Enricos Hose. »Mach mal zu, bevor ihr wieder in die Zivilisation kommt.«

Enrico sah auf den Reißverschluss seiner Hose und zog ihn schnell hoch.

Der Mann lachte erneut laut auf, drehte sich um und stapfte davon.

Nadine und Enrico blickten sich stumm an. »So'n Aufschneider«, meinte Enrico dann – und nach ein paar Sekunden mussten sie beide lachen, wenngleich nicht ganz so heftig.

Nadine und Enrico heirateten ziemlich genau vier Monate nach jenem Novembertag. Am zweiten Sonntag nach ihrer Hochzeit saßen sie gemeinsam am Frühstückstisch in der Küche ihrer kleinen Wohnung in Wernigerode.

»Enrico«, flüsterte Nadine.

»Mhmh«, machte Enrico, ohne vom Sportteil aufzuschauen, in den er vertieft war.

»Erinnerst du dich noch an unsere Harzwanderung an unserem dritten Jahrestag?«

»Mmh.«

»An den komischen Typen mit der keifenden Frau? Hör mal.«

»Mmh.«

»Hör mir zu!«, rief sie.

Erschrocken schaute Enrico auf. Seine Freundin sah ihn mit aufgerissenen Augen an. »Was'n?«, fragte er.

Nadine blickte wieder in die Zeitung: »Pilzsucher haben gestern im Harz eine tote Frau gefunden. Die Leiche sei bereits stark verwest gewesen, teilte die Polizei mit. Sie habe offenbar bereits einige Zeit im Wald gelegen. Ersten Ermittlungen zufolge sei von einem Verbrechen auszugehen. Weitere Details wollte die Polizei aus ermittlungstaktischen Gründen nicht mitteilen.«

Enrico starrte sie an. Die Sekunden verstrichen, dann konnte Nadine nicht mehr. Sie prustete los: »Ha! April, April«, rief sie lachend. »Reingelegt.«

»Doofkopp«, brummte Enrico, zog eine Grimasse und wandte sich wieder dem Sportteil zu.

Nadine blätterte gut gelaunt in der Zeitung weiter, ihre Augen huschten über die Schlagzeilen. Dann stockte sie, riss die Augen auf.

»Enrico«, flüsterte sie.

»Jetzt hör aber auf!«

»Nein, im Ernst, ich fass es nicht! Hör dir das an!«

Enrico sah sie mit gerunzelter Stirn an.

»Pilzsucher haben gestern in einem Waldstück zwischen Elend und Sorge die Leiche einer toten Frau gefunden.« Nadine blickte Enrico fassungslos an.

Er schnappte sich die Zeitung, riss sie an sich, seine Augen scannten die aufgeschlagene Seite. Im selben Moment prustete Nadine erneut los. »April, April!«, rief sie quietschend. »Mann, bist du leicht zu veräppeln!«

Mit grimmigem Blick warf Enrico ihr die Zeitung entgegen und erhob sich zähnefletschend von seinem Stuhl.

Und weil das Leben bekanntlich selbst vor den größten Zufällen nicht zurückschreckt, ergab es sich, dass just in der Sekunde, als in einer kleinen Wohnung in Wernigerode ein paar Zeitungsseiten raschelnd zu Boden segelten und sich ein junger Mann an seiner jungen Frau mit einem neckischen Liebesangriff für zwei Aprilscherze rächte, dass also just in dieser Sekunde ein gellender Schrei in einem Waldstück zwischen Elend und Sorge ein paar Vögel, zwei Rehe und ein Wildschwein kurzzeitig aufschreckte. Der Schrei kam aus dem Mund einer jungen Frau, die, als sie gemeinsam mit ihrem Freund abseits der Wanderwege auf der Suche nach einem geeigneten Platz für ein Schäferstündchen war, eine schreckliche Entdeckung machen musste.

Der Auftrag

oder Hildegards Hauptgewinn

Peter Godazgar und Susanne Mischke

Er schwieg. Sie warf ihm einen schnellen Blick aus den Augenwinkeln zu. Da stand er im Empfangsbereich des Hotels, den Mund halb geöffnet. Was für eine Genugtuung. Die ganze Fahrt über hatte er gemosert und gemeckert. Die ganze Fahrt? Ach was, er hatte gemeckert, seit sie ihm die gute Nachricht überbracht hatte.

»Schweiz?«

»Ja, ist das nicht toll?«

»Ende November?«

»Ja.«

»Ende November regnet's doch bloß in der Schweiz.«

Natürlich war er noch nie in der Schweiz gewesen, weder Ende November noch sonst irgendwann.

»Wie heißt das Hotel?«

Sie klappte den Brief auf, las den Namen ab.

»Ermitage? Ich denk, die Ermitage ist in Sankt Petersburg.«

»In Petersburg ist die Er-e-mitage.«

»Und wieso Golf? Ich spiel kein Golf.«

Nun also, in der Lobby des Ermitage-Golf, nicht in Sankt Petersburg, sondern in Schönried, schwieg er. Er hätte niemals zugegeben, dass er schwieg, weil er beeindruckt war – aber sie sah es ihm an. So gut kannte sie ihn dann doch. Nach siebenundvierzig Ehejahren.

In gewisser Weise war sein Misstrauen ja sogar verständlich. Seit Jahr und Tag machte sie bei jedem Preisausschreiben mit, das ihr in die Finger kam. Bislang waren die Gewinne immer eher – nun ja, suboptimal gewesen: ein DVD-Filmpaket (leider ohne den passenden Rekorder, sodass die DVDs immer noch verschweißt in irgendeinem Schrank lagerten). Ein Jahresabonnement von *TV Spielfilm*. Eine Kochschürze, angeblich handsigniert von Johann Lafer. Natürlich die obligatorische Kaffeemaschine – sie gab nach drei Tagen den Geist auf. Ach ja, einen 25-Euro-Tankgutschein – über den hatte sich Herbert immerhin gefreut.

Nun aber: eine Verwöhnwoche im Wellness- und Spa-Hotel Ermitage-Golf.

»Wellness«, hatte Herbert gebrummt. »Mit Wellness wirbt doch heute jedes Nagelstudio. Und was heißt überhaupt Spa? Spaß wäre mir lieber.« Er lachte albern. Dann begann er zu singen: »Ein bisschen Spa muss sein, dann ist die Welt voll Sonnenschein.«

Hildegard verdrehte die Augen. Sie war sicher, diesmal einen echten Hauptgewinn gelandet zu haben. Die Fotos in der beigelegten Broschüre sprachen eine eindeutige Sprache.

Der Mann hinter der Rezeption stellte zwei Sektgläser auf den Tresen. Sie nippte, Herbert kippte das Glas auf ex in seinen Schlund.

»Wenn Sie mir Ihren Autoschlüssel geben, veranlasse ich, dass Ihr Fahrzeug parkiert und Ihr Gepäck aufs Zimmer gebracht wird.«

Herbert starrte den jungen Mann ein paar Sekunden an. Dann legte er den Schlüssel auf den Tresen. O ja, dachte Hildegard, die kommenden Tage würden sie mehr als angemessen entschädigen für die Strapazen der Hinfahrt.

Tatsächlich war die Anreise nicht ganz so verlaufen, wie sie es sich vorgestellt hatte, was vor allem daran lag, dass sie zwei Stunden ihrer Lebenszeit auf der Autobahn 6 zwischen dem Kreuz Nürnberg-Süd und der Anschlussstelle Schwabach-West vergeudet hatten. Herbert trommelte abwechselnd auf sein Lenkrad und schimpfte auf den Verkehrsfunk. Ein offenbar unter Drogen stehender Moderator von Radio Hit-Energy oder Hitradio Galaxy-Live rief etwas von einem toten Fuchs, der auf der A 3 liege, weswegen die Autofahrer, hey, dort echt super aufpassen müssten.

»Toter Fuchs auf der A 3?!«, schrie Herbert zurück. »Hast du zufällig auch Neuigkeiten von der A 6? So, wie's aussieht, liegt hier aber mindestens eine komplette Wildschwein-Rotte!« Herbert wechselte den Sender, und eine halbe Stunde später erfuhren sie, dass es auf der A 6 vor Schwabach-West eine Baustelle gab. Was die Warterei natürlich auch nicht besser machte.

Die Schweiz erreichten sie erst nach Einbruch der Dunkelheit. Hildegard sah enttäuscht aus dem Autofenster. Sie hatte sich auf die Berge gefreut. Nun sah sie aber nur ab und an dunkle Massen, die sich vom etwas helleren Himmel abhoben. Die letzte Stunde der Fahrt sagte niemand von ihnen auch nur ein Wort. Herbert stierte angestrengt in die Dunkelheit, während er den Wagen über kurvige Straßen und durch scheinbar verlassene Dörfer lenkte. Zweimal wurden sie überholt, ansonsten schien niemand unterwegs zu sein.

Sie erreichten ihr Ziel erst gegen 22 Uhr.

Herbert schwieg immer noch. Der junge Mann hatte sie inzwischen ins Hotelzimmer geleitet und wenig später auch das Gepäck gebracht. Hildegard sah ihren Gatten triumphierend an, aber der wich ihrem Blick aus. Das war nun wirklich nicht die Art Hotelzimmer, mit der sie ihr Leben lang hatten vorliebnehmen müssen. Sie packte ihre und Herberts Sachen in den Schrank und legte die Krimis, die sie sich mitgenommen hatte, auf den Nachttisch, während er durchs Fernsehprogramm zappte.

Hildegard trat auf den Balkon und atmete tief ein.

Als sie wieder in den Raum trat, lag Herbert lang ausgestreckt auf dem Bett.

»Und?«, fragte sie ihn.

»Man kann den Fernseher vom Bett aus nicht sehen«, knurrte er.

Hildegard schüttelte den Kopf und verschwand im Badezimmer, das geräumiger war als jenes in ihrer Wohnung daheim in Halle an der Saale. Als sie zurückkam, schnarchte Herbert.

Sie sah ihn lange an, dann schlüpfte sie, trotz der vorgerückten Stunde, in ihre Schuhe und verließ das Zimmer.

Jeder Angestellte, dem sie begegnete, lächelte sie an. Zuerst dachte Hildegard, es gebe irgendwas Komisches an ihr, sie blickte verstohlen an sich hinab, griff sich ins Haar. Hing ihr etwas ins Gesicht? Oder waren die Menschen einfach nur freundlich? War es schon so weit, dass sie argwöhnisch wurde, nur weil ihr jemand freundlich entgegentrat?

Sie schlenderte an der Bar vorbei, daneben stand ein Klavier. Ein Mann saß davor und ließ seine Finger über die Tasten gleiten. »Herzlich willkommen«, rief er ihr zu.

Sie nickte unsicher und ging weiter. Ihr Blick fiel auf einen Kamin. Auf das Feuer, das darin brannte. Über dem Kamin hingen zwei dünne Säbel, die sich kreuzten, daneben zwei breitere Stichwaffen. Waren das auch Säbel? Oder Degen? Schwerter? Sie war versucht, die Waffen zu berühren. Ob sie scharf waren? Ein gut gesetzter Stich würde vermutlich genügen.

Sie schüttelte den Kopf über ihre eigenen Gedanken. Höchste Zeit, ins Bett zu gehen.

Am nächsten Morgen, nach dem Frühstück, blätterte sie in einer Broschüre des Hotels, während Herbert im Badezimmer rumorte. Was es hier alles gab: Lymphdrainage, Breuss-Massage, Wasser-Shiatsu, Balinesische Boreh-Behandlung, LaStone-Therapy, rückfettende Salzeinreibung, Cleopatra-Packung. »Ich würde gerne eine Runde schwimmen«, sagte sie, als Herbert aus dem Bad trat.

»Ich kann dir keine Vorschriften machen«, antwortete er, warf sich in einen Sessel und griff zur Fernbedienung.

* * *

Ich bin zur Erholung hier. Das sage ich mir immer wieder, während ich im Dampfbad sitze, im Solebad plansche oder an den Fitness-Geräten herumturne. Dabei kommt man als Alleinreisender nicht umhin, die anderen Gäste zu beobachten. Nun macht das ja jeder gerne, um dann beim Abendessen mit seinem Partner über das Gesehene zu lästern, aber bei mir ist das etwas anderes. Es ist der Beruf, der mich einfach nicht loslässt. Meine Umgebung und die Menschen zu beobachten gehört zu meinem Job. Dabei müsste ich das jetzt nicht tun, ich bin, wie gesagt, zur Erholung hier. Eine Art Zwangserholung um ehrlich zu sein, obwohl es dekadent wäre, an diesem schönen Ort von Zwang zu sprechen. Ja, ich gebe es zu, ich jammere auf hohem Niveau. So sind wir Deutschen, das machen wir gerne. Ich bin hier, weil ich zurzeit keinen Auftrag habe.

Nein, es ist kein gutes Gefühl, mit 50 zum alten Eisen geworfen zu werden. Ich überlege mir, was ich alternativ anstellen könnte. Ich habe ein bisschen gespart, ich könnte vielleicht ein Bistro eröffnen, oder eine Strandbar an irgendeinem kostspieligen Gewässer. Oder einen Weinladen oder ein Waffengeschäft. Darüber denke ich nach, während ich leise vor mich hin summend im Solebecken auf dem Rost liege, unter dem es blasig blubbert.

Neben mir lässt sich eine Dame nieder, Badeanzug mit Prilblümchen, etwa Mitte 60, Typ braves Muttchen. Sie und ihr Mann saßen schon heute Morgen beim Frühstück am Nachbartisch, aber sie waren sehr mit sich selbst beschäftigt. Nun suhlt sie sich mit wohligem Lächeln im Blasenwasser, eine späte Schaumgeborene, sie hat etwas Rührendes an sich, wie sie da seufzend die Augen schließt, sich dem Wimpernschlag des Glücks hingibt. Schön, wenn jemand noch so genießen kann.

Natürlich weiß ich längst, mit wem ich es zu tun habe – Berufskrankheit, Sie verstehen. Sie reiste gestern, am 29. November um 21.50 Uhr zusammen mit ihrem Gatten an, und zwar in einem zahnbelagbeigen Ford-Mondeo mit dem Kennzeichen HAL für Halle, PM-1942, wobei letztere Zahl das Geburtsjahr des Wagenbesitzers sein dürfte – diese Unsitte ist ja weit verbreitet. Sie ist etwa zwei, drei Jahre jünger als er, heißt Hildegard und stammt aus Halle, er aus Erfurt. Er heißt Herbert. Herbert Siege. Herbert ist leicht übergewichtig, hat schmale Lippen und unangenehm stechende Augen. Er hatte schon drei Bandscheibenvorfälle und einen Herzinfarkt. Er ist seit drei Jahren in Rente, früher war er Abteilungsleiter in einer chemischen Fabrik. Die beiden sind seit 47 Jahren verheiratet.

* * *

Hildegard stöhnte genüsslich, als sie ihren Körper in das 35 Grad warme Solewasser sinken ließ. Sie paddelte vom Hallen- in den Freibad-Bereich. Nur ein weiterer Mann zog dort langsam seine Kreise. Links pladderte Wasser aus zwei Röhren. Vor ihr die Berge. Ruhe. »Himmel, ist das schön«, sagte sie leise, um sich zu vergewissern, dass sie nicht träumte. Sie näherte sich einem merkwürdigen Konstrukt aus glänzenden Röhren. Plötzlich fing das Wasser dort an zu sprudeln und zu schäumen. Sie erschrak, als sie jemanden neben sich bemerkte. Der Mann, der eben noch am anderen Ende des Beckens gewesen war, zog sich nun mit einer schnellen Bewegung auf das Röhrengerüst. Und nun verstand auch Hildegard. Das war eine Art Liege, eine Liege im Wasser, eine Liege, unter der es blubberte. Sie zog sich ebenfalls auf die Wasserliege, so weit wie möglich von dem fremden Mann entfernt. Es blubberte unter ihr, das Wasser massierte ihren Körper. Sie dachte an Herbert – dieser Idiot saß oben und starrte in die Flimmerkiste. Na ja, besser als wenn er neben ihr liegen würde. Er hätte mit Sicherheit was zu meckern gefunden. Luft zu kalt, Berge zu hoch, Wasser zu nass. Einzig an den Massagen schien der Gatte Gefallen gefunden zu haben.

Ein Geräusch riss sie aus ihren Gedanken, eine Art Brummen. Sie sah zu dem Mann. Er hatte die Augen geschlossen – und, ja, er brummte leise. Im nächsten Moment öffnete er die Augen und sah Hildegard direkt an. Sie schätzte ihn auf Mitte bis Ende vierzig, aber sie lag oft falsch. Später würde sie sich noch lange über ihr Verhalten wundern, doch in diesem Moment dachte sie nicht groß nach. Sie plauderte den Fremden einfach an.

* * *

Hildegard öffnet die Augen und sieht mich an. Ich nicke ihr freundlich zu.

»Herrlich, dieses warme Wasser, nicht wahr«, bemerkt sie und lächelt. Es ist ein warmherziges Lächeln und man merkt ihr an, dass sie sonst im Leben nicht allzu viel zu lächeln hat.

»In der Tat.«

»Es ist überhaupt ein ganz tolles Hotel. Das Essen, die Zimmer … und diese vielen Saunen. Man weiß gar nicht, wo man anfangen soll. Dass ich das noch erlebe.«

»Ich bitte Sie, Madame ...«

Die Anrede irritiert sie. »Hildegard Siege, nicht Madame.«

»Angenehm. Carolus Reuter.«

»Wir haben eine Woche Aufenthalt in einem Preisausschreiben gewonnen«, erklärt sie. »Sonst wären wir nicht hier. Für so ein Hotel wäre mein Herbert viel zu geizig. Wir fahren seit Jahren im September für zwei Wochen in eine Pension in den Harz, zum Wandern.«

»Dabei wandern Sie gar nicht so gerne«, sage ich.

»Woher wissen Sie das?«, fragt sie erstaunt. Tja, woher weiß ich das? Nun, sagen wir, es liegt mir im Blut, die Ohren aufzusperren.

»Menschenkenntnis«, behaupte ich. »Sie sind mehr der Wellness-Typ. Ein Luxusgeschöpf sozusagen. Sie sind hier genau richtig aufgehoben.«

Sie nickt betrübt. »Ach, der Herbert«, seufzt sie in das Blubbern des Pools.

»Sind Sie das erste Mal im Ermitage, Herr Reuter?«, fragt sie mich nach einer Weile. Ihre französische Aussprache lässt zu wünschen übrig.

»Nein, ich war schon zweimal hier. Beide Male hatte ich beruflich im Nachbarort Gstaad zu tun.«

»Dann sind Sie wohl gerade erst angekommen, Sie sind mir noch gar nicht aufgefallen.«

Das soll auch so sein, denke ich. Wer mich auf der Straße sieht, hält mich für einen langweiligen Buchhalter – falls er mich überhaupt bemerkt. Unauffälligkeit ist in meinem Job unabdingbar.

»Das Hotel ist mir ans Herz gewachsen. Freundlicher Service, gute Küche, Wellness und so, Sie wissen schon«, sage ich und lächle ihr ebenfalls zu. Irgendwie erinnert mich Hildegard an meine Mutter – Gott hab sie selig. Auch sie hatte im Leben nicht allzu viel zu lachen an der Seite meines Vaters. Er war Postbeamter und überdies ein notorischer Griesgram und Rechthaber. Ähnlich wie Herbert. Herbert hat an allem hier etwas auszusetzen, auch das ist mir nicht entgangen.

»Und was machen Sie beruflich?«

Ich schaue mich um, es ist nur Show, natürlich weiß ich, dass außer uns niemand da ist, auch nicht ihr Mann. Er genießt gerade die erste von vier Ganzkörpermassagen, die er nach dem Frühstück gebucht hat. Er hat die letzten Termine bekommen.

»Ich weiß nicht, ob Sie das wirklich wissen wollen.«

»Warum?«, entgegnet Hildegard. »Sind Sie Lehrer? Zahnarzt? Oder Finanzbeamter?«

»Ich bin Auftragskiller.«

Sie wirkt einen Moment lang irritiert, dann lacht sie.

»Nein, es ist kein Witz«, sage ich mit nüchterner Stimme.

»Tatsächlich?« Ein kurzes Schweigen, dann fragt sie: »Und? Kann man davon leben?«

»Es geht so. Früher war es besser. Da trafen sich zum Beispiel hier in Gstaad die Größen aus Politik und Wirtschaft, da fiel immer mal ein Job für mich ab. 1998 war es die Eliminierung eines missliebig gewordenen Aufsichtsratsmitglieds eines Pharmakonzerns, die mich hierher führte. Ihn ereilte ein tragischer Skiunfall. Und vor fünf Jahren galt es einen russischen Oligarchen zu beseitigen. Der Auftrag kam über Umwege aus russischen Regierungskreisen, denen der Mann zu mächtig geworden war.«

»Ich verstehe«, raunt Hildegard.

»Der Tod des Oligarchen wirbelte damals einigen Staub auf, die ermittelnden Behörden wollten nicht so recht an einen Badeunfall glauben, denn man hat bei der Obduktion des Mannes Rückstände eines starken Barbiturates in seinem Blut nachweisen können. Aber damit war es dann auch schon vorbei mit den Erkenntnissen. Ich arbeite sauber und diskret. Noch nie kam ein Klient durch mich in Schwierigkeiten. Ich verwende – wenn überhaupt – nur Präzisionswaffen und richte damit kein Gemetzel an. Der erste Schuss muss sitzen, sage ich mir immer. Wenn es die Situation zulässt, verzichte ich ganz auf Schusswaffen, arbeite mit Kontaktgift oder mit der Garrotte – das ist eine Drahtschlinge mit zwei Griffen daran. Sie war in Spanien während der Franco-Ära als Hinrichtungsinstrument beliebt. So eine habe ich übrigens immer im Koffer, das hat sich bewährt. Sie ist klein und handlich – für alle Fälle, man weiß ja nie. Aber eigentlich sind »Unfälle« meine Spezialität.«

Hildegard sieht mich mit großen Augen an. »Und das … das macht Ihnen gar nichts aus?«

»Nein. Einer muss es ja machen. Die Motive meiner Klienten kümmern mich nicht.«

»Und wieso sind Sie jetzt hier?«, will sie wissen.

»Urlaub.«

Sie schüttelt ihre grauen Locken: »Das glaube ich Ihnen nicht!«

»Tja, so ist es aber«, seufze ich. »Im Moment bin ich ohne Auftrag. Es mag an meinem Alter liegen, ich glaube es aber nicht. In meinem Job zählt Erfahrung noch – eigentlich.«

»Das will ich meinen«, stimmt mir Hildegard zu. »Aber so sind die Zeiten. Ich war ja froh, dass sie meinen Herbert

wenigstens bis 65 in der Firma behalten haben, aber seit zwei Jahren ist er zu Hause.«

Ein abgrundtiefer Seufzer entringt sich ihrer vollen Brust, während ich laut vor mich hin grüble: »Möglicherweise ist die Wirtschaftskrise schuld daran. Obwohl – Leute wie ich werden eigentlich immer gebraucht. Okay, ich bin nicht billig, aber Qualität hat eben ihren Preis. Aber leider sparen die Auftraggeber am falschen Ende und bevorzugen die osteuropäische Konkurrenz, die zu Dumpingpreisen arbeitet. Billig zwar, aber unglaublich schlampig. Aufsehen erregende Blutbäder sind die Folge. Nein, so was ist nicht meine Handschrift.«

»Das glaube ich Ihnen sofort«, bestätigt Hildegard. »Herbert, dieser Geizhals, hat mal ein Bad von ein paar Rumänen kacheln lassen. Schwarz. Nicht die Kacheln natürlich, die waren bahamabeige … Das war so schlecht gemacht, sie fielen einen Monat später runter, als ich gerade in der Badewanne lag.«

»Da sehen Sie es«, stimme ich ihr aus vollem Herzen zu. »Bei manchen meiner sogenannten Kollegen muss man ja schon froh sein, wenn es überhaupt den Richtigen trifft! Ich könnte Ihnen Geschichten erzählen ...« Ich seufze bedrückt, obwohl ich es gar nicht will.

Auch Hildegard wirkt plötzlich nachdenklich. Ich spüre, wie ihre anfängliche Faszination umschlägt in Enttäuschung. Das kann ich verstehen: Ein Auftragskiller ohne Auftrag ist eine tragisch-lächerliche Figur. Ich winke sie näher zu mir heran und senke die Stimme, als ich sage: »Okay, Sie haben recht, Madame. Ich bin natürlich schon beruflich hier.«

»Dachte ich mir«, meint sie und lächelt wissend und fragend zugleich. »Und?«

»Sie haben doch sicherlich von Polanski gehört. Roman Polanski, der Regisseur, der jetzt in Gstaad untergebracht ist und Hausarrest hat und elektronische Fußfesseln trägt?«

»Ja. Das steht doch seit Tagen in der Zeitung, die wir immer mit dem Morgentee bekommen.« Ihr Mund klappt herunter. »Den sollen Sie ...«

»Der Mann ist ein Politikum geworden, ein peinlicher Störfaktor in den bilateralen Beziehungen zwischen den USA und der Schweiz. Er macht Probleme, verursacht diplomatische Verwicklungen ...«

In ihren Augen spiegelt sich blanke Bewunderung. »Das ist ja spannend«, meint sie schließlich. »Hört sich an wie im Krimi.«

»Die CIA hat mich kontaktiert. Es wird wie ein Unfall aussehen.«

»Schade eigentlich. Ich mochte seine Filme. Vor allen Dingen Rosemaries Baby.«

»Ja, ich auch. Aber wie gesagt, darauf kann ich keine Rücksicht nehmen. Man muss heutzutage nehmen, was man kriegt. Obwohl ich mir wirklich überlege, ob ich nicht langsam aus dem Geschäft aussteigen soll.«

»Ach wirklich? Warum denn?«

Ich seufze. »Ach, wissen Sie – es ist im Grunde ja eine reizvolle Aufgabe. Aber die Dinge haben sich geändert, seit ich den Auftrag vor einigen Wochen angenommen habe. Seit Kurzem gibt es eine Frau in meinem Leben ...« Ich mache eine Pause, »... jedenfalls habe ich überlegt, in den Ruhestand zu gehen. Ich habe in meinem Leben genug Leute eliminiert und genug Geld damit verdient. Und ich erzähle Ihnen das auch nur, weil – ohne Ihnen jetzt zu nahe treten zu wollen – weil Sie mich an meine Mutter erinnern. Natürlich vor langer Zeit, als sie Anfang vierzig war.«

»Sie Schmeichler«, sagt sie und lächelt schelmisch. »Und wenn ich Sie nun bei der Polizei anzeigen würde?«

»Würde ich unser nettes Gespräch natürlich leugnen. Es gibt keine Beweise, nicht eine Spur. Ich bin ein Profi!«

Eine Weile herrscht Schweigen. Das Blubbern hat aufgehört, das Wasser glättet sich. Sie wirft einen nervösen Blick über die Schulter und fragt: »Wie teuer kommt so eine … eine Sache eigentlich?«

»Das kann man nicht pauschal sagen. Staatsoberhäupter sind natürlich am teuersten. Es sei denn, es handelt sich um Anführer irgendwelcher Bananenrepubliken. Bei Privatpersonen kommt es ganz darauf an. So ein Promi wie Polanski ist natürlich nicht ganz billig, wegen des Aufsehens und der Sicherheitsvorkehrungen – Sie verstehen.«

»Natürlich.« Ich kann sehen, wie es in Hildegards Kopf arbeitet. »Hätten Sie ...«, beginnt sie zögernd, »... hätten Sie eventuell dieser Tage noch Kapazitäten frei?«

»An wen dachten Sie? An den Barpianisten?«

»Aber nein.«

»Schade.«

»An Herbert«, wispert sie. »Meinen Mann.«

Ich grinse, bis ich merke, dass sie es ernst meint. Donnerwetter, Hildegard, denke ich. Aber im Grunde wundert es mich nicht. Dieser Klugscheißer ging sogar mir schon auf die Nerven. Wie muss das erst nach 47 Jahren sein?

»Wie teuer käme das denn – nur so ungefähr?«, erkundigt sie sich.

»Wie viel könnten Sie denn anlegen?«, frage ich halb neugierig, halb amüsiert und stelle mir vor, wie sie all die Jahre immer ein bisschen was vom Haushaltsgeld abgezweigt hat, mit dem Ziel, sich irgendwann mal was Nettes zu gönnen,

ohne Herbert darum bitten zu müssen. Genau das hat sie nun offenbar vor.

»Die Lebensversicherung – zahlt die bei Mord auch?«, fragt sie zurück.

»Es dauert meist ein wenig, bis die Ermittlungen abgeschlossen sind, aber dann zahlen die Versicherungen im Allgemeinen anstandslos. Wenn es wie ein Unfall aussieht, dann geht es noch schneller. Und Unfälle sind zufällig meine Spezialität.«

»Wie wäre es mit zehn Prozent von seiner Lebensversicherung. Es müssten so 100.000 sein.«

»15.000 und wir sind im Geschäft.«

»Einverstanden«, wispert sie. Ihr Hals und ihr Gesicht haben rote Flecken bekommen vor Aufregung.

»Damit Sie ausreichend Gelegenheit haben, noch einmal darüber nachzudenken, werde ich noch drei Tage damit warten. Wenn ich bis dahin nichts Gegenteiliges von Ihnen gehört habe, werde ich den Auftrag ausführen, einverstanden?«

»Das ist nett von Ihnen«, meint Hildegard.

»Ich bitte Sie. Ich bin schließlich kein Heizdeckenverkäufer. So ein Schritt will gut überlegt sein.«

»Drei Tage sind gut. Ich würde nämlich ungern früher abreisen. Aber das müsste ich ja dann wohl – aus Pietätsgründen, oder?«

Ich verabschiede mich und schwimme zurück zur Treppe. Knallhart, diese Mutti aus Halle! Fast kann einem dieser Herbert leidtun. Fast.

* * *

Den restlichen und auch die folgenden Tage war Hildegard aufgewühlt. Was war das für ein merkwürdiges Gespräch gewesen? Und um was hatte sie diesen Mann da, diesen Herrn Reuter, eigentlich gebeten? Herbert töten lassen? Sie betrachtete Herbert, ihren Herbert, ihren Ehemann seit siebenundvierzig Jahren, wie er auf dem Bett lag und leise schnarchte. Am Abend hatte der Mann am Nachbartisch gesessen und nur kurz gegrüßt, sich ansonsten aber den Köstlichkeiten aus der Küche gewidmet.

Ein Leben ohne Herbert. Er hatte sich nach dem Frühstück eine weitere Massage gegönnt und danach gleich wieder hingelegt. Nun war er eingenickt. Wieso schlief er hier so viel, zuhause neigte er doch eher zur Bettflucht. Sie sah ihren Mann an. Ihren Wuffel. Meine Güte, wie lange hatte sie ihn schon nicht mehr so genannt? Konnte sie sich ein Leben überhaupt vorstellen ohne ihren Wuffel?

Wuffel grunzte.

Och, dachte Hildegard.

Herbert schlug die Augen auf. »Na, hast du dich entspannt?« Er sprach das letzte Wort betont spöttisch aus.

Sie antwortete mit einer Gegenfrage: »Was hältst du von einem kleinen Spaziergang, um die nähere Umgebung zu erkunden?«

»Meinetwegen«, sagte Herbert. »Mach nur. Ich bleib noch ein bisschen liegen. Bin grad so entspannt. «

Sie starrte ihn an. »Willst du hier immer bloß im Bett bleiben?«

»Wellness«, antwortete er, stöhnte dann und fügte hinzu: »Na gut, ich komm mit.«

»Du musst nicht, wenn du nicht willst.« Ein Spaziergang ohne Herbert war ja eigentlich nicht die schlechteste Variante, fiel ihr ein. Zu spät.

Sie stapften aufs Geratewohl die gegenüberliegende Seitenstraße hinauf, nach kurzer Zeit gelangten sie auf einen Wanderweg. Es ging stetig aufwärts. Hildegard wanderte vorneweg, Herbert schlurfte hinterher.

Sie fragte sich, was der Auftragskiller gerade tat? Ob er über den Tatort nachdachte, ob er einen Mordplan entwarf? Auftragskiller! Mord! Ein kalter Schauer lief über Hildegards Rücken.

Links von ihnen gluckerte ein dünner Gebirgsbach. Wäre das ein geeigneter Ort? Ein kleiner Stoß würde vielleicht schon reichen, dachte Hildegard.

Sie hörte Herbert hinter sich schnaufen. Der Weg wurde schmaler, führte über einen Holzweg auf eine Wiese und weiter und weiter nach oben.

Er könnte auf dem feuchten Gras ausrutschen, dachte Hildegard.

»Wann sind wir endlich da?«, nölte Herbert hinter ihr.

Sie ignorierte ihn, stieg weiter hinauf, passierte einen kleinen Müllcontainer. *In diesen Container bitte nur gebührenpflichtige Gebinde*, stand darauf. Gebührenpflichtige Gebinde, dachte sie. Ob der Auftragskiller aus Herbert nach vollbrachter Tat ein gebührenpflichtiges Gebinde machen würde?

»Willst du etwa bis ganz nach oben?«, hörte sie seine Stimme, nun ein gutes Stück hinter sich. Sie drehte sich um. Herbert war stehen geblieben, hielt sich eine Hand vor die Brust und glotzte sie an.

Er könnte sich an einem lockeren Zaunpfahl festhalten, der Holzstamm gibt nach – und zack, dachte sie. »Wir können ja umkehren«, rief sie ihm zu.

Hildegard war froh, als sich Herbert nach ihrem Ausflug wieder aufs Zimmer zurückzog. Sie streifte sich einen Bademantel über und verzog sich in die Saunalandschaft. Ihr Weg führte direkt in die Quarzit-Sole-Dampf-Grotte. Schon am ersten Tag hatte sie diesen Ort für sich entdeckt. Dort war man komplett in Nebel eingehüllt und quasi unsichtbar für andere. »Hallo?«, sagte sie in den Dampf hinein, aber niemand antwortete.

Herbert hatte sie noch nicht überreden können, hier hineinzugehen. Er bevorzugte die Bio-Sauna, die ihr wiederum fast zu kühl war.

Sie tastete sich vorwärts und erreichte einen Sitz, spülte ihn mit Wasser ab und nahm Platz. Sie wusste, was jetzt kam – und sie freute sich drauf. Gleich würde kühles Wasser aus winzigen Düsen, die im Boden eingelassen waren, an ihre Beine rieseln, wenig später kam der Moment, bei dem sie sich das erste Mal fast zu Tode erschreckt hatte: Lichtblitze zuckten, ein heißer Dampfstrahl schoss von oben herab.

Tatsächlich, dachte sie nun erneut, ein Ort, an dem man sich zu Tode erschrecken konnte.

* * *

Es ist kurios anzusehen, wie Hildegard mir während der nächsten drei Tage so dermaßen auffällig aus dem Weg geht und meinen Blick so konsequent meidet, als wären wir ein heimliches Liebespaar. Ich sitze im Whirlpool und denke darüber nach, was eine Frau wie sie alles ertragen musste, um den Entschluss entstehen zu lassen, ihren Gatten ermorden zu lassen. Ich schließe eine Wette mit mir selbst ab, dass sie noch vor dem Abendessen mit mir Kontakt aufnimmt und die Sache abbläst. Was immer dieser Herbert für ein Kotzbrocken sein mag – so kaltblütig und rachsüchtig kann so eine brave Hausfrau doch nicht sein, oder? Oder?

Eben sah ich ihn in der Quarzit-Dampfsauna verschwinden. Eigentlich der ideale Ort für einen Mord. Der Nebel in diesem Raum ist so dicht, vermutlich könnte man darin einen Menschen erwürgen, ohne dass es die anderen Saunabesucher überhaupt mitbekämen.

Aber es gibt gar keine anderen Besucher. Nur den bedauernswerten Herbert. Und nun mich.

Bedauernswert? Ich überlege. Ist nicht jeder bedauernswert, der von seiner Frau so gehasst wird, dass sie ihn umbringen lassen möchte? Andererseits hat dieser alte Miesepeter seiner Hildegard in 47 Jahren nichts anderes geboten als eine Pension im Harz. Und wenn das der Urlaub war, dann möchte ich nicht wissen, wie ihr Alltag aussieht. Bestimmt wohnen sie in einem Reihenhäuschen am Stadtrand von Halle – Halle, was ist das überhaupt für eine Stadt, kann man dort wirklich leben? Ich sehe ihr trautes Heim förmlich vor mir: Zu viele Pflanzen in den Fenstern, zwischen dem Grünzeug baumelt eine Hexe auf einem Besen – Souvenir aus dem Harz – und vor der Tür ein Fußabtreter, auf dem »Willkommen« steht. 47 Jahre Ehe. Das muss man sich mal reinziehen, allein diese Zahl!

Undenkbar für einen wie mich. Meine längste Beziehung hielt drei Jahre, Daniela war Fitnesstrainerin und wurde mir auf die Dauer zu anstrengend. Nein, mein Beruf lässt kaum Raum für traditionelle Bindungen. Selbst meine Mutter in St. Gallen besuche ich nur an Weihnachten.

Aus dem Dampf dringt ein Schnaufen. Herbert, nur als dunkles Massiv im gemauerten Sessel gegenüber erkennbar, atmet schwer. Ja, es wäre DIE Gelegenheit ... Die Gelegenheit, mir 15.000 Euro zu verdienen.

Dabei wollte ich Hildegard nur ein bisschen veralbern und erschrecken. Zudem bin ich ausgesprochen verärgert darüber gewesen, dass Herbert mir die letzten Massagetermine weggeschnappt hat. Ich muss ihr reinen Wein einschenken, gleich nachher.

Meine Gedanken wandern von Herbert und Hildegard zu Roman Polanski. Was ihn angeht, habe ich die Wahrheit gesagt – zumindest teilweise. Ich warte hier auf sein Eintreffen in Gstaad. Wenn es mir gelingt, ein paar gute Fotos von ihm zu schießen, werde ich sie an meine Agentur verscheuern. Ich bin nämlich freier Journalist und Fotograf. Manche nenne mich auch verächtlich Paparazzo, aber diesen Begriff lehne ich ab. Schließlich sind es Leute wie Hildegard, die nach Bildern und Geschichten von Prominenten gieren.

Hildegard. Herbert. Ich habe noch nie einen Menschen umgebracht, ich schieße nur mit meiner Kamera. Andererseits sind 15.000 Euro nicht von Pappe. Dafür muss ich lange vor irgendwelchen Promi-Hütten auf der Lauer liegen. Und wenn ich ehrlich bin – ich stecke im Moment in einer Liquiditätskrise. Ich kann vielleicht gerade noch die Hotelrechnung bezahlen, aber mit der nächsten Miete sieht es schon schlechter aus. Und es wäre so einfach, wirklich so einfach …

Blitze zucken auf, fahren auf mich hernieder, ich erschrecke mich fast zu Tode. Himmel, was war das? Das jüngste Gericht? Die Strafe für meine bösen Gedanken? Auch Herbert ist erschrocken, ich höre, wie er scharf die Luft einzieht und japst. Ich stehe langsam auf ….

* * *

Auch wenn sie noch ein paar Tage Zeit hatte, sich auf das Kommende vorzubereiten (die Gelegenheit, einen Rückzieher zu machen, bot sich mehrfach, aber sie ließ sie verstreichen), auch wenn sie also Zeit hatte – sie empfand es doch als Schock, als sie am Tag vor ihrer Abreise allein im Zimmer stand und es an der Tür klopfte.

Sie hatte Herbert in der Sauna zurückgelassen, er konnte es aber nicht sein, der vor der Tür stand, schon deshalb nicht, weil er nicht angeklopft, sondern einfach hereingekommen wäre. Sie ging zur Tür, spürte ihr Herz hämmern. Sie drückte die Klinke, öffnete die Tür – und auf dem Flur stand: Carolus Reuter, der Auftragskiller.

Er blickte sie freundlich, aber auch etwas unsicher an. Würde er jetzt Vollzug melden? War das nicht riskant, wenn sie gemeinsam gesehen wurden? Carolus Reuter schwieg.

»Hallo«, hauchte Hildegard.

»Ja, ähm, hallo.« Reuter sah nach rechts und links, dann studierte er interessiert den Flurboden. Schweigen breitete sich aus. Schließlich öffnete er den Mund, doch bevor er etwas sagen konnte, öffnete sich die Tür, die zur Bar und den Restaurants führte. Ein schlanker Mann im Anzug kam mit schnellem Schritt herein, stutzte, als er Carolus und Hildegard im Flur stehen sah, entschuldigte sich und trat langsam näher. Der Hoteldirektor, der stets mit einem freundlich-zuvorkommenden Lächeln durchs Haus ging, sah Hildegard nun mit sehr ernstem Gesicht an. Er habe eine schlimme Nachricht zu überbringen, sagte er. Der werte Gatte sei offenbar einem Herzinfarkt erlegen. In der Quarzit-Sole-Dampf-Grotte. Eine Besucherin habe ihn gefunden. Ob sie wohl bitte mitkommen wolle.

Hildegard blickte an dem Direktor vorbei. Carolus Reuter war verschwunden.

* * *

Hildegard ist abgereist, nicht ohne mich noch dreimal dafür zu loben, wie sauber ich gearbeitet hätte. Zweimal habe ich ihr erklärt, dass ich nichts damit zu tun habe, dass ich kein Auftragskiller bin und es sich beim Ableben ihres Gatten in der Sauna um einen natürlichen Tod handelt, Herzversagen, genau wie der Notarzt dies bestätigt hat. Aber Hildegard wollte mir ums Verrecken nicht glauben, und beim dritten Mal habe ich ihr dann halt meine Kontonummer gegeben.

»Sobald die Versicherung gezahlt hat ...«, versprach sie mir unter Tränen hoch und heilig. Ich weiß, dass sie ihre Zusage einhalten wird. Frauen wie Hildegard stehen zu ihrem Wort.

Polanski soll übrigens erst in drei Tagen kommen. Also kann ich mich noch ein wenig erholen. Ich habe Herberts letzten Massagetermin gleich auf meinen Namen umbuchen lassen, ehe mir noch jemand zuvorkommt.

* * *

Und Herbert? Nun, wir dürfen sagen: Er schied versöhnlich dahin – und das ist doch auch schon was. Sein letzter Gedanke lautete nämlich: *Eigentlich ist es doch sehr schön hier. Ich werde es Hildegard gleich saaa...*

Der Blättersammler

Er rückte die Kerze ein Stück nach rechts und trat einen Schritt vom Tisch zurück. Einwandfrei! Zufrieden ließ er das Gesamtbild auf sich wirken. Ob es ihr auch gefallen würde?

Für einen winzigen Moment wurde Bert wieder unsicher, dann drängte er den Zweifel beiseite. Ach was, das erste Treffen war doch prima gelaufen, vor allem: Hätte Madeleine zugesagt, wenn ihr der Abend nicht gefallen hätte?

Ach, Madeleine. Endlich einmal eine Frau, die anders war als die ganzen blöden Weiber. Endlich eine Frau, die Verständnis zeigte. Verständnis? Mehr noch: Interesse!

Bert spazierte zum Ofen und warf einen Blick hinein. Noch fünfzehn Minuten, dann war die Spinatlasagne perfekt. Auf dem Tisch standen bereits zwei Salatteller, liebevoll dekoriert, als sollten sie gleich für ein Gourmetkochbuch fotografiert werden. Bert schnupperte gerade am Bukett des vor zwei Stunden dekantierten Rotweins, als es klingelte. Er sah auf die Armbanduhr – ach, Madeleine, pünktlich war sie auch noch!

Im Wohnungsflur warf Bert einen schnellen Blick in den Spiegel, korrigierte den Sitz der Krawatte und kämmte sich mit den Fingern durchs lichte Haar, dann öffnete er die Tür. »Madeleine!«

Sie trat ein, beugte sich vor und – hauchte ihm einen Kuss auf die Wange! »Danke für die Einladung«, flüsterte sie mit ihrer samtigen Stimme.

Bert verspürte ein Kribbeln im Nacken. Er half ihr aus dem Mantel und musste schlucken angesichts des kurzen, eng anliegenden roten Kleids, das darunter zum Vorschein kam. Er geleitete sie an den Esstisch. Sie ließen ihre Gläser klingen, nippten.

Madeleine hob anerkennend die Augenbrauen.

»Barolo«, sagte Bert.

Madeleine trank genüsslich noch einen Schluck.

Bert hielt ihr ein Körbchen hin. »Brot?«

Sie nahm eine Scheibe, bestrich sie mit der Creme, die Bert ihr anbot, biss ab, kaute. »Hmmm!«

»Bärlauchcreme, selbst gemacht.«

»Ehrlich?« Sie sah sich im Zimmer um. »Du hast aber viele Bilder an den Wänden.«

Bert folgte Madeleines Blick.

»Was sind denn das für Bildchen? Darf ich mal sehen?«

»Natürlich.« Bert sprang auf und folgte ihr.

Madeleine begutachtete eine Wand, die an jeder freien Stelle mit Rahmen behängt war. Dann drehte sie sich zu ihm um: »Ist es das, wonach es aussieht?«

»Toilettenpapier«, sagte Bert.

»Dann hast du gar keinen Witz gemacht?«

Bert sah sie fragend an.

»Im Restaurant. Ich dachte, das war ein Scherz mit deiner Klopapiersammlung.«

»Scherz? Wieso?«

Wieder blickte Madeleine auf die Rahmen. »Du hast Klopapier hinter Glas?«

»Es gibt unglaublich viele Varianten. Total interessant.«

»Echt?« Sie trat dicht an die Rahmen heran. »Was steht denn da?«, murmelte sie.

»Hersteller, Größe, Kaufdatum, Papierart, Aufdruck, Prägung, Farbe, eventuell noch der Duft.«

»Schräg.«

»Schräg?«, fragte Bert.

»Na ja«, sagte Madeleine und schlenderte an den Esstisch zurück. »Einen Klopapiersammler habe ich bis jetzt noch nicht getroffen.«

Bert sah sie misstrauisch an.

Sie widmete sich wieder ihrer Vorspeise, schob mit dem Messer eine Walnusshälfte auf ihre Gabel. »Aber ich find's gut, wenn Leute für irgendwas brennen.«

Bert lächelte. »Ehrlich?«

»Wer hat denn eigentlich das Toilettenpapier erfunden?«

»Die Chinesen, wer sonst?«, antwortete Bert. »Vierzehntes Jahrhundert. Für den Kaiser, allerdings waren die Blätter damals einen halben Quadratmeter groß. Davor hat man Stoff verwendet. Adlige haben sich sogar mit den Federn lebender Vögel den Hintern abgewischt! Die meisten Menschen benutzten natürlich nur ihre Hand. Daher reicht man sich noch bis heute die rechte Hand zur Begrüßung. Die linke war in vielen

Kulturen für die Körperreinigung vorgesehen. Und ist es teilweise noch.«

Madeleine lächelte. »Vielleicht sollten wir das Thema auf die Zeit nach dem Essen verschieben.«

»Natürlich, entschuldige. Klopapier ist ein Hightechprodukt. Und es wird immer weiter geforscht.«

»Ach.« Madeleine zog die letzten Feldsalatblätter durch die Reste des Balsamicodressings.

»Das Papier muss reißfest sein und zugleich weich. Gar nicht so einfach, das optimal hinzukriegen. Man muss die Blätter einfach abreißen können. Perforation und Papierstärke müssen im richtigen Verhältnis zueinander stehen.«

Madeleine führte ihre geschminkten Lippen, die exakt die Farbe ihres Kleids hatten, an das Weinglas.

Bert schenkte ihr nach. »Und dann ist da natürlich die ewige Frage: Knüller oder Falter?«

»Wie bitte?«

»Knüller oder Falter«, wiederholte Bert. »In Deutschland wird überwiegend gefaltet, in den USA wird fast ausschließlich geknüllt. Amerikanisches Toilettenpapier hat darum einen ganz anderen Aufbau. Es ist sehr flach und hat kaum Struktur.« Bert sprang auf, räumte die Teller ab und holte die Lasagne aus dem Ofen. Der Duft frischen Thymians und ein Hauch Muskat erfüllten den Raum.

»Und wie viele Rollen hast du in deiner Sammlung?«

Bert ließ das Messer durch den Auflauf gleiten und hob vorsichtig ein Stück auf Madeleines Teller. »Zweihundertvierundachtzig. Aber keine Rollen, sondern immer nur ein Blatt.«

»Hast du ein Lieblingspapier?«

»Nö. Privat benutze ich natürlich nur Recyclingpapier. Die haben übrigens ordentlich aufgeholt in puncto Weichheit.«

Madeleine nickte, trank, sah sich im Zimmer um.

»Weißt du, seit wann es feuchtes Toilettenpapier gibt?«

Madeleine schüttelte den Kopf, trank.

»Seit 1977! Glaubt man gar nicht, was? 1958 kam das Tissuepapier auf den Markt, 1972 das Dreilagige und erst 1984 das Vierlagige. Vierlagig ist aber Quatsch, finde ich jedenfalls, sinnloser Papierverbrauch, warte mal ...« Bert sprang auf und verschwand durch die Tür.

Im nächsten Moment stand Bert wieder vor ihr, einen Rahmen in der Hand. »Guck mal, ein Scherzaufdruck. Mit aufgedruckten Rasierklingen.« Er fing an zu lachen. »Find ich total witzig. Oder?«

»Wein ist alle«, sagte Madeleine.

»Oh.« Bert starrte auf Madeleines leeres Glas, dann hob er die Flasche prüfend in die Höhe. »Schon? Ich hol schnell eine neue aus dem Keller.«

»Und ich geh mal aufs Klo«, sagte Madeleine.

Bert stöberte eine Weile in seinem Weinvorrat und entschied sich dann für einen fünf Jahre alten Châteauneuf-du-Pape. Ein besonderer Wein für einen besonderen Anlass. Madeleine war etwas wortkarg gewesen in den letzten Minuten, dachte er, während er die Treppen hinaufstieg. Hatte er zuviel geschwatzt? Hatte er sie mit seinem Gerede über Toilettenpapier gelangweilt? Sie wäre nicht die erste Frau, die mit Unverständnis reagierte.

Er fand sie am Esstisch sitzend – und sie begrüßte ihn mit einem Strahlen aus ihren tiefbraunen Augen, das all seine Zweifel hinwegwischte. Er hielt ihr das Etikett der Flasche entgegen, aber sie ignorierte es. Stattdessen sagte sie, mit immer noch warmem Blick: »Du bist mir ja einer.«

»Wieso?«

»Na ja, du besitzt die wahrscheinlich größte Klopapiersammlung der Welt – hast aber keine einzige Rolle auf dem Klo. Da musste ich zwei Rahmen öffnen.«

Er starrte sie an.

»Sorry, aber du warst nicht da, und ich wusste mir nicht anders zu helfen. Ich hab nur zwei Blätter genommen … Was ist mit dir? … Es hängen noch ganz viele Rahmen …«

»Welche hast du genommen!« Die Worte kamen nur als Krächzen aus seiner Kehle.

»Was? Welche? Keine Ahnung, zwei Blätter halt. Wirklich nur zwei.«

Er stürzte aus dem Zimmer, riss die Badtür auf, sein Blick fiel auf zwei leere Rahmen, die auf dem Schränkchen neben dem Waschbecken lagen. Er sah die leeren Flächen an der Wand. Bert zuckte zusammen, als er ihre Stimme hinter sich hörte. »Bert?« Er fuhr herum.

»Wirklich nur zwei Blätter.« Unsicher sah sie ihn an.

Fassungslos starrte er auf die leeren Rahmen. Die Finger seiner rechten Hand krampften sich um den Flaschenhals.

Zehn Monate später unterhielten sich zwei ältere Damen, Freundinnen und passionierte Hobby-Prozessbeobachterinnen seit Jahrzehnten, angeregt in der Kantine des Landgerichts.

»Ich hab dir gesagt, das wird interessant, aber du wolltest ja unbedingt zu dieser Raubgeschichte«, sagte die eine und versenkte zufrieden ihre Kuchengabel in einem Stück Schwarzwälder Kirschtorte.

»Zwei Blätter Toilettenpapier?«, fragte die andere und gab mit leicht zittrigen Fingern Kondensmilch in ihre Tasse.

Die erste nickte.

»Er hat ihr die Weinflasche über den Schädel gezogen wegen zwei Blättern Klopapier?«, hakte die andere ungläubig nach.

»Nicht irgendwelches, die Schmuckstücke seiner Sammlung. Die arme Frau war sofort tot.«

»Was für eine Sammlung?«

»Der Typ hatte seine Wohnung mit Toilettenpapier quasi tapeziert. Er hat es gesammelt! Sogar im Schlafzimmer. Aber weil im Bad kein normales Klopapier da war, hat seine neue Freundin in ihrer Not zu zwei Stücken aus der Sammlung gegriffen.«

»Und?«

»Sie hat ausgerechnet das teuerste Toilettenpapier der Welt erwischt. Aus Dubai. 400 Euro!« Das letzte Stückchen Schwarzwälder Kirsch verschwand im Mund der Dame.

»400 Euro?«

»Pro Blatt!« Sie leckte sich über die Lippen.

»Quatsch!«

»Ja! Gewonnen aus der Wolle des freilaufenden Papua-Nacktmulls.«

»Ein Nacktmull? Hat so ein Vieh überhaupt Fell?«

»Nur ganz wenig, das macht das Papier ja so teuer.«

Die zweite Dame stellte ihre Kaffeetasse enttäuscht ab. »Mist, und ich sitze bei diesem blöden Raub … Was hat er denn gekriegt?«

»Urteilsspruch ist in zehn Minuten.«

»Na dann, nix wie hin.«

Vom Fischer und seiner Frau – die wahre Geschichte

Es waren einmal ein Fischer und seine Frau, die wohnten zusammen in einer kleinen Fischerhütte, dicht an der See, und der Fischer ging alle Tage hin und angelte. Und er angelte und angelte. So saß er auch einmal mit seiner Angel und sah immer in das klare Wasser hinein; und so saß er nun und saß.

Da ging die Angel auf den Grund, tief hinunter, und als er sie heraufholte, da holte er einen großen Butt heraus. Da sagte der Butt zu ihm: »Oh, ähm, hallo, Fischer! Tja, dumm gelaufen, würde ich sagen. Ganz schön spitz, so ein Angelhaken. Autsch! Mein lieber Herr Gesangsverein! Hör mal, Fischer, wenn's dir nichts ausmacht, dann lass mich leben. Ich, ähm, ich bin nämlich gar kein richtiger Butt, ich bin ein ...«, der Fisch zögerte, »... ich bin ein verwunschener Prinz! Nein, halt! Eine Prinzessin! Was hilft dir's, wenn du mich totmachst? Ich würde dir doch nicht recht schmecken; setz mich wieder ins Wasser und lass mich schwimmen!«

Da staunte der Fischer nicht schlecht und sagte: »Nun, du brauchst nicht so viele Worte zu machen; einen Butt, der sprechen kann, werde ich doch wohl schwimmen lassen. Ähm, eins vielleicht noch: Darf ich ein Foto von dir machen? Sonst glaubt's meine Frau nämlich nicht.« Er zog sein Smartphone aus der Wathose und knipste den Fisch, der im selben Moment mit einer Flosse freundlich winkte. Dann setzte er ihn wieder in das klare Wasser; da ging der Butt auf den Grund und ließ einen langen Streifen Blut hinter sich. Der Fischer aber stand auf und ging zu seiner Frau in die kleine Hütte.

»Na?«, begrüßte ihn seine Frau, »wieder nix gefangen, was?« Es war ihre Standardbegrüßung, denn der Fischer war – man muss es wohl so deutlich sagen – der schlechteste Fischer der Welt. Er fing nie etwas. Das war auch der Grund, weshalb es abends bei Fischers immer Fischstäbchen aus der Tiefkühltruhe gab. Der Fischer fand das nicht schlimm, er mochte Fischstäbchen nämlich sehr gerne. Ganz im Gegenteil zu seiner Frau. Die hätte gerne mal einen Zander gegessen. Oder eine Scholle. Oder sogar einen Lachs.

»Nein«, sagte der Fischer also. »Oder besser: fast. Mir ist nämlich etwas total Verrücktes passiert: Ich fing einen Butt, der sagte, er wäre eine verwunschene Prinzessin, da hab ich ihn wieder schwimmen lassen.«

Die Frau des Fischers stand ein paar Sekunden mit offenem Mund da, bevor sie Worte fand. »Also, das ist wirklich die dümmste Ausrede, die dir jemals eingefallen ist!«

»Wieso Ausrede?«

»Ein sprechender Butt? Also bitte!«

Da zückte der Fischer sein Smartphone und zeigte seiner Frau das Foto. Die Fischersfrau glotzte eine Weile auf das Bild des winkenden Fischs, dann starrte sie ebenso lange ihren Mann an. »Aha«, sagte sie. »Hast du dir wenigstens was gewünscht?«

»Öhm ..., nein«, sagte der Mann, »was sollte ich mir denn wünschen?«

»Ja, ist es denn zu fassen!«, rief die Frau. »Guck dich doch mal um. Findest du es etwa toll, hier in dieser Baracke zu hausen? Du hättest uns doch ein kleines Häuschen wünschen können. Geh noch mal hin und ruf ihn! Sag ihm, wir wollen ein kleines Häuschen haben. Wenn er sprechen kann, kann er bestimmt auch so einen kleinen Wunsch erfüllen.« Und insgeheim dachte sie: Was habe ich nur für einen Vollidioten geheiratet. Ich hätte auf meine Mutter hören und den Franz nehmen sollen, der ist zwar ein absoluter Nerd, aber er hat sich selbstständig gemacht mit dieser komischen Internetklitsche und ist jetzt Milliardär.

»Ach«, sagte der Mann, »was soll ich da noch mal hingehen, der Fisch ist doch längst ...« Doch als er sah, wie seine Frau zu einem Redeschwall ansetzte, drehte er sich auf dem Absatz um und ging an die See.

Als er dorthin kam, war die See ganz grün und gelb und gar nicht mehr so klar. So stellte er sich hin und sagte:

»Manntje, Manntje, Timpe Te,
Buttje, Buttje in der See,
mine Fru, de Ilsebill,
will nich so, as ik wol will.«

Da kam der Butt angeschwommen und sagte: »Hey, Fischer, lustiger Spruch! Kannst aber auch normal mit mir reden. Na, was will sie denn, deine Olle?«

»Na ja«, sagte der Mann, »ich hab dich doch gefangen gehabt; nun sagt meine Frau, ich hätt' mir doch was wünschen sollen. Sie mag nicht mehr in der Hütte wohnen, sie will gern ein kleines Häuschen.«

»Ein kleines Häuschen, so, so«, sagte er Fisch. »Na, geh nur hin, sie hat es schon.«

»Was? Echt jetzt?«, fragte der Fischer, aber der Butt zwinkerte nur und tauchte wieder ab.

Da ging der Mann hin, und tatsächlich: Seine Frau saß nicht mehr in dem Fischerhüttchen; an seiner Stelle stand jetzt ein kleines Häuschen, und seine Frau saß vor der Tür auf einer Bank. Da nahm ihn seine Frau bei der Hand und sagte zu ihm: »Komm nur herein, sieh, nun ist das doch viel besser!« Da gingen sie hinein, und in dem Häuschen war ein kleiner Vorplatz und eine kleine, allerliebste Stube und Kammer, wo jedem sein Bett stand, und Küche und Speisekammer, alles aufs Beste mit Gerätschaften versehen und aufs Schönste aufgestellt, Zinnzeug und Messing, was eben so dazugehört. Und dahinter war auch ein kleiner Hof mit Hühnern und Enten und ein kleiner Garten mit Grünzeug und Obst.

»Sieh«, sagte die Frau, »Knaller, was?«

»Ja«, sagte der Mann verwirrt, »so soll es bleiben; nun wollen wir recht vergnügt leben.«

»Das wollen wir uns bedenken«, sagte die Frau.

Dann aßen sie Fischstäbchen, und an diesem Abend schmeckten sie sogar der Frau des Fischers.

So ging das wohl nun acht oder vierzehn Tage; da sagte die Frau: »Hör, Mann, das Häuschen ist doch ganz schön eng, und der Hof und der Garten sind auch ziemlich klein. Dieser Butt hätte uns eigentlich ein größeres Haus schenken können. Ich möchte wohl in einem großen, steinernen Schloss wohnen. Geh hin zum Butt, er soll uns ein Schloss schenken!«

»Ach, wir sollen in einem Schlosse wohnen?«

»Du hast es erfasst«, sagte die Frau. »Geh du nur hin, der Butt kann das schon tun!«

»Nein, Frau«, sagte der Mann, »der Butt hat uns erst das Häuschen gegeben; ich mag nun nicht gleich wiederkommen, den Butt könnte das verdrießen.«

»Mann, du bist echt eine Flitzpiepe«, schimpfte die Frau. »Jetzt mach dich schon auf den Weg, bevor ich mich vergesse!«

Dem Mann war sein Herz so schwer, und er wollte nicht; er sagte zu sich selber: »Das ist nicht recht« – aber ging doch hin und während er ging, hörte er, wie seine Frau ihn leise nachäffte: »Den Butt könnte das verdrießen, den Butt könnte das verdrießen. Verdrießen, verdrießen. Mann, Mann, Mann.«

Als der Fischer an die See kam, war das Wasser ganz violett und dunkelblau und grau und dick und gar nicht mehr so grün und gelb; doch war es noch still. Da stellte er sich nun hin und sagte:

»Manntje, Manntje, Timpe Te,
Buttje, Buttje in der See,
mine Fru, de Ilsebill,
will nich so, as ik wol will.«

»Fischer! Lange nicht gesehen!«, sagte der Butt. »Na, was will sie denn jetzt noch?«

»Ach«, sagte der Mann halb bedrückt, »es ist mir ein bisschen peinlich, aber nun will sie in einem großen, steinernen Schloss wohnen.«

»Groß, ja?«

Der Fischer nickte.

»Steinern, hm?«

Der Fischer wiegte den Kopf hin und her.

»Hast es wirklich nicht leicht, was?«

Der Fischer kickte ein Steinchen ins Wasser.

»Geh nur hin, deine Olle steht vor der Tür«, sagte der Butt.

Da ging der Mann hin und dachte, er wollte nach Haus gehen; als er aber dahin kam, da stand dort ein großer, steinerner Palast, und seine Frau stand oben auf der Treppe.

Sie nahm den Fischer bei der Hand und sagte: »Los, komm rein! Das musst du dir angucken. Dieser Butt, also wirklich ...«

Sie zog ihn durchs Portal, und in dem Schloss war eine große Diele mit einem Boden aus Marmor, und überall wieselten Bedienstete umher, die rissen die großen Türen auf; und die Wände waren alle blank und mit schönen Tapeten, und in den Zimmern standen lauter goldene Stühle und Tische, und kristallene Kronleuchter hingen von der Decke, und alle Stuben und Kammern waren mit Fußdecken belegt. Und hinter dem Hause war auch ein großer Hof mit einem Pferde- und Kuhstall und Kutschwagen – alles vom Besten; auch war da ein großer, herrlicher Garten mit den schönsten Blumen und seinen Obstbäumen und ein herrlicher Park, wohl eine halbe Meile lang; da waren Hirsche und Rehe und Hasen drin und alles, was man sich nur immer wünschen mochte.

»Na«, sagte die Frau. »Ist das nun nicht schön?«

»Ach ja«, sagte der Mann. »So soll es auch bleiben; nun wollen wir auch in dem schönen Schloss wohnen und zufrieden sein.«

»Das wollen wir uns bedenken«, sagte die Frau. »Aber jetzt essen wir erst mal.« Und sie führte den Fischer ins Esszimmer und da stand das Mahl schon fertig auf dem riesigen Tisch.

»Fischstäbchen?«, fragte der Fischer überrascht.

Seine Frau lächelte. »Die magst du doch so.«

Der Fischer setzte sich verdutzt. »Und was sind das für Krümel?«

Seine Frau schüttelte nachsichtig den Kopf. »Das sind Trüffel.«

Am anderen Morgen wachte die Frau zuerst auf, es war eben Tag geworden, und sah von ihrem Bett aus das herrliche Land vor sich liegen. Der Mann dehnte und reckte sich noch, da stieß sie ihn mit dem Ellenbogen in die Seite und sagte: »Mann, steh auf und guck mal aus dem Fenster! Sieh, könnten wir nicht König werden über das ganze Land? Geh hin zum Butt, wir wollen König sein!«

»Wie bitte? Also, jetzt mach mal halblang, Frau«, sagte der Mann. »Warum wollen wir König sein? Ich will kein König sein.«

»Na, das ist doch prima«, sagte die Frau. »Dann wirst du eben kein König. Werde ich eben König. Macht's für den Butt auch einfacher. Geh hin zu ihm. Ich will König sein!«

»Ach, Frau«, sagte der Mann. »Wieso willst du König sein? Weißt du, was das für 'ne Arbeit macht? Und überhaupt: Wenn schon, dann doch wohl sowieso Königin.«

»Komm mir jetzt nicht mit dieser Gender-Scheiße«, blaffte seine Frau. »Du gehst jetzt sofort zu diesem Butt und sagst ihm, dass ich König sein muss!«

Da ging der Mann hin und war ganz bedrückt. Und als er an die See kam, da war die See ganz schwarzgrau, und das Wasser quoll so von unten herauf und stank auch ganz faul. Komisch, dachte der Fischer, fast kommt es mir vor, als stünde der Zustand des Wassers in irgendeiner Beziehung zu den maßlosen Wünschen meiner Alten. Er drängte den Gedanken beiseite und rief:

»Manntje, Manntje, Timpe Te,
Buttje, Buttje in der See,
mine Fru, de Ilsebill,
will nich so, as ik wol will.«

»Na, was will sie denn diesmal?«, fragte der Butt.

»Ach«, sagte der Mann. »Es ist nämlich so, also ..., nun ja ...«

»Hallo! Fischer! Rück raus mit der Sprache! Ich hab noch was anderes zu tun!«

»Sie will König werden!«, platzte der Fischer heraus.

»Na, so eine Überraschung«, sagte der Butt. »Aber, sag mal, Fischerlein, darf ich dich mal was fragen?« Der Fischer nickte bedrückt.

»Dieses Manntje, Manntje, Timpe Te. Hat das eigentlich eine Bedeutung?«

»Ähm ...« Der Fischer überlegte. »Nee, eigentlich nicht. Ich denk mir halt gerne so Sprüche aus. ›Simsalabim‹, zum Beispiel. Ist auch von mir. Oder der hier: ›Fischers Fritze fischt frische Fische. Frische Fische …‹«

»Aha, so, so«, unterbrach ihn der Butt. »So genau wollte ich es gar nicht wissen. Na ja, dann mach dich mal auf den Weg zu deiner Frau. Wobei: Frau stimmt ja nun nicht mehr so ganz.« Und der Butt kicherte gurgelnd.

Da ging der Mann hin, und als er zu Hause ankam, da war das Schloss viel größer geworden, mit einem Turm und herrlichem Zierrat daran; und die Schildwacht stand vor dem Tor, und da waren so viele Soldaten und Pauken und Trompeten. Und als er in das Haus kam, da war alles von purem Marmor und Gold. Da gingen die Türen von dem Saal auf, wo der ganze Hofstaat war, und seine Frau saß auf einem hohen Thron von Gold und Diamanten und hatte eine große, goldene Krone auf und ein Zepter in der Hand von purem Gold und Edelstein. Und auf beiden Seiten von ihr standen sechs Jungfern in einer Reihe, immer eine einen Kopf kleiner als die andere. Und seine Frau war tatsächlich – ein König!

Da stellte er sich nun hin und sagte: »Ach, Frau, bist du nun König?«

»Ja«, sagte die Frau. »Nun bin ich König. Und ich kann dir sagen: Die Krone ist echt schwer. Und der Bart kratzt auch irgendwie. Und, ähm, nun ja, also da unten …«, sie deutete in die Richtung ihres Bauchnabels. Beziehungsweise noch etwas tiefer. »Also, dieser Butt, der macht seine Arbeit wirklich gründlich. Und soll ich dir noch was sagen?«

»Och«, sagte der Fischer.

»Mir werden schon Zeit und Weile lang, ich kann das nicht mehr aushalten. Geh hin zum Butt; König bin ich, nun muss ich auch Kaiser werden! Geh am besten gleich hin. Wenn er Könige machen kann, dann kann er auch Kaiser machen; ich will und will Kaiser sein; los, geh hin! Oder weißt du was? Ich komme gleich mit. Hattest du nicht gesagt, der Butt sei eine verwunschene – Prinzessin?« Die Augen der Fischersfrau, die nun ein König war, blitzten.

Im nächsten Moment marschierte der König los, und der Fischer trottete hinterher. Dem Fischer war ganz bang; und als er so trottete, dachte er bei sich: Das geht und geht nicht gut: Kaiser ist zu ausverschämt, der Butt wird am Ende müde. Und was will sie überhaupt von ihm? Oder er? Also der König. Meine Exfrau. Ach, mir wird schon ganz wirr im Kopf.

Indes kamen sie an die See. Da war das Wasser ganz schwarz und dick und fing an, so von unten herauf zu schäumen, dass es Blasen warf, und es ging so ein Wirbelwind über die Wellen hin, dass sie sich nur so drehten. Und den Fischer ergriff ein Grauen. Der König aber glotzte aufs Wasser und rief: »Buuutt! Buuhuutt! Komm her, Butt! Butt, butt, butt, butt, butt ...«

»Nicht so«, sagte der Fischer.

»Wie dann?«, fragte der König ungeduldig.

Und der Fischer sprach: »Manntje, Manntje, Timpe Te ...« Doch weiter kam er nicht, denn der Butt schoss aus dem Wasser und rief: »Jetzt hör schon auf mit diesem Manntje-Quatsch. Was will deine Alte? Lass mich raten: Ein neues Smartphone?« Da erst sah der Butt den König. »Ach nee, schau mal einer an. Da ist sie ja. Oder besser: er.«

»Hallo, Butt«, sagte der König mit schmeichelnder

Stimme. »Du bist ja ein toller Hecht, wenn ich mir diesen Scherz erlauben darf.«

»Super Scherz.«

»Mein Mann sagt ...«, der König zeigte mit dem Daumen auf den Fischer. »Also, der Fischer hier meint, du bist eine verzauberte Prinzessin?«

»Und wenn's so wäre?«, fragte der Butt schnippisch.

Da machte der König eine blitzschnelle Bewegung, gerade so wie ein Braunbär am Yukon-River in Alaska, wenn er sich eine Lachsforelle schnappt – und im nächsten Moment zappelte der Butt in den königlichen Händen.

Der König drehte sich zum Fischer um. »Sag mal, Fischer, eine Frage so ganz nebenbei: Was genau ist das Komplizierte am Fischen?«

»Lass mich los!«, rief der Butt.

»Komm her, Buttilein. Gib dem König einen Knutsch.«

»Was? Nein! Du bist ja pervers!«, rief der Butt.

»Na komm«, gurrte der König. »Ich erlöse dich von deinem Fluch und dann bist du eine Prinzessin, machst mich zum Kaiser und ziehst zu mir ins Schloss.« Der König lachte lüstern. »Und ich zeige dir die Kronjuwelen.«

»Fischer!«, rief der Butt. »Mach was!«

»Los!«, rief der König. »Quasi Butt bei die Fische!« Und er lachte laut auf über seinen doofen Witz, und der Mund des Königs näherte sich dem Maul des Butts, kam näher und näher, der Butt machte würgende Geräusche, der Mund des Königs öffnete sich, und der Butt rief: »Bäh, etwa auch noch mit Zunge? Das ist jetzt aber vollkommen unnötig!«, und dann hatte der Mund des Königs das Maul des Butts erreicht, doch auf einmal verdrehten sich die Augen des Königs seltsam, und im nächsten Moment sackte der König zusammen und klatschte schwer auf den feuchten Sand.

Der Fischer stand mit entsetzt aufgerissenen Augen hinter dem leblosen Körper und hielt den Holzstock in der Hand, mit dem er all die Fische bewusstlos geschlagen hätte, wenn er sie denn gefangen hätte.

»Ist er tot?«, fragte der Butt.

»Keine Ahnung«, sagte der Fischer.

»Junge, das war knapp«, schnaufte der Butt.

Sie schwiegen eine Weile.

Der Butt fand als Erster die Worte wieder. »Also, Fischer, danke. Das ist ja quasi das zweite Mal, dass du mir das Leben gerettet hast. Echt nett von dir.«

»Tja.« Etwas anderes fiel dem Fischer nicht ein. Er starrte auf den toten Körper seiner ehemaligen Frau und fragte sich, welche Strafe wohl auf Königsmord stand.

Fast war es, als erriete der Butt die Gedanken des Fischers, denn er sagte: »Ich denke, es ist am besten so. Sie ... oder besser: Er hätte den Hals nie voll gekriegt. Als Nächstes hätte er sich vermutlich gewünscht, Papst zu werden und am Ende vermutlich noch der liebe Gott.«

»Hm«, machte der Fischer.

»Pass auf, du ziehst den König ein Stückchen ins Wasser rein, und ich rufe ein paar Kumpels. Den Rest erledigen ...«, der Butt lachte albern, »... na ja, die Fische«.

Zwanzig Minuten später stand der Fischer schweigend am Strand und schaute aufs Wasser, das jetzt merkwürdigerweise wieder völlig klar war. Der Butt aber schwamm im Wasser langsam hin und her. »Ich würde mal sagen, Fischer: Einen Wunsch hast du noch frei.«

»Hm«, machte der Fischer. »Ich weiß gar nicht, was ich mir wünschen soll. Eigentlich war alles gut. Damals.«

»Fischer, du bist in Ordnung«, meinte der Butt. »Geh nur hin.«

Und der Fischer machte sich auf den Weg nach Hause. Aber als er angekommen war, da fand er kein Schloss und auch kein Haus. Da stand seine Fischerhütte. Und der Fischer trat ein und sah sich um. Alles war wie damals. Nur irgendwie etwas sauberer. Aufgeräumter. Und ein Duft hing im Raum. Der Fischer blickte auf den Tisch, und da stand eine Pfanne. Und in der Pfanne lagen zwölf perfekt gebratene Fischstäbchen.

Und so war es von diesem Tag an immer, wenn der Fischer nach Hause kam.

So ging der Fischer tagsüber an den Strand, um nichts zu angeln.

Und manchmal kam der Butt auf eine Plauderei vorbei.

Und wenn sie nicht gestorben sind, dann plaudern sie noch heute.

Dirty Talk in Bergkamen

Die Idee war Hotte ganz plötzlich gekommen. Genauer: bei der Lektüre der BILD-Zeitung. Noch genauer: bei der Lektüre der kleinen Erotikanzeigen. Die Idee war geboren, als Bruno auf einmal meinte: »Da is immer nur watt für Männer dabei.« Bruno war Hottes ältester Freund. Und auch sein einziger.

»Datt isset!«, rief Hotte.

»Watt isset?«, fragte Bruno.

»So machemeret!«, rief Hotte.

»So machemerwatt?«, fragte Bruno.

»Jetzt stell dich doch nich dümmer an, allze biss«, sagte Hotte und formulierte damit eine für Bruno quasi unmöglich zu erfüllende Bitte. Er hob den Zeigefinger. »Bruno, mein Freund, bald sind wir gemachte Leute. Bald können wir die Kohle so ...«, Hotte machte Bewegungen, als würde er Sand schippen, »... in die Wohnung schaufeln.« Und dann setzte er seinem Freund den Plan auseinander.

Wie Bruno sehr korrekt erkannt hatte, richteten sich glatte einhundert Prozent der Kontaktanzeigen an

Männer. »Aber Frauen haben doch auch Bedürfnisse«, dozierte Hotte.

»So?«, fragte Bruno. Er konnte es nicht wissen, denn er war nicht liiert. Noch nie gewesen. Wofür es zahlreiche Gründe gab, angefangen bei seinem Vollbart, an dem man stets Brunos letzte Mahlzeit ablesen konnte, und noch lange nicht endend bei Brunos Angewohnheit, sich fortwährend im Schritt zu kratzen.

»Und weißte, wer diese Bedürfnisse erfüllen tut?«, fragte Hotte begeistert.

»Nee«, sagte Bruno.

»Wir!«

»Ah«, sagte Bruno verstehend, ohne auch nur irgendwas zu verstehen.

»Wir machen eine Hotline auf, wir zwei beiden, verstehste? Wir richten uns so 'ne Nummer ein …«, Hotte sang, »… null-neunhundert-fünf drei-drei-eins! Drei-drei-eins!«

Bruno lachte bollernd. Das verstand er!

An jenem Abend schliefen Bruno und Hotte sehr zufrieden ein. Bruno schlief immer zufrieden ein, denn Zufriedenheit war sein Grundwesenszug. Hotte indes schlief mit der Gewissheit ein, diesmal aufs richtige Pferd zu setzen. Man muss dazu wissen: Hotte hatte schon öfter auf diverse Pferde gesetzt. Es waren immer die falschen gewesen. Anders gesagt: Sämtliche Pläne, die Hotte in den vergangenen Jahren umzusetzen versucht hatte, waren auf grandiose Weise schiefgegangen oder hatten sich als spektakuläre Rohrkrepierer erwiesen. Höhepunkt war eine Vision, das Heiler Naturfreibad zu kaufen, an dessen Gründung vor mehr als hundert Jahren der Vater des Hollywoodstars Gene Hackman beteiligt gewesen war, und es zu einer Art ›French Connection‹-Erlebnispark mit integriertem Multiplexkino umzubauen, weshalb er sogar einen Brief an den Schauspieler geschrieben hatte – ohne Antwort zu erhalten, was Hotte ein bisschen ungezogen fand. Der Plan scheiterte allerdings schon am Kauf der Immobilie.

Gescheitert war auch die Idee, den Bergkamener Cityturm nach Art des Verhüllungskünstlers Christo zu verpacken. Der Eigentümer verweigerte seine Zustimmung zu dem Projekt, was Hotte auch deshalb verärgerte, weil er bereits fünfzig Rollen extra starkes Packpapier gekauft hatte.

Gescheitert war er schließlich mit seinem Videoblog, in dem Hotte regelmäßig und schonungslos auf Missstände in Bergkamen aufmerksam machen wollte. Das Blog kam über die Auftaktfolge nicht hinaus und ist bis zum heutigen Tag auf YouTube exakt sechs Mal aufgerufen worden – fünf Mal von Hotte selbst.

Nicht gescheitert war er indes mit der Idee, einen der sogenannten Maßstäbe, jene schräg in die Höhe ragenden Lichtkunstwerke an vier Einfallstraßen Bergkamens, nun ja, umzuwidmen. In einer Nacht-und-Nebel-Aktion hatten er und Bruno den blau-weißen Maßstab am Rünther Tor mit den BVB-Farben Schwarz und Gelb zu überpinseln versucht. Vor Gericht rechtfertigte Hotte sein Tun damit, fraglos im Namen aller Bergkamener gehandelt zu haben, um diese permanente »Profezzion«, wie er stets sagte, aus der Welt zu schaffen. Eine »Profezzion«, die im Übrigen von langer Hand geplant worden sein musste. Von langer Schalker Hand.

»Profezzion?«, fragte der Richter. »Was meinen Sie?«

»Na, Profezzion halt«, rief Hotte. »Die wollen uns doch alle profezzieren, eine einzige Profezzion ist das doch!«

»Ach so, Provokation meinen Sie«, murmelte der Richter erleichtert.

»Meinzwegen auch dat.«

Der Richter brummte Hotte und Bruno Sozialstunden und Bewährung auf.

Nun also das Projekt ›Hottes Hotline‹. Zum Glück ließ sich Hotte, einmal von einer Idee gepackt, nicht so leicht von derselben abbringen. Sonst wäre auch dieses Projekt im Anfangsstadium gescheitert: Nachdem Hotte im Internetcafé am Bahnhof bei einem Dienstleister eine 0900er-Nummer eingerichtet, sie mit 1,99 Euro pro Minute tarifiert und auf sein Handy weitergeleitet hatte, fehlte nämlich das nötige Kleingeld, um die Anzeige in der BILD zu bezahlen.

Doch bei einem Arbeitstreffen mit Bruno am Kiosk am Busbahnhof gelang es den beiden, eine klug modifizierte Version der Kundinnengewinnung auszutüfteln: Warum teure Anzeigen bezahlen, wenn man mit Werbezetteln an den Schwarzen Brettern von Supermärkten, der Volkshochschule an der Lessingstraße, der Stadtbibliothek am Stadtmarkt und den Ortsvereinen der Arbeiterwohlfahrt die Klientel besser und direkter ansprechen konnte? Also verteilten Hotte und Bruno einige Tage später Kopien, am unteren Rand alle zwei Zentimeter ordentlich eingeschnitten, damit Interessenten, genauer: Interessentinnen, die heiße Nummer gleich abreißen konnten. Was den Inhalt anging, so hatte Hotte sich von den Kontaktanzeigen aus der BILD inspirieren lassen. Die Überschrift lautete: Reizvoll, verrucht und doch seriös. Darunter stand: Leidenschaft pur sowie: Ruf an! Gönn Dir auch mal was. Ich komme gleich von null auf hundert – und Du mit mir! Am Längsten hatte er über den Namen gegrübelt. ›Hotte‹ ging ja schon mal gar nicht, jedenfalls nicht für einen Latin Lover; ein Pseudonym musste her, es musste irgendein Name sein, der, nun ja, der reizvoll, verrucht und doch seriös war. Er entschied sich schließlich für ›Charles‹. Das hatte etwas geradezu butlerhaft Seriöses und ließ sich doch im Eifer des Liebesgefechts in ein verruchtes Charlie oder ein schnurrendes Charliebaby umwandeln, überlegte Hotte. Er stellte sich vor, wie die Frau am anderen Ende der Leitung völlig außer sich geriet. »Ja! Charlie! Hör nicht auf, Charliebaby! Gib's mir, Charlie!«

Nach drei Tagen hingen Hottes Zettel an jedem Schwarzen Brett in Bergkamen. Jetzt hieß es: warten.

»Muss sich ja erssma rumsprechen«, sagte Hotte am zweiten Tag und Bruno nickte.

»Is ja auch was ganz Neues für die Frauen, die rechnen ja gar nicht mit sowatt«, sagte er am dritten Tag.

»Viele trauen sich vermutlich auch gar nich, einfach so anzurufen«, sagte er am vierten Tag.

Am fünften Tag machte er sich auf den Weg zu den diversen Schwarzen Brettern, um zu sehen, ob überhaupt schon irgendjemand eines der Zettelchen abgerissen hatte. Beim REWE an der Jahnstraße und beim LIDL am Westenhellweg in Rünthe waren Hottes Einladungen zum amourösen Telefonabenteuer komplett verschwunden, abgenommen von prüden Marktleitern, vermutete Hotte, in zwei weiteren Supermärkten waren gerade mal drei Zettelchen abgerissen. Sollten die Bergkamener etwa derart verklemmt sein?

Zwei Tage später meldete sich Hottes Handy mit der Melodie: *Leuchte auf, mein Stern Borussia*. Hotte und Bruno saßen gerade vor der Glotze und guckten das Dschungelcamp. Beziehungsweise: Bruno guckte, Hotte war gerade auf dem Klo.

Also nahm Bruno das Gespräch an. »Hallo?«, brummte er.

»Hallo?«, antwortete eine schüchterne Frauenstimme. »Spreche ich mit Charles?«

»Nä«, sagte Bruno. »Hier is Bruno.«

»Oh, entschuldigen Sie bitte, da habe ich mich wohl verwählt.«

Im selben Moment kam Hotte zurück ins Wohnzimmer. »War das mein Handy, das geklingelt hat?«

»Ja«, sagte Bruno und stopfte sich eine Handvoll Kartoffelchips in den Mund. »Hat sich aber verwählt. Das war 'ne Tussi, die wollte Charles sprechen.«

Hotte riss die Augen auf. »Wat?! Du Idiot! Ich bin doch Charles!«

»Wieso bist du Charles?«, fragte Bruno.

»Mann, du Vollpfosten, ich bin Charles! Reizvoll, verrucht, seriös!«

»Ach, verdammt, hab ich vergessen.«

»Na toll!« Hotte ließ sich in den Sessel fallen und starrte auf den Fernseher, in dem eine Exehefrau eines ehemaligen Fernsehmoderators gerade kreischend durch einen mit Schleim und Getier gefüllten Tümpel watete.

Erneut erklang die Hymne *Leuchte auf, mein Stern Borussia.* Hotte schnellte nach vorn. »Finger weg!«, brüllte er. »Jetzt gehtet los!« Er nahm das Gespräch an und brummte in der tiefstmöglichen Stimmlage: »Hallo?«

»Hallo?«, krächzte eine Frauenstimme.

»Aaaaah!«, kreischte die ehemalige Frau des Exfernsehstars im Dschungel.

»Hallo!«, wiederholte Hotte und fingerte mit der anderen Hand die Fernbedienung heran. »Hier ist Charles.«

»Was?«, fragte die Stimme.

»Charles ist hier – dein Charles.« Hotte senkte seine Stimme noch weiter. »Und ich habe nur meinen weißen Bademantel an.«

»Ich ruf an wegen dem Kinderwagen.«

»Was?«

»Wegen dem Kinderwagen. Kann ich mir den mal angucken?«

»Hier is kein Kinderwagen. Hier is ...« Hotte war irritiert. »Ach Scheiße!« Er beendete das Gespräch.

»Und?«, fragte Bruno, den Mund schon wieder voller Kartoffelchips.

»Schnauze!«, schnauzte Hotte und schaltete den Ton für den Dschungel wieder an.

»Aaaaaah!«, kreischte die Exfrau des Ehemaligen.

Nein, die Sache lief nicht ganz so, wie Hotte sich das vorgestellt hatte. Frustriert stand er drei weitere Tage später bei Kaufland am Römerlager an der Kasse, als sein Handy die BVB-Hymne anstimmte.

Automatisch nahm er das Gespräch an.

»Charlie?«, hauchte eine Stimme.

»Watt?«, fragte Hotte und packte einen Sechserpack Bier aufs Laufband.

»Charlie?«, wiederholte die Stimme.

»Ahhhh …« Das Blut schoss Hotte in den Kopf, als er begriff. Die Kundin vor ihm bezahlte gerade. Er drehte sich um, doch hinter ihm stand ein aufmerksamer Rentner. Hotte senkte seine Stimme: »Ähm, ja, ich bin's. Und wer ist da?«

»Hier ist … Lolita.«

»Oh, hallo … Lolita.« Lolita?, dachte Hotte.

Lolita kicherte. »Also, ähm, ich hab so was noch nie gemacht. Was tust du gerade?«

»Ähhh …« Hotte starrte aufs Laufband. »Ich hab hier 'n Sixpack …«

»Oh, so ein starker Mann«, säuselte Lolita. »Und was hast du noch?«

Hotte hatte sich das Handy zwischen Schulter und Ohr geklemmt und packte hektisch seinen Wochenendeinkauf aufs Band. »Eier …«

»Ja, mach weiter …«

Hotte war jetzt beim Sonderangebot aus der Heimwerkerabteilung angelangt. »Und so 'n Hammer …«

»O ja … gib ihn mir, deinen Hammer, Charlie!«

»Ich brauch mal die Wagennummer, junger Mann«, sagte die Kassiererin.

Hotte drehte den Wagen und begann, die Sachen wieder einzuräumen. »Super-Hammer«, schnaufte er ins Handy. Er schwitzte.

»Wie groß ist dein Hammer?«, fragte Lolita.

Inzwischen hatte die Kassiererin Hottes Ware über den Scanner gezogen und drückte die Summentaste. »Waren Sie mit Ihrem Einkauf zufrieden?«

»Achtzehn zwanzig?«, las Hotte erstaunt im Kassendisplay.

»So groß?«, hauchte Lolita in sein Ohr. »O mein Gott.«

Hotte fingerte einhändig einen Zwanziger aus seinem Portemonnaie. »Ich bin jetzt nackt«, sagte Lolita. »Total nackt. Zieh dich doch auch aus.«

»Nackt?«, keuchte Hotte.

»Was?«, fragte die Kassiererin.

»Nicht sie!«, zischte Hotte.

»Jetzt machen Sie doch mal voran!«, mischte sich jetzt der Rentner hinter Hotte ein.

»Schnauze!«, fuhr Hotte den Mann an.

»Was?«, fragte Lolita.

»Nicht Sie, äh, nicht du!«, fauchte Hotte.

Die Kassiererin knallte Hotte das Wechselgeld hin.

»Eine Unverschämtheit, das!«, maulte der Rentner.

»Wer ist denn da bei dir?«, fragte Lolita keuchend. »Sag mir die Wahrheit oder ich lege auf, Charles ...«

»Nicht auflegen«, rief er ins Telefon und winkte Bruno zu, der gerade in der Tür des Ladens auftauchte. »Ich komme gleich.«

Es klickte.

Hotte stutzte. »Hallo?«

Er sah aufs Display. Aufgelegt.

Frustriert starrte er die Kassiererin an.

»Sammeln Sie Treuepunkte?«, fragte die Frau.

Nach dieser Aktion ergänzte Hotte seine Werbezettel: *Anrufe nur zwischen 20 und 24 Uhr*. Trotzdem lief die Sache einen weiteren Tag später vollends aus dem Ruder. Es war kurz nach 22 Uhr, Hotte saß in seiner Bude in Rünthe auf dem Sofa, aß kalte Ravioli Diavoli aus der Dose und sah zu, wie der Bachelor im Fernsehen gerade damit anfing, seine Rosen zu verteilen, als die BVB-Hymne zum zweiten Mal an diesem Abend ertönte. Hotte stellte die Dose ab und griff zum Handy. Wenn das wieder diese bescheuerten Weiber waren, würde er ihnen aber was erzählen. Der Anruf lag noch keine Stunde zurück: Erst hatte die Frau richtig lasziv herumgestöhnt, dass sie es ganz dringend brauche und ob Charles es ihr von hinten besorgen könne, ganz heftig und tief und überhaupt – und als Hotte schon selbst seine Hose heruntergelassen hatte, hatte am anderen Ende eine Horde Weiber losgegackert wie ein ganzer Hühnerhof.

Schlimm! Keine Moral mehr. Kein Anstand. Schlimm, schlimm, schlimm!

Hotte räusperte sich und nahm das Gespräch an.

»Hallo«, hauchte er.

Stille.

»Hallo, wer ist denn da?«

Nichts.

Sicher eine besonders schüchterne Anruferin. Da hieß es für einen Frauenversteher wie Hotte: dranbleiben! »Hallo«, raunte er und drehte den Ton des Bachelors weg. »Hier ist Charles. Ich bin hier gerade am Pool meiner Villa und ich lade dich ein, ein paar schöne Dinge mit mir zu machen …«

Natürlich bekam die große Blonde eine Rose und auch die kleine Brünette …

»Du bist ganz zauberhaft, hat dir das schon mal jemand gesagt? Bist du brünett? Oder blond? Überall? Lass mich dir eine Rose als Zeichen der Lust schenken … und dann gleiten unsere nackten Körper ins warme Wasser des Pools …« Hottes Hand fuhr in seine ausgeleierte Jogginghose.

Immer noch Stille. Der Bachelor überlegte, ob er der Kleinen mit der Kurzhaarfrisur auch eine Rose geben sollte.

»Ich sehe es, das Verlangen in deinen Augen«, flüsterte Hotte. »Und es ist auch mein Verlangen, dich zu spüren …«

Mist – der Bachelor wurde von der Werbung unterbrochen, sodass Hotte im wahrsten Sinn des Wortes einen Hänger hatte.

»Ich … massiere dich ein bisschen. Was hältst du davon? Wir lassen uns erst einmal Zeit und sind gleich wieder …«

»Hotte? Bist du dat?« Das war eindeutig eine Männerstimme am anderen Ende. »Hotte, du Sau. Na warte.«

Hotte starrte auf sein Handy. Die Stimme kannte er doch. Aber woher?

Im nächsten Moment hämmerte jemand gegen seine Tür.

»Hotte, du Sau!« Zitternd spähte Hotte durch den Spion. »Mach auf!« Die Stimme, die eben noch am anderen Ende der Telefonleitung gewesen war, bekam ein Gesicht: Helmut, der zwei Etagen weiter oben wohnte.

»Hotte!«, brüllte Helmut.

Hotte öffnete die Tür. »Wat is denn ...«, begann er, aber da hatte Helmut ihn schon gepackt.

»Du blöde Sau«, schrie er. »Wat hast du da mit der Shakira am laufen?«

»Was?«

»Dat ist doch deine Nummer, oder ist dat nicht deine Nummer?« Er drückte Hotte einen seiner zerknüllten Werbezettel ins Gesicht. »Den hattese inner Handtasche und die Nummer da hattese auffem Handy ... und ich hab dich da doch eben erkannt ... mit deinen Sauereien von wegen Swimmingpool und Rosenblättern ...«

Hottes Gedanken rasten. Wahrscheinlich war Shakira eine von den paar Anruferinnen gewesen, die gleich aufgelegt hatten, als er sich meldete. Meine Fresse – Shakira, die schärfste Waffe, die in ganz Bergkamen und eigentlich im ganzen Kreis Unna herumlief. Und leider die Schnalle von Bodybuilder-Helmut.

Helmut hatte Hotte inzwischen in die Küche gedrängt und seine Hände tatendurstig um Hottes Hals gelegt. Hottes Hände tasteten hektisch auf der Arbeitsplatte hinter Hottes Rücken herum, die rechte bekam endlich etwas zu greifen und schlug damit zu.

Helmut riss die Augen überrascht auf. Ein Ächzen folgte, der Griff um Hottes Hals wurde schwächer, dann sackte Helmut zusammen. Hotte starrte auf den Hammer aus der Heimwerkerabteilung im Kaufland. Dann bemerkte er die rote Flüssigkeit, die sich rund um Helmuts Kopf ausbreitete.

»Au, Scheiße«, murmelte er.

»Hotte?«

Hotte riss den Kopf hoch. Eine Frau stand in der Küchentür. »O mein Gott, was ist passiert?«, fragte Shakira.

»Äh«, sagte Hotte.

»Ist er tot?«, fragte Shakira.

»Äh«, sagte Hotte.

Sie bückte sich, tastete an Helmut herum und meinte dann: »Tja, der ist hinüber.«

»Äh«, sagte Hotte.

Shakira lehnte sich an den Küchentisch und zündete sich eine Zigarette an. »Helmut meinte, ich hätte ihn mit dir betrogen.«

»Haste?«, fragte Hotte.

Shakira pflückte Horsts Werbezettel aus Helmuts schlaffer Hand. »Das hing im Supermarkt … ich hab's eingesteckt und auch mal angerufen … aber der Typ hat das wohl zum ersten Mal gemacht … hat mir was von seinem Sixpack erzählt und …«

»Ich war das«, sagte Hotte.

Shakira riss die Augen auf: »Du?« Dann fing sie an zu lachen. »Du bist Charles?« Sie kriegte sich gar nicht mehr ein. »Da musst du aber noch verdammt viel lernen, Hottelein.« Sie rückte an ihn heran und hauchte ihm feucht ins Ohr: »Hallo, Charles, ich bin schon ganz scharf, ich will dich spüren, Charles, tief in mir will ich dich spüren, jetzt sofort …«

Hotte schluckte.

Shakira kicherte. »Keine Angst, ich tu dir nichts.« Sie blickte zu Boden, wo Helmut lag. »Jetzt müssen wir aber erst mal den Mistkerl loswerden, was?«

»Aber …«

»Das hier«, sagte Shakira und zeigte auf den blutigen Hammer in Hottes Hand, »war das Beste, was dem Arsch passieren konnte, glaub mir. Der hat mich behandelt wie den letzten Dreck. Sag mal, hast du nicht noch diesen klapprigen Fiesta?«

»Klapprig?«

»Damit kannst du den Helmut wegbringen und im Kanal zu Wasser zu lassen. Ich mache inzwischen hier alles sauber.«

»Am Kanal?«

»Datteln-Hamm-Kanal!«, zischte Shakira genervt. »Schon mal gehört, du Honk? Bergkamen? Kanalstadt?!«

Honk? Hotte stöhnte. Doch da schmiegte sich Shakira schon wieder an ihn. »Und wenn du Helmut entsorgt hast, dann kommst du wieder her und wir machen es uns ganz gemütlich, ja?« Ihre Hand glitt in Hottes Schritt und Hotte war sich sicher, dass Shakira definitiv eine Rose verdient hatte.

Eine halbe Stunde saß Hotte in seinem alten Fiesta, Helmut lag im Kofferraum. Auf Nebenstraßen steuerte er den Kanal an und parkte an einer Stelle, die Shakira ihm empfohlen hatte. Zehn Minuten später hatte er zwei große Steine an Helmuts Beinen befestigt und wollte ihn gerade zu Wasser lassen, als er von Scheinwerfern geblendet wurde. Wenig später klickten Handschellen.

Bei der Gerichtsverhandlung spielte Hottes Geschäftsidee eine eher untergeordnete Rolle. Es gab ein bisschen Gekicher unter den Zuhörern im Saal, vor allem als Hotte erzählte, wie er Charles und seinen speziellen Service erfunden hatte. Zu seiner Entlastung taugte die Geschichte nicht. Dazu war der anonyme Anruf, mit dem die Polizei auf Hotte aufmerksam gemacht worden war, zu präzise gewesen: »Da wirft einer einen Toten in den Datteln-Hamm-Kanal«, hatte der Staatsanwalt die Mitschrift des Anrufes vorgelesen. »Der hat so einen klapprigen Fiesta und parkt da bei den Feuchtgebieten an der Landwehrstraße!«

Hottes blutige Küche hatte ihm dann endgültig das Genick gebrochen. Dass das alles eine Verkettung unglücklicher Umstände gewesen war, die mit der Erfindung von Charles angefangen hatte, glaubte Hotte niemand. Besonders übel nahm der Staatsanwalt ihm allerdings, dass er seine Nachbarin, »diese nette Frau Shakira Schiller«, mit hineinzuziehen versuchte, indem er behauptete, sie sei am Mord an ihrem Lebensgefährten Helmut Czybulla beteiligt gewesen.

Es war wie verhext. Hotte grübelte, wer der anonyme Anrufer gewesen war, der ihn reingeritten hatte. Doch weil man ihm beim Verhör und auch später immer nur die Mitschrift vorgelesen und nicht das Band abgespielt hatte, erfuhr er nie, dass es eine Anruferin gewesen war.

Shakira Schiller indes war eine Frau, die eine Gelegenheit nutzte, wenn sie sich ihr bot. Schon zwei Tage nach Hottes Verhaftung hatte sie im Kaufland-Center vor dem Suche-Biete-Brett gestanden, hatte Hottes »Charles – reizvoll, verrucht und doch seriös«-Zettel ab- und ihren eigenen aufgehängt: »Jennifer, süß und sündig. Bei mir bleibt kein Wunsch offen ...«

Das Geschäft lief blendend, und als die erste Abrechnung kam, dachte Shakira kurz: Eigentlich hätte Hotte eine Provision verdient.

Zwei bis drei Tote

Achtzehn, zwanzig, tot

Neue Nachricht verfassen ...

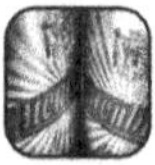
Ingo Borstel

Hi Mirko, ich seh grad, du bist bei Facebook »on«. Erst mal: Danke, dass ich schon die ganze Zeit deine Karre haben kann. Muss dir jetzt aber was Blödes sagen: Da ist seit gestern ein kleiner Lackschaden dran.

Grand-Hand-Mirko

Was soll das heißen?!?

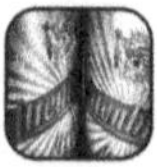
Ingo Borstel

Scheiße gelaufen. Ausgerechnet an der Titte von der nackten Schnalle, die du auf die Motorhaube gesprayt hast. Die rechte Titte. Ist aber echt nur ein kleiner Kratzer. SORRY!

Grand-Hand-Mirko

Waaas? Was soll der Scheiß? Wie ist das passiert? Ruf mich an! Sofort!!!

Ingo Borstel
Geht nicht. Handy ist im Arsch.

Grand-Hand-Mirko
Wieso das denn?

Ingo Borstel
Deshalb ja der Lackschaden. Das Scheißteil ist ausgerechnet auf die Hupe von der Nackten gefallen. Auf die rechte.

Grand-Hand-Mirko
Mann, Borsti, mach mich nicht fertig! Wieso ist das Handy auf die rechte Hupe von der Nackten auf der Motorhaube meines Autos gefallen???

Ingo Borstel
Weil Hubsi, der Idiot, es mir aus der Hand geschlagen hat.

Grand-Hand-Mirko
Borsti! Schreib mir jetzt bitte eine Nachricht, die länger ist als nur ein Satz.

… Ingo schreibt etwas …

Grand-Hand-Mirko
Mach hinne!

Ingo Borstel
Ich hab mich mit Buckel gestritten. Über das

Spiel. Das verlorene Nullspiel, von dem Buckel meinte, sie hätten es gewinnen müssen, wenn Herbie nicht wieder so einen Mist gespielt hätte. Ich wollte ihn natürlich auch ein bisschen trösten. Wegen seiner beiden Zähne. Und überhaupt. Ich hole also mein iPhone raus, um ihm zu erklären, wo sein Fehler liegt. Ich hab doch seit Neuestem diese Skat-App. Jedenfalls: Buckel meinte, ich sei ein Arsch, und schlägt mir das Handy aus der Hand. Peng! Wegen der Zähne konnte er übrigens gar nicht richtig »Arsch« sagen. Es klang eher wie »Arf«, aber das hab ich ihm natürlich nicht gesagt, sonst wäre er wahrscheinlich noch wütender geworden.

Grand-Hand-Mirko

Borsti! Danke für deinen ausführlichen Bericht. Aber er wirft in meinen Augen leider einige weitere Fragen auf, die du mir vielleicht freundlicherweise in einer weiteren, mindestens ebenso ausführlichen Nachricht beantworten könntest:

1. Wo wart ihr überhaupt?
2. Um was für ein Spiel ging es?
3. Was hat das alles mit Buckels Zähnen zu tun?
4. Was soll die ganze Scheiße? Bist du besoffen???

PS: Was ist das für eine App? Klingt interessant.

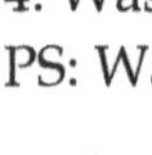

Ingo Borstel

Zu 1. Bei mir vorm Haus. Nachdem wir vom »Goldenen Pflug« abgehauen sind.

Zu 2. Um das verlorene Nullspiel. Vor allem aber dann um Buckels Grün ohne elf.

Zu 3. Weil er doch zwei Zähne verloren hat. Wegen der

Schlägerei und allem.
Zu 4. Was meinst du? Nein, ich bin nicht besoffen. Besser gesagt: nicht mehr.
zu PS: Voll cool. »Skattrainer« heißt das Ding. Du kannst ganz normal spielen, aber du kannst auch Probleme eingeben. Quasi wie beim Schach. Kostet 3,99 Euro. Lohnt sich aber echt.

Grand-Hand-Mirko
Also noch mal langsam, Borsti: Wenn ich dich richtig verstanden habe, habt ihr … Skat gespielt?
…
Ehrlich gesagt: Mehr habe ich nicht verstanden! Kannst du mich nicht irgendwo vom Festnetz anrufen?
PS: Ein Grün ohne elf?!?

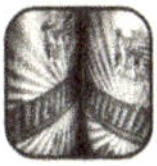
Ingo Borstel
Nee, ich bin hier in einem Internetcafé. Ich kann doch nicht nach Hause.
PS: Ja, Grün ohne elf, der Hammer. Wenn er es gewonnen hätte, hätte er auch das Turnier gewonnen.

Grand-Hand-Mirko
Turnier?
PS: Wieso kannst du nicht nach Hause?

Ingo Borstel
Den internationalen Skat-Cup. Im »Goldenen Pflug« in Altenburg. Davon rede ich doch die ganze Zeit. Oder besser: schreibe.
PS: Weil da überall Polizei ist.

Grand-Hand-Mirko

Woher soll ich wissen, dass du beim Skat-Cup warst??? Du erwähntest es gerade zum ersten Mal!

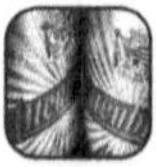

Ingo Borstel

Echt? Sorry. Also: Wir waren in der Kongresshalle, im »Goldenen Pflug«! Buckel, Hubsi und ich. Mann, im Einzelwettbewerb gab's 1.500 Glocken für den Sieger, 1.400 für den zweiten und 1.300 für den dritten. Ich meine, wir hätten die Sache unter uns ausmachen können. Das wären insgesamt …, jedenfalls ein Haufen Kohle. Ich saß an einem Tisch mit drei Plinsen, die hatte ich schon voll im Sack. Aber bei Buckel saß Herbie mit am Tisch. Buckel hat also sein Superblatt. Grün ohne elf, wie gesagt. Drei Asse, außerdem die Schell Zehn. Im Skat liegen zwei Siebener. Eichel und Rot. Und er kam raus.

Grand-Hand-Mirko

Verdammt, der Skat-Cup. Da hätte ich auch gern mitgemacht. Verdammt, verdammt, verdammt!
Herbie, der Vollpfosten! Wieso lassen die den überhaupt mitmachen? Der müsste überall Hausverbot haben, wo sich Spielkarten auch nur in der Nähe befinden! Aber ich denke, es ging um das verlorene Nullspiel.

Ingo Borstel

Herbie hatte Buckel schon die ganze Zeit genervt. Hatte vorher wieder mal so dämlich gespielt, dass der dritte Mann ein völlig wackliges Nullspiel durchbekam. Jedenfalls hat Buckel danach sein Granatenblatt auf den Fingern. Buckel spielt seinen Grün ohne elf runter und hat nach drei Stichen 63 Punkte, der Wahnsinn. Na ja, und das Problem war, dass ich mich dann nicht mehr im Griff hatte.

Grand-Hand-Mirko
Du? Was hast du damit zu tun? Ich denke, du warst am Nachbartisch?

Ingo Borstel
War ich ja auch. Aber ich hatte meine Mitspieler wohl ein bisschen, na ja, geärgert. Aber, Mann, ich führte haushoch und wollte denen ein paar »Tipps« geben. Kennst mich ja. Jedenfalls meinte einer von denen irgendwann, ich solle mal langsam die Schnauze halten, was ich mir natürlich nicht gefallen lassen wollte. Ich stehe also auf und sage ihm, wir könnten gerne draußen weiter diskutieren. Da steht er auch auf, und ich sehe, er ist zwei Köpfe größer. Und da schubst er mich auch schon, und ich falle so blöd in meinen Stuhl, dass ich umkippe. Ich falle nach hinten und reiße Buckel um, der am Tisch hinter mir sein Granatenblatt runterspielt. Buckel muss sich festhalten, um nicht auch hinzufallen, und lässt dabei seine Karten los, die Dinger segeln durch den halben Saal, worauf Buckels Mitspieler sofort protestieren und das Spiel als verloren werten wollen. Also, für Buckel verloren. Buckel ist natürlich stinksauer. Und das kriegt wiederum Hubsi mit, der an einem weiteren Tisch sitzt. Hubsi weiß, was passiert, wenn Buckel ausrastet, ich meine, das wissen

wir ja nun alle, ich sag nur »Falkenhainer Oktoberfest«, du warst ja selbst dabei, als er anfing, die Einrichtung in diesem Zelt zu zerlegen. Hubsi springt los und will Buckel beruhigen. Die beiden kriegen sich voll in die Haare, dabei ist das dann auch mit Buckels Zähnen passiert. Und dann geriet irgendwie alles außer Kontrolle. Das Turnier wurde abgebrochen. Buckel verschwand. Und dann, na ja, dann ging die Sache mit dem Feuer los.

...

...

...

Grand-Hand-Mirko
Okay, Feuer. Borsti? Hallo? Ach so, klar, Feuer, logisch. Wieso auch nicht? Brennt ja quasi ständig bei Skatturnieren!

... Ingo schreibt etwas ...

Grand-Hand-Mirko
War's das also, Borsti, oder kommt noch was?

Ingo Borstel
Hetz mich nicht! Mann, ich stehe ja selbst quasi noch unter Schock. Also: Die Schiedsrichter beraten und schließen Buckel vom Turnier aus. Buckel stürmt raus und kommt nach einer Viertelstunde zurück. Mit einem Benzinkanister. Brüllt irgendwas und verschüt-

tet die Brühe. Geht von Tisch zu Tisch, schüttet Benzin drauf und wirft Streichhölzer hinterher. Hubsi wollte ihn noch aufhalten, aber er kam zu spät.

Grand-Hand-Mirko
Buckel hat im »Goldenen Pflug« Feuer gelegt?!?

Ingo Borstel
Schreib ich doch die ganze Zeit. Der Laden ist natürlich in kürzester Zeit total verraucht, alle stürmen raus. Die Feuerwehr kommt. Panik. Chaos. Ich kann dir sagen. Draußen ist inzwischen die Polizei und versucht, Buckel zu verhaften, aber du kennst Buckel ja. Schlägt vier Bullen k.o., springt in sein Auto und macht sich vom Acker. Ich und Hubsi natürlich hinterher. Er ist aber schneller, sodass wir ihn erst einholen, als er schon bei uns zu Hause ist. Vorm Haus kommt es dann zu der verhängnisvollen Situation: Ich wollte ihn beruhigen, ihm sagen, dass sie das Nullspiel vielleicht ohnehin verloren hätten. Da schlägt er mir das Handy aus der Hand. Den Rest kennst du ja.

Grand-Hand-Mirko
Nein, den Rest kenne ich noch nicht. Ich weiß zum Beispiel noch nicht, wieso du jetzt in einem Internetcafé sitzt, anstatt mich einfach von zuhause aus anzurufen.

Ingo Borstel
Ich wurde natürlich auch sauer, wegen der Schmarre an deiner Karre. Buckel ist schon rauf in die

Bude, ich und Hubsi hinterher. Oben mache ich ihn an wegen der Sache, frage ihn, was ich denn jetzt Mirko sagen soll, also: dir, quasi. Er so: Das ist mir scheißkackegal. Es klang aber wie: Daff iff mir feiffkackegal. Hubsi und ich mussten total anfangen zu lachen, weil es einfach so komisch klang, da verliert Buckel wieder die Kontrolle und prügelt los. Gibt Hubsi einen Schubs, der fällt nach hinten und knallt mit dem Kopf gegen den Tisch. Ich schubse Buckel, der fällt ebenfalls nach hinten und knallt mit dem Kopf an die Klinke von der Klotür.

Na ja, und da lagen sie dann.

Grand-Hand-Mirko

Was heißt das: »Na ja, und da lagen sie dann.« BORSTI! WAS HEISST: UND DA LAGEN SIE DANN?

Ingo Borstel

Na, sie lagen halt einfach so da. Hubsi neben dem Tisch und Buckel an der Tür. Was konnte ich denn dafür? Scheiße, Mann, und alles wegen diesem dämlichen Nullspiel. Und wegen Herbie.

Grand-Hand-Mirko

Willst du damit sagen, Hubsi und Buckel sind tot? Und das schreibst du mir hier über Facebook? Sag mal, bist du total bescheuert?

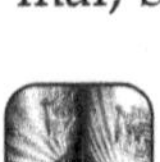

Ingo Borstel

Du hast doch gefragt! Mach mich hier doch nicht so doof an. Es war doch nur wegen der Macke an deiner Karre.

… Ingo schreibt etwas …

Ingo Borstel
Mirko, ich muss wahrscheinlich gleich Schluss machen. Da kommen grad ein paar Bullen ins Café. Mist, sie kommen auf mich zu, ich nehme an, sie wo

…

Grand-Hand-Mirko
Borsti?

Ingo ist nicht online, du kannst ihm aber eine Nachricht schicken.

Dörte ruht sich aus

Damit hier bloß kein falscher Eindruck entsteht: Ich bin nicht stolz auf das, was ich getan habe, wirklich nicht, aber der Typ konnte einem schon schwer auf die Nerven gehen. Er konnte einem sogar ganz tierisch auf die Nerven gehen. Ich meine, man muss sich das mal vorstellen, ich war doch damals in Trauer, ich meine, ich war gerade mal seit ein paar Wochen Vollwaise, wenn man so will. Also jetzt nicht im Wortsinn, meine Eltern hab ich ja nie kennengelernt, oder besser: Ich kann mich nicht an sie erinnern. Aber nachdem Bauer Helmut gestorben war, war ich zunächst mal ganz allein.

Und dann kam ja auch gleich der Umzug. Die neue Umgebung. Mein Nervenkostüm war echt angekratzt, das können Sie sich wahrscheinlich vorstellen. Und mit meinen zehn Jahren bin ich auch nicht mehr die Jüngste.

Kurz und gut: Auch ich hätte mir ein anderes Ende gewünscht. Andererseits: Ist man automatisch ein Mörder, bloß weil man jemanden umgebracht hat? Habe ich überhaupt jemanden umgebracht? Habe ich nicht!

Eigentlich habe ich mich bloß ein bisschen ausgeruht.

Ach so, ich sollte mich vielleicht mal vorstellen. Ich heiße Dörte. Und, ja, ich bin ein Schwein.

Genauer: ein Protestschwein.

Noch genauer: ein Husumer Protestschwein.

Um ganz genau zu sein: ein rotbuntes Husumer Protestschwein.

Ich weiß gar nicht, was es da zu lachen gibt. Sie denken wahrscheinlich, ich spinne mir hier irgendwas zurecht. Sie haben vermutlich keine Ahnung, woher der Name Protestschwein kommt, stimmt's? Na bitte!

Ich will es Ihnen erklären. Also: Es gibt doch in Schleswig-Holstein diese dänische Minderheit. Genau, das sind die, die immer noch dort im Landtag sitzen. Jedenfalls, im 19. Jahrhundert gab's ein bisschen Streit, und die Minderheit durfte ihre Flagge nicht mehr hissen. Aus Protest hielt man sich rot-weiße Schweine im Garten – wir waren quasi ein Symbol für die Eigenständigkeit der Dänen. Wahrscheinlich sind wir aus einer Kreuzung des schwarz-weiß-gescheckten holsteinischen und jütländischen Marschschweins mit dem englischen Tamworth-Schwein und durch rotbunte Aufspaltungen des Angler-Sattelschweins …

… was wollte ich eigentlich erzählen?

Ach ja. Bauer Helmut war also gestorben. Mir ging es gut bei Bauer Helmut. Man könnte sogar sagen: Uns beiden, Helmut und mir, ging es gut. Nachdem Elvira, seine Frau, gestorben war, blühte Helmut regelrecht auf, zumal dann ja auch noch Manfred … nun ja, verschwand … im Zuge der Ereignisse … quasi.

Es war natürlich anfangs etwas anstrengend. Schließlich war Manfred Helmuts Knecht, wobei, Knecht, das klingt so antiquiert, irgendwie nach Leibeigenschaft. Manfred war, wie soll ich sagen, ein guter Freund des Hauses. Seit ich denken kann, lebte er auf dem Hof und half mit. Besonders viel hatte es in den letzten Jahren zwar nicht mehr zu tun gegeben, aber Manfred war immer da gewesen – jedenfalls solange ich mich erinnern kann.

Nun, wir waren dann also auf einmal zu zweit und irgendwie hat uns das noch fester zusammengeschweißt, Helmut und mich. Es war ..., ja, wirklich, auch wenn es pathetisch klingt: Es war die schönste Zeit meines Lebens.

Meines kleinen Rotbuntenhusumerprotestschweinlebens.

Helmut ließ mich sogar ins Haus. Sie als Mensch denken jetzt vermutlich: Was für eine Schweinerei. Da kann ich nur sagen: Sie haben ja keine Ahnung. Wir Schweine wissen sehr wohl, wo wir dürfen und wo wir nicht dürfen, wenn Sie verstehen, was ich meine.

Eines Morgens kam Helmut nicht aus seinem Zimmer. Ich saß in der Küche und wartete auf ihn und auf einmal ahnte ich, dass was Schlimmes passiert sein musste. Ich also nichts wie rauf, aber seine Zimmertür war zu. Ich stand ganz still und lauschte. Ich dachte erst, das sei mein eigenes Schnaufen – Treppenstufen sind nicht so meine Sache –, aber dann wurde mir klar: Das Schnaufen kam aus Helmuts Zimmer. Ich mich also auf die Hinterbeine gestellt, die Klinke runter und rein. (Den Trick hatte ich mir bei Helmut abgeguckt.)

Ich sag Ihnen, mir ist fast das Herz stehen geblieben. Helmut lag auf dem Bett und gab komische Geräusche von sich. Als er mich sah, streckte er seine Hand nach mir aus. Er versuchte, etwas zu sagen, aber ich verstand kein Wort. Helmut röchelte und röchelte – und dann verstand ich, was er meinte: Das Telefon war heruntergefallen, das Telefon, das auf seinem Nachttisch stand. Ich nahm das Gerät vorsichtig ins Maul und gab es ihm. Helmut griff danach und drückte ein paar Tasten.

Ich weiß noch, ich dachte: Mensch Helmut, du darfst aber nicht nur röcheln, wenn jemand am anderen Ende der Leitung rangeht.

Aber dann machte Helmut was Komisches. Er ließ das Telefon fallen und wälzte sich auf die Seite. Er griff an die oberste Schublade seines Nachttischs und zog sie auf. Er zog so sehr, dass sie herausfiel. Helmut stöhnte. Ich trat zwei Schritte zurück.

Auf dem Boden lagen Strümpfe, Tablettenschachteln und ein paar von diesen zusammengebundenen bunten Blättern, die oft im Haus herumlagen. Ich weiß noch, ich fand es komisch, dass auf diesen Blättern nur Menschen waren, die keine Kleider trugen. Helmut lag inzwischen bäuchlings auf dem Bett und ruderte mit einem Arm in den Sachen herum, die auf dem Boden lagen. Und dann fand er offenbar, was er suchte. Eine kleine glänzende Platte, an einer glänzenden Kette, aber an einer ganz dünnen glänzenden Kette. Er packte Platte und Kette und dann – streckte er mir das Ding entgegen. Ein kleines Teil, das aussah wie ein, ja, wie ein platt gewalztes Ei.

Er röchelte wieder, aber diesmal glaubte ich, meinen Namen zu hören. Und dann: »Nimm.«

Ich trat vorsichtig einen Schritt näher.

»Nimm«, hauchte Helmut. »Aufpssn.« Er atmete schwer.

Ich erschrak, als etwas Hartes auf die Holzdielen fiel. Es war das Telefon, aus dem eine leise Stimme quäkte.

»Nimm«, sagt Helmut. »Niemand …, Kin…, du.«

Ich stand nun direkt vor ihm.

»Nimm«, röchelte er wieder. Er streckte mir die Kette entgegen. Ich öffnete mein Maul. Die Platte fühlte sich kalt an, einer meiner Zähne tat ein bisschen weh, als er sie berührte. Aber irgendwie passte das Ding gut in meine Wange hinein. Es war nicht unangenehm.

»Nimm«, sagte Helmut noch einmal und wälzte sich auf den Rücken. »Gut … Niemand … Nur.«

Auf einmal lag er ganz still. Er starrte nur noch an die Decke. Auch die Stimme aus dem Telefon war nicht mehr zu hören. Ich legte mich auf den Boden. Ich betrachtete die nackten Menschen auf den zusammengebundenen Blättern. Ich betrachtete Helmut. Mir wurde klar: Jetzt wird sich manches ändern.

Später – nachdem man Helmut aus dem Haus getragen hatte – standen zwei Männer vor mir und glotzten mich blöde an.

»Was passiert denn jetzt mit dem ollen Vieh?«, fragte der eine.

»Muss Helmuts Schwester entscheiden«, antwortete der andere.

Olles Vieh!

Ich hab mich dann erst mal ausgeruht.

Als ich aufwachte, stand Helmuts Schwester vor mir. Roswitha. Ich hatte sie schon lange nicht mehr gesehen. Helmut und Roswitha hatten sich nicht sehr oft getroffen. Ich glaube, es lag an Roswithas Mann, Johann. Helmut hatte eigentlich immer nur über ihn geschimpft, aber ich hatte mich nie in seine Familienangelegenheiten eingemischt.

Na, ja. Fast nie.

Jetzt stand also Roswitha vor mir. Und neben ihr stand: Johann. Damals wusste ich das natürlich noch nicht, ich sah Johann schließlich zum ersten Mal.

Schon klar, man soll nicht vom Äußeren auf den Charakter schließen – ich als Schwein weiß nun wirklich, wovon ich spreche; ich sage nur: olles Vieh! Aber bei dem Typen war mir von der ersten Sekunde an klar: Der gefällt mir nicht. Der ist unsympathisch. Der ist, ihr Menschen würdet vermutlich sagen: der ist ein Schwein, aber, bitte, denkt künftig noch mal drüber nach, bevor ihr so was sagt.

Helmuts Schwester war das genaue Gegenteil. Bei ihr wusste ich vom ersten Moment an: Das ist eine Liebe, die meint es gut mit mir.

Johann schüttelte den Kopf. »So ein Spinner. Lebt mit 'ner Sau zusammen. Am besten, wir bringen das Vieh gleich zum Metzger.« Dann lachte er, aber mir war nicht klar, ob er wirklich nur einen Witz gemacht hatte.

»Wir können es doch erst mal mitnehmen«, sagte Roswitha.

Unsere Blicke trafen sich.

»Spinnst du?«, fragte Johann.

Roswitha straffte sich. »Es gehörte meinem Bruder. Er hätte nicht gewollt, dass wir das Schwein töten.«

»Ich bin froh, dass wir kein Viehzeug mehr haben«, meckerte Johann. »Und jetzt soll ich mir wieder so ein fettes Schwein ans Knie binden? Sollen sich doch Helmuts Kinder drum kümmern.«

»Helmuts Kinder wohnen in der Stadt«, antwortete Roswitha. »Und sie haben ihren Vater seit Jahren nicht besucht.«

Johann schwieg.

Der Typ wurde mir immer unsympathischer. Er war einen halben Kopf kleiner als Roswitha und hatte eine olle graue Wollmütze auf.

»Ich hoffe, du rechnest nicht mit meiner Hilfe«, sagte er – und nachdem Roswitha offenbar keine Antwort darauf fand, drehte er sich auf dem Absatz um, zischte »Bescheuerte Kuh!« und stiefelte davon.

Ich fragte mich, ob ich beim Metzger nicht besser aufgehoben wäre.

Aber da trat Roswitha auf mich zu und ging in die Knie. »Hör nicht auf ihn«, sagte sie leise. »Du kommst mit. Ich bring dich auf unseren Hof, da wird es dir gefallen, da machen wir es uns schön.«

Ich hatte das Gefühl, irgendwie reagieren zu müssen. Also grunzte ich.

Roswitha hob einen Zeigefinger und lächelte. »Im Haus wohnen, das ist nicht mehr. Das krieg ich bei Johann nicht durch. Aber du wirst dich trotzdem wohlfühlen.«

Der Transport, na ja, das wäre ein Kapitel für sich. Roswitha kam mit zwei jungen Männern, die ich nicht kannte. Sie brachten einen großen Holzkasten mit, und mir wurde ziemlich schnell klar, dass ich da rein sollte. Ich sah sofort, dass die Kiste zu klein war, also weigerte ich mich reinzugehen, ich meine, das ist doch eine normale Reaktion, aber die Typen wurden natürlich sauer, schimpften rum, drückten, schoben und zerrten an mir und irgendwann trat mir einer der beiden mit dem Stiefel so stark in die Seite, dass ich umfiel.

Immerhin, das war der Moment, in dem es auch Roswitha zu bunt wurde. Sie schrie auf und schubste den Typen zur Seite.

»Die Kiste ist zu klein«, sagte der andere. Ich dachte, Junge, du bist ein Genie.

»Wir könnten den Pferdetransporter holen, aber das geht erst morgen«, meinte der Stiefeltreter.

Roswitha seufzte. »Oder wir gehen zu Fuß.« Sie sah mich an. »Schaffst du das?«, fragte sie mich.

Ich grunzte. Roswithas Blick traf sich mit meinem.

Die beiden Männer sahen sich stirnrunzelnd an.

Wir waren eine Weile unterwegs, Roswitha und ich, es war anstrengend, aber vor allem war es sehr schön. Ich bin in den ganzen Jahren ja eher selten rausgekommen. Wir zockelten einen Feldweg entlang. Irgendwann kamen wir an einem Maisfeld vorbei und machten Pause. Ich hatte noch nie vorher einen Maiskolben gefressen, und die Premiere gestaltete sich etwas schwierig, schließlich hatte ich immer noch das glänzende Ding im Mund. Ich weiß auch nicht wieso, aber ich wollte nicht, dass Roswitha es sah. Es schmeckte trotzdem wunderbar. Also, der Maiskolben.

Danach ruhten wir uns erst mal aus.

Es dämmerte, als wir bei Roswitha ankamen. Sie führte mich auf den Hof und weiter in den Garten bis zum Schweinestall. Ich dachte: Gar nicht schlecht. Geräumig war er jedenfalls. Roswitha öffnete das Tor und ich trottete in mein neues Zuhause.

Roswitha ging mit leisem Ächzen in die Hocke. »Ich hoffe, es gefällt dir.« Dann murmelte sie: »Hätte nie gedacht, dass ich noch mal ein Schwein haben würde.«

Ich fand den Satz ein bisschen doppeldeutig, und das gefiel mir.

Wir merkten beide nicht, dass in der Zwischenzeit Johann herangetreten war. Roswitha erschrak, als seine Stimme ertönte: »Na, ihr zwei, ihr habt euch ja richtig lieb.« Er lachte dreckig. »Die alte Kuh und das fette Schwein.« Er lachte noch lauter.

Roswitha drehte sich wortlos um und verschwand im Haus. Johann sah ihr mit spöttischem Blick nach. Dann starrte er mich eine Weile mit einem unglaublich leeren Blick an. Mit einem, pardon, typischen Menschenblick.

Ich dachte: Das könnte hier vielleicht noch ganz interessant werden.

Die nächsten Tage verliefen halbwegs ruhig. Manchmal hörte ich, wie Johann im Haus herumschrie, aber meistens war es still. Das silberne Platten-Ei hatte ich in der hinteren Ecke meiner neuen Zuflucht verstaut. Ich dachte ziemlich viel an Helmut und an das, was er vor seinem Ende gesagt hatte. »Aufpssn« war klar – nämlich »aufpassen«, und zwar auf die Eier-Platte und die Kette. Über »Kin« grübelte ich ein bisschen länger. Dann entschied ich mich dafür, dass es »Kinder« heißen musste. Helmut hatte zwei, einen Jungen und ein Mädchen. Inzwischen waren sie natürlich erwachsen, aber in all den Jahren, in denen ich mit Helmut zusammenlebte, hatte ich sie nicht gesehen, außerdem hatten sich Roswitha und Johann ja kurz darüber unterhalten. Jetzt, wo ich viel Zeit hatte, fielen mir Dinge von früher ein. Ich erinnerte mich, dass Helmut oft in seinen Selbstgesprächen über seine Brut gewettert hatte. Keine Ahnung, was da vorgefallen war.

Ich trottete in den Stall zurück und holte das Silberding hervor, um es mir genauer anzusehen. Es war nicht rund, sondern oval, und es waren kleine Verzierungen drauf. Es hätten Buchstaben sein können, aber ich war mir nicht sicher. Ich ging mit meinem Rüssel ganz nah heran und schnupperte. Es roch … keine Ahnung, wie es roch. Aber es sah schön aus. Ich nahm die Platte in den Mund und zog die Kette langsam hinterher. Das machte Spaß. Helmut hatte mir manchmal ganz dünne, gelbliche Stangen gegeben, die haben wunderbar geknurpselt, wenn man sie gefressen hat. Wollte Helmut sie essen, warf er sie erst in einen Topf mit heißem Wasser. Wenn er die Dinger wieder herausholte, waren sie ganz biegsam. Und wenn Helmut sie aß, zog er sie manchmal in den Mund, so wie ich es jetzt mit der Kette tat.

»Nur am Fressen!«

Ich erschrak und drehte den Kopf um.

Johann stand am Gatter und stierte mich an. Sofort drehte ich den Kopf wieder zurück. Mit hastigen Bewegungen schleckte ich den Rest der Kette in den Mund. Ich fragte mich, ob Johann sie gesehen hatte. Ich war mir sicher: Wenn sich das von Helmut hingeröchelte »Niemand« auch nur auf eine Person bezog, dann war es Johann.

Johann beantwortete meine stille Frage mit einer – na klar, Frage: »Was frisst'n da?«, wollte er wissen. Ich blickte stur an die Stallwand und verhielt mich still.

»He, du fette Sau, ich rede mit dir. Was hing da Glänzendes aus deiner Schnauze?«

Ich trottete in die hinterste Ecke des Stalls und ließ mich nieder, das Gesicht ihm nun zugewandt, das Maul natürlich geschlossen.

Durch die Augenwinkel sah ich, wie Johann sich bückte. Im nächsten Moment spürte ich einen Stich an meinem Stielkotelett. Johann hatte einen Stein auf mich geworfen.

Ich erschrak und sprang auf. Dabei rutschte mir ein Stück von der Kette in den Schlund. Ich würgte und hustete. Gleichzeitig fühlte ich einen weiteren Schmerz, diesmal hatte mich ein Stein am Schinken getroffen.

Johann bückte sich gerade nach einem dritten Wurfgeschoss, als Roswitha aus dem Haus gelaufen kam. »Was machst du da?«, schrie sie, und für eine Sekunde dachte ich, auch sie meinte mich und meine seltsame Speise. »Lass Dörte in Ruhe!«

»Lass Dörte in Ruhe!«, äffte Johann sie nach, ließ wieder seine unsympathische Lache hören und machte sich davon.

Ich dachte: Dörte, so kann das nicht mehr weitergehen. Du musst dir was ausdenken.

Ich hatte mir ja schon mal was ausgedacht. Nämlich die Sache mit Elvira. Man kann nicht sagen, Elvira und Bauer Helmut hätten so ein Verhältnis zueinander gehabt, wie Johann und Roswitha. Sie hatten eher gar kein Verhältnis. Sie schliefen in getrennten Zimmern, sie redeten kaum miteinander, also, das war schon merkwürdig.

Eigentlich sprachen nur Elvira und Manfred miteinander. Wenn ich ehrlich bin: So richtig schlau bin ich nie aus der Sache geworden, denn die Sache mit Elvira und Manfred: Das schien auch nicht so die reine Harmonie zu sein. Vor allem nachts schienen sie sich oft zu streiten. Es waren seltsame Streitereien. Im Prinzip warfen sie sich nur gegenseitig ihre Namen an den Kopf. So hörte es sich jedenfalls an, ich durfte ja eigentlich nicht in die obere Etage.

Manfred rief »Elvira!«, Elvira rief »Manfred!« und so weiter und so weiter. Manchmal polterte es auch über uns und ich dachte, jetzt tun sie sich was an, aber am nächsten Morgen sahen beide wieder quiekfidel aus – oder quietschfidel, wie ihr Menschen sagt. Die Abende verbrachte ich meist mit Bauer Helmut im Wohnzimmer, und wenn sich Manfred und Elvira oben stritten, drehte Helmut den Fernseher lauter. Ich weiß noch, eines Abends sah er mich düster an und murmelte: »Irgendwann bring ich sie um.«

Helmut wurde trauriger und trauriger. Er sprach immer weniger, er schien mehr und mehr in sich zusammenzusinken, sein Gesicht wurde fahl und fahler, die Streitereien über uns nahmen kein Ende, Helmut murmelte immer öfter »Irgendwann bring ich sie um« – und bald wurde mir klar, Helmut würde das nie und nimmer hinkriegen.

Also dachte ich mir was aus.

Drei Tage später hatte ich einen Plan. Ich fand, es war ein guter Plan. Und einen weiteren Tag später probierte ich ihn aus. Es war der Tag, an dem Elvira ihre beiden Freundinnen erwartete. Sie kamen in ganz regelmäßigem Abstand, einmal die Woche, da konnte man die Uhr nach stellen.

Elvira stand in der Küche und backte. Wenn gebacken wurde, war ich gern dabei. Meistens fiel was für mich ab. Ich saß in einer Ecke, als Manfred hereinkam. Er ging direkt auf Elvira zu und packte sie von hinten. Ich bekam einen Schreck, ich fürchtete, er wolle ihr was tun. Erst am Abend vorher hatten sie sich in der oberen Etage dolle angebrüllt.

»Lass das!«, rief Elvira und drückte Manfred weg.

»Jetzt hab dich nicht so«, sagte Manfred. »Helmut ist doch in der Stadt. Ist frühestens in ein paar Stunden wieder da. Komm, nur ganz kurz.«

»Dörte guckt zu«, zischte Elvira. »Und Inge und Rosi kommen bald.«

Manfred sah mich an, dann stiefelte er aus dem Haus.

Elvira wandte sich wieder dem Herd zu. »Blöder Kerl«, murmelte sie, aber schon nach ein paar Sekunden fing sie an, vor sich hin zu pfeifen. Sie begann, Äpfel zu schälen und sie danach in Scheiben zu schneiden.

Ich stand auf und trat leise hinter sie, ganz nah ging ich an sie heran.

Dann grunzte ich.

Elvira erschrak, trat einen Schritt zurück und stolperte. Sie fiel über mich drüber, sie verlor das Gleichgewicht, sie stürzte und laut meinen Berechnungen hätte sie gegen die Tischkante fallen müssen, aber sie verpasste sie knapp. Dafür versuchte sie sich, am Tisch festzuhalten, aber das einzige, was ihr gelang, war, die Tischdecke zu packen. Sie segelte also zu Boden und zerrte die Decke mit sich. Das Messer flog in hohem Bogen durch die Küche, die Gegenstände, die auf dem Tisch standen, polterten auf die Fliesen – es waren viele Gegenstände, Elvira hatte den abgetrockneten Abwasch dort abgestellt, Teller, Tassen, Gläser, Töpfe. Ein Teller zerbrach auf Elviras Kopf. Elvira stieß einen Schrei aus. »Dörte!«, kreischte sie. »Du dummes, dickes Schwein!« Sie wollte sich aufstützen, drückte ihre Hand aber in die Scherben eines Glases. Sie schrie erneut auf und besah sich die blutende Handfläche.

Dann stöhnte sie und griff sich an die Hüfte. »Au!«, jammerte sie und »Mist, verdammter!« Sie ließ sich auf den Boden sinken und atmete schwer. Ich ging auf sie zu und wollte über sie hinwegsteigen, ich hob meine Vorderpfoten und kletterte über Elviras Bauch, und Elvira schimpfte: »Was machst du denn, du dummes Schwein, lass das, geh runter von mir, AUAHHH!«

Ich stand quer über Elvira. Und dann wurde ich auf einmal sehr müde und dachte: Ruh dich doch erst mal aus. Ich sollte dazu sagen: Wir rotbunten Husumer Protestsauen werden bis zu 300 Kilo schwer, ein Eber kann noch mal 50 Kilo mehr auf die Waage bringen. Die Bezeichnung fette Sau ist also nicht unbedingt freundlich, aber angemessen. Jedenfalls ist es doch kein Wunder, dass wir uns öfter mal ausruhen müssen. So fett, wie wir sind!

Ich legte mich also hin. Auch wenn es etwas ungemütlich war. Elvira zeterte: »Dörte! Du blöpffff … Ich krieg keine Lufff!« Sie trommelte mit ihren Fäusten gegen mich, aber sie war nicht sehr stark und so hatte es eher etwas von einer Massage. Nach kurzer Zeit hörte Elvira auf zu trommeln. Ich ruhte mich noch ein paar Minuten aus, dann stand ich auf und setzte mich in die Küchenecke.

Wenig später hörte ich Manfreds Stimme. »Elvira?«, rief er fragend. »Hast du gerufen?«

Er betrat die Küche und starrte ein paar Sekunden auf Elviras leblosen Körper. »Elvira«, flüsterte er und kam langsam näher. »Elvira«, flüsterte er immer noch, als er sich langsam neben ihr auf den Boden sinken ließ.

Er sah sich in der Küche um – und erst jetzt entdeckte er mich. »Was ist passiert?«, fragte er mich, und für eine Sekunde fürchtete ich, er erwarte wirklich eine Antwort von mir.

Ich saß still. Manfred saß ebenfalls still. Er tastete an Elviras Hals herum, dann drückte er auf ihre Brust.

Als ich von hinten einen Schrei hörte, verspürte ich einen gewissen Stolz auf mein Timing. Inge stand in der Tür. Sie beließ es nicht bei einem einzelnen Schrei, sondern kreischte los. Ich glaube, ihr Menschen nennt das – hysterisch? Inge schrie und schrie, aber Manfred saß wie betäubt neben Elvira. Erst nachdem Inge weggerannt war, erhob sich auch Manfred.

»Warte!«, rief er und lief Inge nach.

Als die Männer in den weißen Kitteln kamen, wurde ich rausgeschickt.

Abends saß ich mit Helmut vor dem Fernseher, aber Helmut schien abgelenkt. Er sah mich immer wieder mit komischem Blick an.

»Sie wurde erstickt«, sagte er auf einmal.

Ich sah ihn an.

»Elvira wurde erstickt, sagt der Arzt.«

Ich grunzte.

»Sie haben Manfred festgenommen. Er sagt, er war es nicht.« Helmut sah wieder in Richtung Fernseher.

Ohne den Blick vom Bildschirm zu nehmen, sagte Helmut nach einer Weile: »Manfred muss sich mit seinem ganzen Gewicht auf Elvira gepresst haben.« Er blickte mich wieder an. »Kannst du dir das vorstellen?«

Ich grunzte.

Ein Lächeln erschien auf Helmuts Gesicht. »Ich auch nicht.«

Seine Hand fuhr an meinen Hals, und langsam begann Helmut mich zu kraulen. Er sah mich eine Weile an. »Meine Dörte«, sagte er dann leise.

Manchmal habe ich gedacht: Vielleicht musste ja alles so kommen. Wo ich doch schon ein Protestschwein bin. Oder hätte ich das alles unkommentiert geschehen lassen sollen?

Ob ich ein schlechtes Gewissen habe?

Ganz ehrlich: Jein.

Ich war seit einem knappen Monat bei Roswitha und Johann, als ich endgültig den Entschluss fasste, etwas tun zu müssen. Am Morgen war Roswitha zum Stall gekommen, um mir neues Futter zu bringen. Sie vermied es, mich anzusehen, was ungewöhnlich war. Sie sprach auch nicht, kein einziges Wort sagte sie, was noch ungewöhnlicher war. Ich versuchte, durch Grunzen auf mich aufmerksam zu machen, und endlich blickte sie mich an. Ich erschrak.

Über ihrem rechten Auge war ein dunkler Fleck. Ihre Wange war geschwollen.

Sie sah mich an und versuchte ein Lächeln. Ich sag Ihnen: Dieser Blick. Es brach mir fast das Herz.

Und ich sagte mir: Schluss jetzt! Bis hierher und nicht weiter! Jetzt wird mir die Sache aber endgültig zu bunt. Zu rotbunt, sozusagen.

Roswitha schlich zurück ins Haus. Wenig später trat sie wieder vor die Tür, klemmte einen Einkaufskorb an den Lenker ihres Fahrrads, stieg auf und radelte davon.

Ich wartete noch fünf Minuten, dann polterte ich los, ich quiekte und rannte durch den Stall, stieß gegen die Futterwanne – kurz gesagt: ich machte einen Heidenlärm.

Trotzdem musste ich eine gefühlte halbe Stunde randalieren, bis sich Johann aus dem Haus bequemte. Er kam mit schnellen Schritten auf den Stall zu. »Was machst du denn für einen Krach, du Scheißvieh!«, schimpfte er. Ich zog mich in eine Ecke des Stalls zurück und wühlte nach dem Silberplatten-Ei. Nahm es in den Mund und ließ die Kette heraushängen. Sehr weit ließ ich sie heraushängen. Dann hob ich den Kopf und glotzte Johann an.

Johann stierte zurück. Das konnte er wirklich gut. »Was hängt dir denn da aus dem Maul«, fragte er.

Ich grunzte.

»Da hängt doch was«, sagte er.

Ich grunze erneut.

»Was hängt denn da?«, fragte er.

Guck doch nach, dachte ich.

Und Johann öffnete das Gatter und trat in den Stall. Ging in die Hocke. »Was hast du denn da im Maul,

Dörte?«, fragte er, und seine Stimme klang auf einmal gar nicht böse.

Was für ein verlogener Mensch, dachte ich.

»Komm mal her, mein kleines Dörtechen«, säuselte Johann.

Ich grunzte. Mein kleines Dörtechen! Ich bewegte den Kopf hin und her und ließ die Kette baumeln. Auf einmal war ich nicht mehr die dumme, blöde, fette Sau, sondern sein kleines Dörtechen.

»Ist ja gut, komm mal her, Dörtelein.«

Dörtelein! Das wurde ja immer schöner!

Johann erhob sich ächzend. Seine Miene verfinsterte sich. »Nun komm schon her, du fettes Schwein!«

Aha, dachte ich, das ist doch schon eher der Johann, den ich kenne.

Johann trat einen Schritt auf mich zu, blieb stehen, kam wieder einen Schritt näher, streckte seine Hand aus. Nimm's nicht persönlich, dachte ich. Es geht nicht gegen dich, es ist nur so, dass ich glaube: Hey, Pilger, dieser Stall ist zu klein für uns zwei! Ich denke nicht, dass er mich verstanden hat.

Dann setzte ich mich in Bewegung. In Johanns Gesicht machte sich ein Ausdruck des Erstaunens breit, als ich auf ihn zugestürmt kam. »Was?« Das war das einzige, das er sagen konnte, dann rannte ich ihn glatt um. Johann landete im Matsch, aber im Gegensatz zu Elvira und Manfred machte er keinerlei Geräusch. Es war fast schon unheimlich. Er rappelte sich wieder auf, ich nahm erneut Anlauf und rammte ihn ein zweites Mal. Wieder knallte Johann auf die Erde. Erst jetzt gab er ein Ächzen von sich. Seine

Hand griff nach der Kette, aber ich wandte den Kopf zur Seite.

Dann stieg ich mit meinen Vorderpfoten über Johann hinweg. Und dann, ja, dann wurde ich mit einem Mal wieder sehr müde. Ich ließ mich auf den Boden sinken. Johann starrte mich aus großen Augen an, aus seinem Mund kamen zischende Laute. Ich drehte ihm meinen Kopf zu, die Kette baumelte direkt vor seinen Augen. Mit seiner rechten Hand griff Johann danach, zog daran, ich öffnete das Maul und ließ das Silber-Ei herausplumpsen.

Johann atmete inzwischen schwer, aber er bekam das Ei zu fassen und betrachtete es mit staunenden Augen. »Dörte«, stieß er hervor. »Geh runter, ich bekomm keine …«

Er verriet mir nicht, was er nicht bekam. Sein Kopf sank zurück, die Augen starrten in den Himmel, seine Hand öffnete sich und gab das Silberplatten-Ei frei.

Ich beugte mich herab und nahm den Gegenstand wieder ins Maul. Dann trottete ich in die hintere Ecke des Stalls und legte das Ei ab. Ich ließ mich nieder und betrachtete Johann.

Später kamen wieder die Männer in den weißen Kitteln und ein paar andere Herrschaften, und dann kam auch Roswitha. Sie unterhielten sich sehr leise und sehr ernst. Ich konnte nicht viel verstehen, nur ein paar Worte: »Unglück«, »tragisch«, »Unfall«. Elvira betrachtete mich immer wieder aus den Augenwinkeln. Manchmal blickten auch die Männer zu mir und einmal, da bin ich mir fast sicher, sagte einer so was wie

»einschläfern«, aber da schüttelte Roswitha langsam den Kopf.

Noch später, als wir endlich allein waren, stand Roswitha schweigend vor dem Stall und sah mich an. Ich war die ganze Zeit in meiner Ecke liegen geblieben, aber nun stand ich auf und kam auf sie zu. Ich blieb vor ihr stehen und öffnete das Maul. Das Silberplatten-Ei und die Kette fielen heraus.

Roswitha stand ein paar Sekunden und blickte verwirrt auf den Boden. Dann beugte sie sich herab und hob das Ei auf. Vielleicht täusche ich mich, aber ich könnte schwören, dass ihre Augen größer und größer wurden. Sie sagte immer noch nichts. Sie machte eine winzige Bewegung mit der Hand, es gab ein winziges Geräusch und das Ei öffnete sich. Ich wusste nicht, was Roswitha sah, aber ich wusste, was ich sah: Roswitha starrte das Ei an – und auf einmal flossen Tränen aus ihren Augen.

Nach einer kleinen Ewigkeit schaute sie mich an. »Wo hast du das her, Dörte«, flüsterte sie so leise, dass ich sie kaum verstand. Ich grunzte. Sie blickte wieder in das Ei. Dann beugte sie sich zu mir herab. »Schau mal, Dörte. Weißt du, wer das ist?«

Ich sah ein winziges Schwarz-Weiß-Foto mit zwei winzigen Gesichtern. Ehrlich gesagt, besonders viel konnte ich nicht erkennen. Und besonders beeindruckend fand ich auch nicht, was ich da sah. Bitte, nehmen Sie es mir bitte nicht übel, aber manchmal seid ihr Menschen schon komisch.

»Das sind meine Oma und mein Opa«, sagte Roswitha, und dann verfiel sie wieder in ein selbstvergessenes Flüstern. »Ich dachte immer, dieses Medaillon existiere gar nicht mehr.«

Ich grunzte, um Roswitha aus ihren Gedanken zu reißen. Oma und Opa, schön und gut, aber wegen eines ollen Bilds wollte ich nun auch nicht ewig hier herumstehen.

Mit einem seligen Lächeln im Gesicht blickte Roswitha mich an. Dann öffnete sie das Gatter. »Komm mit, Dörte. Komm, wir gehen rein. Wir ruhen uns erst mal aus.«

Na ja, ich bin zwar ein Protestschwein. Aber da hab ich natürlich nicht protestiert.

Aller guten Dinge sind drei

Ludwig Üxheim und Hans-Günter Flesten waren Feinde fürs Leben. Sie wohnten seit achtundsechzig Jahren Haus an Haus in einem kleinen Nest in Rheinland-Pfalz – und sie hassten einander wie die Pest. Das war schon immer so. Bereits als Kinder hatten sie sich das Leben zur Hölle gemacht, und sie sahen keinen Grund darin, es als Erwachsene zu lassen. Es gibt bekanntlich die Phänomene der Altersweisheit und des Altersstarrsinns. Bei Ludwig Üxheim und Hans-Günter Flesten war es Letzteres. Wobei sich der Starrsinn ja eigentlich durch ihr komplettes Leben zog.

So war es eine eigentümliche Mischung aus Unmut und Vorfreude, die Hans-Günter Flesten ergriff: Er wollte sich am ersten Abend seines Urlaubs im Restaurant eines exquisiten Thalasso- und Wellness-Hotels auf Norderney gerade über den gebratenen Lammrücken hermachen, als Ludwig Üxheim mitsamt seiner Gattin Sieglinde den Raum betrat. »Ich fass es nicht«, raunte Hans-Günter gleichwohl seiner Gemahlin Brigitte zu, die sich daraufhin zur Tür umdrehte, um zu sehen, was ihr Gatte nicht fassen konnte, auch wenn sie es längst ahnte. Natürlich. »Das gibt's doch nicht«, brummte Hans-Günter sowohl zur Untermauerung seiner Fassungslosigkeit als auch zur Vertuschung seiner freudigen Erregung, um sogleich fortzufahren: »Das darf doch nicht wahr sein! Was macht denn diese Stinkdrüse hier?«

Brigitte begnügte sich mit einem leisen Stöhnen und widmete sich wieder ihrem perfekt auf den Punkt zubereiteten Kabeljaufilet mit Krabbenkruste.

Am anderen Ende des Raums hatte auch Ludwig Üxheim Mühe, seine Gesichtszüge unter Kontrolle zu halten. In emotional erstaunlich ähnlicher Verfassung wie Hans-Günter Flesten durchschritt er mit seiner Frau, dem Kellner folgend, den Raum, bis an den ihnen zugewiesenen Tisch, der sich unmittelbar an einem der Panoramafenster befand und einen großartigen Blick auf die an diesem Abend sanft wellige Nordsee bot. Er, also der Tisch, befand sich aber vor allem unmittelbar hinter jenem Tisch des Ehepaars Flesten.

So saßen Hans-Günter Flesten und Ludwig Üxheim Rücken an Rücken.

»Hier riecht's auf einmal so komisch«, sagte Hans-Günter Flesten durchaus vernehmlich. »Riechst du das auch, mein Hasenpfötchen?«

Das Hasenpfötchen ließ einen Laut vernehmen, der alles Mögliche bedeuten konnte.

Hans-Günter ließ seinerseits Messer und Gabel geräuschvoll auf den Teller fallen. »Ich bin satt!«, rief er, schob seinen Stuhl mit einem Ruck zurück, rammte

Ludwigs Lehne, überließ Brigitte, den Kabeljau und das Lamm sich selbst, und rauschte aus dem Restaurant.

Am nächsten Morgen hatte sich Hans-Günter längst noch nicht beruhigt. War es denn zu fassen? Da machte er mit seiner Frau die Goldhochzeitsreise – und sein Intimfeind hatte sich genau dasselbe Urlaubsdomizil ausgesucht!

Ludwig Üxheim war freilich ähnlich aufgewühlt. Seine Gattin Sieglinde hatte ihn mit Mühe davon abhalten können, Vorkehrungen für eine baldmögliche Rückreise zu treffen. Ludwig hatte wild auf seinem Smartphone herumgetippt auf der Suche nach den nächsten Abfahrtszeiten der Fähre, während Sieglinde zaghaft argumentierte, man werde sich in so einem großen Haus doch wohl aus dem Weg gehen können.

Das wäre gewiss möglich gewesen – allein, Hans-Günter Flesten und Ludwig Üxheim dachten gar nicht daran, sich aus dem Weg zu gehen. Das hätte Nachgeben bedeutet! Nachgeben wäre eine Niederlage! Niederlage? Niemals!

So ließ Üxheim den Abreise-Plan wieder fallen. Natürlich. Und so verbrachten er und sein Intimfeind auch die weiteren Mahlzeiten Rücken an Rücken.

»Das ist ja Wahnsinn!«, maulte Hans-Günther am zweiten Tag, den Blick zum Fenster gewandt, um sicherzugehen, dass seine Schallwellen den Hintermann erreichten. »Der Typ hinter mir schmatzt vielleicht, das ist wirklich unerträglich.«

Auch Ludwig Üxheim sprach in Richtung Fenster: »Sag mal, Rehlein, hab ich dir eigentlich erzählt, dass drei Tage vor unserer Abreise die Feuerwehr bei unserem bekloppten Nachbarn vorgefahren war?«

Das war sie in der Tat, und zwar aus gutem Grund, was mit Ludwig Üxheims jüngster Attacke zusammenhing. Er hatte einen Haufen seines Labradors mit mehreren Lagen Zeitungspapier umwickelt, das Ganze vor Flestens Haustür abgelegt, etwas Spiritus darübergeschüttet, angezündet und war dann hinter seiner eigenen Hecke in Deckung gegangen – natürlich mit der Videokamera im Anschlag.

Flesten hatte nach ein paar Sekunden die Haustür geöffnet. Und was macht der Mensch quasi instinktiv, wenn er brennendes Papier am Boden sieht? Genau: Er tritt drauf, um es zu löschen. Auch Flesten trat, denn erstens wusste er ja nicht um die Füllung des sich bereits in schwarze Fetzen auflösenden Papiers – und zweitens unterschätzte er die erstaunliche Brennbarkeit seiner alten und daher nach längst abgelaufenen Sicherheitsbestimmungen hergestellten Hausschuhe. Entsetzt schüttelte er Sekunden später den gleichermaßen stinkenden wie brennenden Schlappen vom Fuß, doch dummerweise (oder, aus Ludwig Üxheims Sicht, idealerweise) löste sich der Schuh ausgerechnet in der Rückwärtsbewegung und zischte im Tiefflug in den Flestenschen Hausflur, wo er auf einem Stapel Altpapier landete. Flesten hatte den Brand bereits gelöscht, als die Feuerwehr anrückte, doch Üxheims Video des Feuer tretenden Nachbarn erzielte bei YouTube bereits nach 24 Stunden mehr als viertausend Klicks sowie einhundertvierundzwanzig Gefällt-mir-Angaben.

So gesehen konnte man verstehen, dass Flesten noch eine Rechnung offen hatte – und das Austauschen der Hoteltürschildchen verstand er nur als erstes Warmlaufen. Es war ein Leichtes gewesen herauszufinden, in welchem Zimmer die Üxheims residierten, und so hatte Flesten früh um sechs sein »Bitte Zimmer aufräumen«-Schild an Üxheims Klinke gehängt. Den Erfolg seiner Aktion hatte er leider nur vom Gang-Ende miterleben dürfen. Besonders effektvoll war sie auch nicht gewesen – sie beschränkte sich im Prinzip auf ein erschrecktes »Huch« des Zimmermädchens, das Sekunden später das Zimmer eilig wieder verließ. Üxheims Visage hingegen konnte sich Flesten leider nur vorstellen.

Ohne sich abgesprochen zu haben, trafen sich die beiden Männer um Punkt 8 Uhr im hoteleigenen Schwimmbad, wo sie Seite an Seite die Stufen ins Wasser hinabschritten.

»Pass auf, dass du dich nicht verausgabst, du bist nicht mehr der Jüngste«, knurrte Flesten.

»Dich häng ich noch lange ab«, antwortete Üxheim.

Was folgte, war ein fünfundzwanzigminütiges, heftigstes Paddeln, ohne dass ein echter Gewinner hätte ausgemacht werden können. Entsprechend erschöpft waren die Männer, als um 8.30 Uhr die Wassergymnastik begann.

»Mach mal lieber 'ne Pause, Üxschwein«, sagte Hans-Günter Flesten. »Das wird zu viel für dich.«

»Wollen wir doch erst mal sehen«, antwortete Üxheim, und so bewegten sich er, sein Nachbar und zwölf weitere Hotelgäste brav nach den Anweisungen einer adretten Fitnesstrainerin. Brav, vor allem aber engagiert, was wiederum in besonderem Maße für die beiden Männer in der letzten Reihe galt. Ja, man konnte die Art, in der Hans-Günter Flesten und Ludwig Üxheim die Wassergymnastik betrieben, durchaus als verbissen bezeichnen. Sie ließen ihre Beine pendeln und ihre Arme kreisen und warfen sich dabei finstere Blicke zu. Vor allem der Aufforderung zu etwas höherem Tempo kamen die beiden entgegen.

»Kannst ruhig aufhören, wenn's dir zu viel wird«, raunte Ludwig schnaufend Hans-Günter zu. »Bist ja nicht mehr der Jüngste.«

»Spar dir deinen Atem«, konterte Hans-Günter japsend. »Du brauchst ihn noch.« Er presste seine AquaDisc, eine kreisrunde Plastikschaumplatte, mit Schwung von seinem Körper weg in Richtung Ludwig, sodass dem eine Wasserfontäne ins Gesicht spritzte.

Nein, es wurde kein wirklich entspannender Urlaub, jedenfalls nicht für Ludwig Üxheim und Hans-Günter Flesten. Aber auch das Personal und die übrigen Gäste mussten leiden, die Gattinnen sowieso, die sich so oft es ging in Thalassobehandlungen flüchteten – kein Wunder also, dass man allenthalben erleichterte Blicke sah, wenn die zänkischen Herren für eine Weile das Hotel verließen.

Freilich hieß das nur, dass andere leiden mussten – die Mitarbeiter des Norderneyer Golfplatzes beispielsweise: Die mitten in den Dünen gelegene Anlage bot reichlich Reize, von den kleinen Grüns bis zum ständig wechselnden Seewind. Wenigstens zwei, drei Besuche waren für Üxheim und Flesten Pflicht bei jedem ihrer alljährlichen Norderney-Aufenthalte. Ihrer beider Handicap lag bei minus 35, was vor allem daran lag, dass beide sich weniger auf ihr eigenes als auf das Spiel des jeweils anderen konzentrierten. Genauer: Sie konzentrierten sich darauf, eben jenes Spiel auf jede nur denkbare Art zu unterminieren. Ja, sie spielten ihre Runden in der Tat stets gemeinsam. So gehört sich das ja wohl auch für Intimfeinde. In gewisser Weise darf man sagen, dass Üxheim auf der ewigen Gemeinheitsskala im Unterbereich »Golf« in Führung lag – war es ihm vor acht Jahren doch tatsächlich gelungen, seinem Kontrahenten ein faszinierend echt als Golfball getarntes Ei auf den Abschlagpunkt zu schmuggeln.

In diesem Jahr trieben die beiden es dann allerdings doch noch mal auf eine neue Spitze. Zwei Gärtner trennten die Kontrahenten auf dem Grün des sechsten Lochs. Üxheim und Flesten hatten sich nahe der Zielfahne ineinander verkeilt, der Rasen um sie herum trug bereits deutliche Spuren eines Kampfes, den die beiden Männer mit einem Putter (Üxheim) und einem Lob Wedge (Flesten) austrugen.

»Die Reparatur des Rasens können Sie auf meine Rechnung setzen!«, brüllte Üxheim später, als er mit Flesten und einigen blauen Flecken im Büro des hinzugerufenen Vereinspräsidenten saß.

»Nix da!«, schrie Flesten, der ebenfalls nicht mehr komplett hämatomfrei war. »Ich zahle das! Der Schwachkopf kann sich das überhaupt nicht leisten!«

Der Präsident blickte irritiert vom einen zum anderen. Was sollte er mit diesen beiden Vögeln nur machen? Zum ersten Mal, wirklich zum allerersten Mal in seiner Karriere war er drauf und dran, zwei Gäste einfach hochkant aus dem Club zu werfen, mochten sie so zahlungskräftig sein, wie sie wollten. Sein Kiefer mahlte, seine Augen verengten sich zu Schlitzen. Nein! Er würde sich das nicht mehr bieten lassen! Er öffnete den Mund, um zu einer Gardinenpredigt anzusetzen, doch Üxheim unterbrach ihn.

»Bleibense mal locker. Wir reißen uns ab jetzt zusammen.«

Flesten nickte. »Is' doch nix passiert.«

Dann grinsten sie beide.

Der Vereinspräsident ließ sich schnaufend in seinen Bürosessel fallen.

Tags darauf trat Ludwig Üxheim durch die Tür zur hoteleigenen Sauna-Landschaft – und stand vor dem splitternackten Hans-Günter Flesten, der sich gerade seines Bademantels entledigt hatte und die dampfgefüllte Solegrotte betreten wollte. Kaum nötig zu sagen, dass beide seit einer unschönen Klopperei in der berühmten Norderneyer Strandsauna vor einigen Jahren ebendort Hausverbot hatten.

»Ja, ja«, sagte Üxheim. »Geh du mal schön in die Mädchensauna«, und marschierte den Gang hinunter Richtung finnischer Sauna. Niemand sonst war im Sauna-Park.

Flesten zögerte kurz, dann folgte er seinem Todfeind. Ein paar Sekunden später standen sie vor der Glastür, die in den 90 Grad heißen Raum führte. Sie blickten sich tief in die Augen.

»Willst du da wirklich rein?«, ätzte Ludwig. »Denk an dein Herz. Und denk an letztes Jahr! Und an das Jahr davor!«

»Schnauze«, blaffte Hans-Günter, und gemeinsam drängelten sie sich in die Sauna. Sie ließen sich auf der jeweils obersten Ebene der gegenüberliegenden Seiten nieder, warfen sich noch einen hasserfüllten Blick zu und starrten dann an die Decke.

Stille trat ein, nur leise sphärische Musikklänge waren zu hören sowie das Zischen des Wassers, das aus einem großen, kegelförmigen Stahlbehälter auf die erhitzten Steine in der Aufguss-Schale tropfte.

»Idiot«, brummte Hans-Günter Flesten.

»Penner«, antwortete Ludwig Üxheim.

Wassertropfen fielen zischend auf die Steine.

»Die Sache mit der Hundekacke vergesse ich dir nie«, sagte Hans-Günter.

»So? Das war ja wohl gar nichts im Vergleich mit deiner letzten Aktion.«

»Welche?«

»Du weißt genau, was ich meine«, murmelte Ludwig.

»Die Kartoffel im Auspuff?«, fragte Hans-Günter.

»Kartoffel im Auspuff! Du weißt genau, was ich meine!«

»Was denn?«

»Mein Buchsbäumchen! Du hast aus meinem Buchsbäumchen diese schweinische Figur geschnitten.«

»Ach, daaas«, sagte Hans-Günter gedehnt.

Wassertropfen fielen zischend auf die Steine.

Nach einer Weile fing Hans-Günter an zu kichern: »Du hast es erst nach zwei Wochen bemerkt, als die Kruse von gegenüber sich beschwert hatte.«

Ludwig schaute böse zum ihm rüber, doch dann musste auch er grinsen. »Wie lange muss ich diesen

Anblick denn noch ertragen?«, äffte Ludwig den empörten Tonfall seiner Nachbarin nach und gluckste.

Nach einer Pause fragte Ludwig: »Wird's dir nicht langsam zu heiß?«

»Rindvieh«, antwortete Hans-Günter.

»Denk dran: Vor zwei Jahren hast du dich auch übernommen«, doch als Antwort erhielt Ludwig nur noch ein tiefes Brummen.

Wassertropfen fielen zischend auf die Steine.

»Der Ball wär reingegangen. Wenn du mich nicht geschubst hättest«, sagte Hans-Günter mit müder Stimme. »Das wäre ein Eagle geworden. Ein Eagle! Ich hätte mein Handicap verbessern können. Ich hätte ...«

»Hätte, hätte, Fahrradkette«, unterbrach ihn Ludwig lustlos.

Hans-Günter musste eingeschlafen sein, nur mit Verzögerung drang das Geräusch an sein Ohr, ein irgendwie rasselndes Röcheln. Hans-Günter Flesten schreckte hoch. Auf der gegenüberliegenden Seite lag Ludwig Üxheim mit puterrotem Gesicht, sein Mund öffnete und schloss sich wie bei einem frisch an Land geworfenen Karpfen, Üxheims linke Hand tastete vergeblich nach dem Alarmknopf.

Hans-Günter rappelte sich hoch und setzte sich. »Ludwig!«, schnaufte er und spürte, wie ihm schwindlig wurde. Er hatte sich zu schnell aufgerichtet, die finnische Sauna begann sich zu drehen, mit einem Mal hatte er das Gefühl, keine Luft mehr zu bekommen, er versuchte sich trotzdem hochzustemmen, im selben Moment rutschte auf der anderen Seite Ludwig auf die mittlere Sitz-Etage, seine Hand tastete weiter sinnlos, er hatte nun aber offensichtlich völlig die Orientierung verloren. Üxheim bekam die Steinummauerung zu fassen, rutschte gleich wieder ab und fiel auf die unterste Holzreihe.

»Ludwig! Warte! Ich helfe ...« Weiter kam Flesten nicht. Er musste tief einatmen, die heiße Luft brannte in seinem Hals, er sackte ebenfalls von der dritten in die zweite Etage und schließlich auf den Boden.

Die ältere Dame, die die beiden Männer eine halbe Stunde später fand, erlitt das, was man gemeinhin einen »Schock fürs Leben« nennt. In den vielen Jahren, die ihr noch blieben, wurde sie nicht müde, jedem, der fragte oder auch nicht fragte, von dem gruseligen Anblick an jenem Juninachmittag zu berichten. Wie diese beiden Männer da lagen, nebeneinander, die Haut mit einem glänzenden Schweißfilm überzogen.

Was alle Zuhörer indes eher der Fantasie der alten Dame zuschrieben, war ihre Behauptung, die Männer hätten sich an den Händen gehalten.

Am Abend des Todestags der Todfeinde Ludwig Üxheim und Hans-Günter Flesten saßen deren Gattinnen im Hotel-Restaurant und blickten lange auf die Nordsee. Sie saßen sich gegenüber und warteten auf die Suppe. Nach einer Weile des Schweigens hoben Brigitte und Sieglinde ihre Gläser und ließen sie aneinanderklingen.

Beide dachten einen Moment lang an die diversen missglückten Versuche, sich ihrer Gatten zu entledigen. Zwei Mal war es besonders knapp gewesen: Bei einer Tour im Elbsandsteingebirge hätten sich die

Streithähne um ein Haar gegenseitig von der weltberühmten Basteibrücke gestoßen. Noch knapper ging die Sache bei einer Raftingtour auf der Salzach aus. In der Tat, man konnte es durchaus als unfair bezeichnen, zwei ältere Herrschaften mit erwiesenermaßen schwachen Herzen immer wieder aus Neue auf derartige Bewährungsproben zu stellen. Andererseits: Es handelte sich doch um erwachsene Menschen. Aus Erfahrung wird man klug? Für Hans-Günter und Ludwig galt dieser Satz nicht.

»Aller guten Dinge sind eben doch drei, was?«, sagte Brigitte, und Sieglinde kicherte. Sie tranken einen Schluck, Brigittes Hand griff nach der von Sieglinde, dann schauten sie wieder auf die Nordsee, die an diesem Abend so friedlich wirkte, als zeige sie Respekt vor den Toten.

Bei Mutti schmeckt's am besten

Bist du nervös? … Kann ich verstehen. Ist aber völlig unnötig. Ich bin Profi. Vollprofi. Bleib einfach in meiner Nähe und guck zu, dann wirst du 'ne Menge lernen.

Ich weiß, klingt blöd, wenn man das über sich selbst sagt, aber in meinem Fall stimmt es nun mal: Ich bin der Beste. Jedenfalls hier in der Gegend. Is einfach so! Soll ich mich dafür entschuldigen? Nöö, sorry, mach ich nicht. Niveau sieht nur von unten aus wie Arroganz, sag ich immer … Was? Kannteste schon, den Spruch?

Wo ich herkomme? Aus Eisleben. Kleines Städtchen in Sachsen-Anhalt. Kurz vor Halle. Lutherstadt. Kennste Luther? Martin Luther? Der wurde da geboren … Was? Wussteste schon?

Ja, schon toll, die Karriere, die ich gemacht habe. Ich sag's, wie's ist: Da bin ich stolz drauf. Hab ich auch allen Grund zu. Kannst dich ja mal in der Szene umhören, wie viele Auftragskiller aus den neuen Bundesländern kommen. Also, ich meine jetzt richtige Hitmen, nicht irgendwelche Heinis, die ihr Hartz IV aufbessern wollen, mit 'ner Knarre rumfuchteln und bei denen du Sorge haben musst, dass sie den Richtigen treffen. Soll ich dir sagen, wie viele Vollprofis es in Neufünfland gibt?

Einen.

Jawohl, exakt einen.

Mich.

Moi.

Aus dem Nichts hab ich mir das aufgebaut. Früher mal, da war ich Facharbeiter für maschinelle Blechumformung. Damit war natürlich Schluss nach der Wende. Aber beim Umformen bin ich geblieben. Na ja, in gewisser Weise.

Klar, ist ein gutes Gefühl, dass man es geschafft hat. Bei unserem letzten Jahrestreffen hab ich sogar den Preis für die konspirativste Auftragsausführung bekommen.

Um wen es da ging? Na, meinst du, das verrate ich dir? Junge, in unserem Geschäft geht es um Diskretion, hörst du? Diskretion! Oberstes Gebot …

Nein! Ich verrate es dir nicht …

Also gut, ich sag's dir: Neil Armstrong.

Ja, klar, jetzt lachst du!

Nein, ich mach keine Witze. Wieso Armstrong? Weil der Kerl auf seine alten Tage auspacken wollte …

Na, auspacken eben, die ganze Story erzählen mit der Mondlandung, oder besser: mit der Nicht-Landung! Gib's zu, du glaubst das Märchen vom großen Schritt für die Menschheit auch!

Was? Ja, klar, hast ja recht, das ist manchmal schon ein bisschen schade, dass man … wie soll ich sagen, dass man seine Erfolge nicht an die große Glocke hängen darf. Egal. Die, die es wissen müssen, wissen Bescheid, und das muss uns reichen, was?

Weißt du, wer mir den Preis überreicht hat? Luigi DiMaggio und Boris Popow. O Mann, ich sag dir, ich war so gerührt. Ich stand da auf der Bühne und hab geflennt wie so 'n Schlosshund …

Was? Du kennst Luigi und Boris nicht!

Nein, nicht Oleg Popow!

Junge, erzähl das nicht zu laut, sonst kannst du deine Ausbildung beenden, bevor du richtig angefangen hast. Luigi und Boris sind Legenden, hörst du: Le-genden! Mann, Mann, Mann, ihr jungen Leute, manchmal hab ich den Eindruck, ihr interessiert euch überhaupt nicht mehr richtig für das, was ihr macht.

Luigi und Boris, Mann, Koniferen sind das! …

Was? Ja, meinetwegen auch Kori-, Schlaumeier!

So, gleich sind wir da. Ach, mein Leipzig lob ich mir! War schon lange nicht mehr hier.

Hat schon was Weltstädtisches, oder? Guck hier, Oper und gleich daneben das Gewandhaus. Hier, auf dieser Straße, Junge, bin ich '89 mitgestiefelt, jawohl! Wir – sind – das – Volk! Wir – sind – das – Volk! Ach, das waren noch Zeiten.

Weißt du, was wir nachher machen? Wir gehen in Auerbachs Keller und essen Leipziger Allerlei. Ist wahrscheinlich nicht ganz so gut wie das von meiner Mutti, aber immerhin.

Was? …

Wie bitte? …

Du magst Leipziger Allerlei nicht? …

Ja, klar, du kennst nur diesen Dosenfraß. Verkochtes Gemüse, ersäuft in einer klebrigen Mehlsoße. Vergiss es! Soll ich dir was sagen? Ich behaupte, es gibt kein Gericht, das derart in Verruf geraten ist wie das Leipziger Allerlei. Und warum? Weil kaum jemand weiß, wie es richtig zubereitet wird.

Ich wette, du weißt nicht mal, was da alles reinkommt? Na? …

Na?! …

Ja, fang mal an …

Erbsen, richtig!

Möhren, korrekt!

Spargel, sehr gut! Und? … Ja, jetzt kommst du schon ins Stottern, was? Dann hör gut zu: Grüne Bohnen! Blumenkohl! Jawohl! Morcheln, mein Lieber. Frische Petersilie! Und: Flusskrebse! Dazu eine leichte, helle Soße, die – Achtung! – »unter Zugabe von Krebsbutter vornehm errötet«. Ist ein Zitat, hab ich mal irgendwo gelesen. Klingt gut, was? Und die Soße, die wird nicht drübergeschüttet und stundenlang mitgekocht. Die wird separat gereicht! Ganz wichtig!

So, gleich sind wir da. Fünfhundert Meter noch, sagt das Navi. Vielleicht gucken wir schon mal nach einem Parkplatz. Bisschen Abstand kann nicht schaden, was?

Diskretion, genau. Ich sehe, du passt auf, das gefällt mir!

Meine Mutti hat früher noch Mettwurst reingeschnitten, aber inzwischen bin ich Vegetarier … Was gibt es denn da zu kichern? Weißt du, was die mit den Tieren in den Schlachthäusern machen? Ist außerdem gesünder! Und besser für die Umwelt.

Was? Die Flusskrebse? Ja, okay, die gehören nun mal dazu, schon rein historisch gesehen.

Wieso? Na, dann sperr deine Lauscherchen auf: Ursprünglich war Leipziger Allerlei mal ein Arme-Leute-Essen. Wie ja bekanntlich viele Gerichte, die wir heute als Spezialitäten kennen. In einem Kochbuch von 1745 wird es zum ersten Mal erwähnt. Ganz schön lange her, was? Die Zutaten waren damals reichlich vorhanden. Rund um Leipzig gab es im achtzehnten Jahrhundert schließlich 'ne Menge Ackerland …

Warte, hier ist ein Parkplatz, das letzte Stück laufen wir.

Was? Nein, du kriegst keine Pistole! Sag mal, ich glaube, es hackt!

…

Ackerland also. Und jetzt die Vierundsechzigtausend-Euro-Frage: Wie heißt der Fluss, der durch Leipzig fließt?

Was? Elbe? Klar, Elbe! Du Vogel! Pleiße!

Darin wimmelte es damals jedenfalls nur so vor Flusskrebsen. Und die Pilze, die holte man aus den Wäldern.

So, und jetzt, im Jahr 1815, kommt laut Überlieferung ein Stadtschreiber namens Malthus Hempel ins Spiel. Der wollte die Bettler und Steuereintreiber loswerden und empfahl den Leuten, ihren Speck zu verstecken und nur noch Gemüse auf den Tisch zu bringen, sonntags vielleicht ein Stück Mettwurst oder ein Krebslein …

… aus der Pleiße, genau …

… ein Krebslein dazu. Die Gäste bekommen also statt Fleisch bloß ein olles Schälchen Gemüse. Und, so Hempels Folgerung, »all die Bettler und Steuereintreiber werden sich nach Halle oder Dresden orientieren«. Tusch!

Flusskrebse als Massenware und Abschreckungsmittel! Tja, so ändern sich die Zeiten. Heute kannste nach Leipziger Allerlei suchen, in dem Flusskrebse drin sind. 1876 kam nämlich die Krebspest nach Deutschland, aus Nordamerika natürlich, woher sonst, und seitdem sind Flusskrebse eine Rarität.

So, da wären wir. Nummer 16. Mach mal auf, die Tür …

Haha, war nur Spaß, geh zur Seite, lass mich ran.

So, im Treppenhaus bitte leise, ja?

Statt der Morcheln hat man früher übrigens Lorcheln verwendet, auch eine Pilzart, allerdings eine, die es in sich hat. Wenn du nämlich die Lorchel nicht lange genug kochst, ist sie hochgiftig … Mmh, das wäre auch mal eine originelle Tötungsvariante, halb gare Lorcheln ins Leipziger Allerlei mischen. Muss ich mir mal eine Notiz machen.

So, geschafft. Wieso muss der Typ ganz oben wohnen?

Nein, ich mach die Wohnungstür auf, ich seh doch schon, wie du die halbe Tür zerkratzt. Diskretion! Geh zur Seite.

So, bitte. Hereinspaziert.

Was? Natürlich ist da ein Schalldämpfer drauf! Schnauze jetzt. Volle Konzentration! Und bleib immer schön hinter mir.

…

Ja, guten Abend, nicht erschrecken, bitte! Keine Panik! Ganz ruhig. Einfach sitzen bleiben.

So, ja, schööön ruhig! Sind Sie Herbert Kampmeier? Ja? Fein!

...

Hast du gesehen?

...

Nicht lange zögern. Zack und aus. Ja, ich weiß, das ist kein schöner Anblick, aber ich fürchte, da wirst du dich dran gewöhnen müssen.

Arme Sau? Na, wenn du meinst.

Was er gemacht hat? Woher soll ich das wissen? Irgendwas wird er schon gemacht haben. Ich will's gar nicht wissen. Zu viele Informationen belasten nur.

Wollte wohl grad was essen, der Typ, hier riecht's jedenfalls nicht schlecht. Guck mal nach, was in dem Topf da ist.

Semmelknödel? Aha! Und in dem anderen? Was?

Wie bitte? Sieht aus wie Leipziger Allerlei, sagst du? Geh zur Seite!

Ich fass es nicht, Leipziger Allerlei! Hm, riecht gut. Gib mir mal den Löffel.

Oha, was ist das denn? Da ist ja Kohlrabi drin. Wieso ist da Kohlrabi drin? Was hat denn, bitteschön, Kohlrabi im Leipziger Allerlei zu suchen! Nee, nee, das lehne ich ab!

Hach, wenn ich das schon sehe, da könnte ich ausrasten, aber echt. Mann, Mann, Mann. Der kann froh sein, dass ich ihn schon erschossen habe!

Was? Ja, hast recht, wahrscheinlich hat's seine Frau gekocht. Na ja, und riechen tut's ja auch nicht schlecht, muss ich zugeben. Da, schau, da sind sogar Krebsschwänze drin, siehste?

…

Pass mal auf, wir machen jetzt mal was. Das, was wir jetzt machen, das macht man eigentlich nicht. Niemals! Unter gar keinen Umständen! Hörst du? Das ist eine absolute Ausnahme, was wir jetzt machen. Ich tu uns jetzt ein bisschen was von dem Leipziger Allerlei auf einen Teller, und dann probieren wir mal.

Wie, du willst nicht? Wenigstens mal probieren? Du magst keine Krebsschwänze? Hast du denn schon mal welche gegessen?

Na, dann halt nicht. Wer nicht will, der hat schon.

Wichtig ist beim Leipziger Allerlei übrigens, dass jede Zutat einzeln vorgekocht wird, bevor man alles zusammenrührt, weil jedes Gemüse andere Garzeiten hat. Aber diese Mühe macht sich ja kaum noch einer. Bloß meine Mutti, die macht das noch so. Und das schmeckt man dann eben auch.

Wobei ich sagen muss … doch, das schmeckt hier auch nicht schlecht. Da ist dem Kerl etwas entgangen. Doch, schmeckt, muss ich neidlos anerkennen. Da ist noch was drin, irgendwas anderes, ich schmecke es bloß noch nicht raus.

…

Was ist denn das? Kerbel? Könnte Kerbel sein.

Was? Nein, Kerbel muss nicht rein, kann man aber reintun. Ich persönlich lehne das ab. Salz, schwarzer Pfeffer, Petersilie, Schluss.

Muskat! Könnte Muskat sein.

…

Nicht schlecht, Herr Specht.

…

So, den Teller spülen wir jetzt ordentlich ab und stellen ihn zurück. Mach du das mal grad, bitte. Das Besteck auch, bitte.

…

Ist dir eigentlich auch so heiß? Mir ist auf einmal so heiß. Puh. Mach mal ein Fenster auf, ja?

Was? Ich verstehe dich nicht. Mir ist …

Oh …

Ich glaube, dieses Leipziger … also, das von meiner Mutti schmeckt doch anders …

Ui …

Aus der Leipziger Volkszeitung:

Zwei Wochen nach dem brutalen Mord an einem Oberarzt der Leipziger Universitätsklinik tappt die Polizei nach wie vor im Dunkeln. Der Mann wurde Anfang des Monats erschossen in seiner Wohnung aufgefunden, zusammen mit einer weiteren, bislang nicht identifizierten männlichen Leiche. Die Tatumstände geben der Polizei Rätsel auf. Bisherigen Ermittlungen zufolge starb der Unbekannte an einer vergifteten Portion Leipziger Allerlei. Hinweise auf einen Zusammenhang des Geschehens mit dem Transplantationsskandal hätten sich nicht bestätigt, teilte ein Polizeisprecher mit. Nach der Ehefrau des ermordeten Arztes wird weiter gefahndet …

Ganz dumm gelaufen

Alter Schwede

Gunnar Gunnarsson und seine Frau Susanne standen müde lächelnd im Eingangsbereich des Zugs. Draußen auf dem Bahnsteig warteten Heinz und Erika Dorn, Susannes Eltern. Klein und unglücklich sahen sie aus, aber sie versuchten dennoch tapfer, Haltung zu bewahren. Gunnar winkte, als die Tür endlich zuklappte, Erika rief ein letztes Mal: »Danke, Gunnar!« Gunnar nickte und sah zu, wie Heinz und Erika sich von ihm entfernten. Dann nahm er seufzend seinen Rollkoffer und zog ihn ins Abteil, wo er sich neben Susanne niederließ.

Es gab nichts zu sagen, also schwiegen sie. Gunnar starrte aus dem Fenster und schüttelte unwillkürlich den Kopf. Was für eine Familienfeier! Andererseits: Es hatte in der Luft gelegen, seit Jahren schon. Aber musste es ausgerechnet beim großen Fest zum neunzigsten Geburtstag von Susannes Oma Trude zum großen Eklat kommen?

»Was für Idioten!«, hörte er Susanne neben sich murmeln. Er legte einen Arm um seine Frau und drückte sie an sich. Er konnte ihr nicht widersprechen. Die ewige Fehde zwischen Susannes Onkel mütterlicherseits, Paul, und dem Pendant väterlicherseits, Günter, war in der seit Langem erwarteten handfesten Prügelei kulminiert. Wenn Gunnar alles richtig verstand – was er bezweifelte –, ging es um eine Kuh, einen völlig verfallenen Vierseitenhof und eine längst gealterte Jugendliebe und die Frage, wer sie wem ausgespannt hatte. Paul hatte Günter kurz nach Mitternacht den Inhalt seines Bierglases ins Gesicht geschüttet und wenig später lagen drei Viertel der hundertzwanzig Gäste ineinander verkeilt, verhakt und teilweise sogar verbissen auf den Holzbohlen des Landgasthofs bei Klingenthal im sächsischen Vogtland.

Oma Trude thronte derweil stoisch am Kopf der Tafel und Gunnar hatte fast den Eindruck, als beobachte sie das Geschehen mit einem gewissen Amüsement. Eine halbe Stunde und zwei Schüsse aus Gunnars Dienstwaffe in die Saaldecke später hatte die Polizei halbwegs Ordnung in den Laden gebracht. Man zählte achtunddreißig Leicht- und zwölf Schwerverletzte, der Sachschaden ließ sich noch nicht beziffern.

Dabei hatte sich Gunnar in dieser einen Woche eigentlich erholen wollen. Erst die Familienfeier, dann noch eine Woche Ferien in Travemünde. Ferien, ja, die hatte er dringend nötig – auch wenn er sie sich eigentlich nicht leisten konnte. Seit Monaten sorgte der ›Nilpferdkiller‹, wie ihn die Medien längst nicht mehr nur in seiner Heimat Schweden nannten, in der gesamten Region Schonen für Angst und Schrecken. Zweihundertachtunddreißig Leichen hatte er bisher hinterlassen und jeder einzelnen den Schädel abgetrennt und durch einen Nilpferdkopf ersetzt.

Gunnar, dem Chef der Sonderkommission Unhappy Hippo, und seiner inzwischen auf hundertachtundvierzig Kollegen angewachsenen Einsatztruppe fehlte immer noch jede Spur. Am rätselhaftesten war natürlich die Frage, woher der Irre die ganzen Nilpferdköpfe bekam.

Die Vogtlandbahn passierte Zwotental, später Schöneck und Falkenstein. In Rodewisch stiegen vier junge Kerle ein, Bomberjacken, die Köpfe kahl geschoren. Mit grimmigem Blick stampften sie durchs Abteil und ließen sich drei Reihen hinter Gunnar und Susanne nieder.

»Mach Platz, Oma!«, hörte Gunnar. Es folgten Gelächter und weitere Rufe, sie wurden drängender, lauter, schließlich ertönte der kurze spitze Schrei einer Frau, dann erneut Gelächter, untermalt von leisem Gewimmer.

Gunnar erhob sich. Babynazis! Er hasste diese Typen!

»Lasst die Frau in Ruhe!«, sagte er mit seinem putzigen schwedisch-schonischen Akzent.

Einer der Babynazis erhob sich. »Was denn, Opa? Paar auf die Fresse?«

Ansatzlos donnerte Gunnar dem Jungen seine Faust gegen die Nase. Der kippte in seinen Sitz, im selben Moment erhoben sich seine drei Kumpels. Gunnar verpasste zweien von ihnen ebenfalls je einen Faustschlag, woraufhin sich der letzte wieder setzte und schützend die Hände vors Gesicht hielt.

Wie gut, dass ich regelmäßig an den Nahkampfschulungen teilgenommen habe, dachte Gunnar.

Das Mütterchen starrte Gunnar mit offenem Mund an, Gunnar blickte fragend zurück. »Alles gut?«

Das Mütterchen nickte.

Die Abteiltür öffnete sich und ein Zugbegleiter trat ein. »Die Zugestiegenen, die Fahrausweise …«, sang er – doch das »bitte«, das er anzuhängen gedachte, bekam er nicht mehr heraus. Er starrte nacheinander auf die drei blutenden und den vierten verängstigten Jungen, dann auf die alte Frau und schließlich auf Gunnar.

Gunnar zeigte auf die Jungnazis: »Haben randaliert. Und die Frau belästigt. Rufen Sie am nächsten Bahnhof an, damit die Polizei sie abholt«, sagte er und drückte dem Mann eine seiner Visitenkarten in die Hand.

In Zwickau verließen sie alle den Zug: Gunnar und seine Frau verabschiedeten sich von der alten Dame, die ihnen zum x-ten Mal dankte, und wanderten von Gleis 6 zu Gleis 2, von wo aus sie weiter nach Leipzig wollten. Die Jungnazis, von denen drei sich immer noch die Nase hielten, wurden von Polizeibeamten in Empfang genommen, die etwas ratlos auf Gunnars Visitenkarte schauten.

Zwischen Crimmitschau und Ponitz spürte Gunnar, wie sein Handy in der Hosentasche vibrierte. Er zog es heraus. Eine SMS von Kjell, seinem Stellvertreter: *Wieder eine Nilpferdleiche. Diesmal in Ystad. Marktplatz. Lag dort vermutlich schon seit zwei Wochen.*

Gunnar verzog das Gesicht. Seit zwei Wochen? Wieso fand man sie dann erst jetzt? Er tippte eine korrespondierende Frage ins Handy und wartete. Dreißig Sekunden später las er: *Keine Ahnung, ein Mütterchen ist drüber gestolpert und hat sich beim Sturz den Arm ver-*

knackst. Gunnar schüttelte den Kopf und tippte eine weitere Frage, die aus drei Wörtern bestand: *Wieder eine Botschaft?*

Kjells SMS folgte diesmal schon nach zwanzig Sekunden: *Ja: Blödian.*

Das war das nächste Rätsel: der Schriftzug, den der Täter stets auf seinen Opfern hinterließ. Das hast du davon! Oder: Ätschebätsche! Oder: Doofie. Einmal auch: Hier liege ich, ich kann nicht anders, was wochenlange Polizeirecherchen in evangelisch-lutherischen Kreisen zur Folge hatte. Diesmal also Blödian. Das Profilerteam war aufgrund des Sprachduktus zu dem Schluss gekommen, dass der Täter irgendeinen Groll gegen seine Opfer hegte.

Nicht minder seltsam: Die Buchstaben waren immer aus Kartoffelsalat modelliert. Ausgesprochen leckerem Kartoffelsalat übrigens, zubereitet unter anderem mit Lauchzwiebeln, Kresse und Petersilie – und mit einer ganz offenbar selbst angerührten Mayonnaise. Es war, wie gesagt, sehr rätselhaft.

Der Regionalexpress fuhr pünktlich im Leipziger Hauptbahnhof ein. Siebzehn Minuten hatten Gunnar und seine Frau Zeit, in einen ICE umzusteigen, der sie nach Berlin bringen sollte.

Gunnar betrachtete wohlwollend die Architektur dieses, zumindest von der Fläche her, größten Kopfbahnhofs Europas. Hundertzwanzigtausend Reisende strömten dort an jedem Tag hindurch. An diesem denkwürdigen Mittag war indes auch einer darunter, der nicht angekommen war und der nicht abfahren wollte, der auch niemanden zum Zug bringen oder abholen wollte, sondern der einfach nur durch die große Halle rannte. Er hatte einen guten, ja, einen hervorragenden Grund für seine überhöhte Geschwindigkeit: Er rannte, weil er auf der Flucht war. Und er war auf der Flucht, weil er soeben in einem Elektronikfachgeschäft in den Bahnhofspromenaden einen nicht mal besonders hochpreisigen Blu-Ray-Player gestohlen hatte. Der Flüchtende hieß Mirko Seydewitz und war dreiundzwanzig Jahre alt. Gunnar registrierte Mirko Seydewitz bereits, als dieser noch am anderen Ende der Halle war. Mirko schoss an den Reisenden vorbei und stieß dabei den einen oder anderen zur Seite. Weiter hinten hatte ein dickleibiger Mann in einer Wachschutzuniform die Verfolgung aufgenommen. Es sah nicht so aus, als würde sich die Kraftanstrengung für ihn lohnen.

Kopfschüttelnd betrachtete Gunnar den jungen Mann, der den Karton fest in seinen Armen hielt.

Es war ziemlich einfach, den richtigen Moment abzupassen. Gunnar berechnete Geschwindigkeiten und Winkel, dann schleuderte er dem heranstürmenden Mirko seinen Rollkoffer vor die Füße. Mirko stolperte, aber weil er den Blu-Ray-Spieler nicht loslassen wollte, brach er taumelnd nach links aus, wo eine Rolltreppe zu den tiefer gelegenen Ebenen der Einkaufsmeile führte.

In letzter Verzweiflung riss der Dieb die Arme hoch und verabschiedete sich damit – wortlos zwar, aber doch mit einem sehnsuchtsvollen Blick in Richtung seiner davonfliegenden Beute, die in einem Bogen geradewegs auf Gunnar zusauste.

Es bereitete Gunnar keine Mühe, das Gerät sicher aufzufangen. Mirko Seydewitz hingegen bereitete es allergrößte Mühe, sein Gleichgewicht wiederzufinden. Es gelang ihm dann auch nicht, und so stürzte er kopfüber und mit einigem Gepolter die Rolltreppe hinab.

Wie gut, dass ich regelmäßig an den Ballistikschulungen teilgenommen habe, dachte Gunnar. Kopfschüttelnd betrachtete er den eine Ebene tiefer zusammengekrümmt liegenden Mirko. Inzwischen hatte auch der Mann vom Wachschutz schnaufend die Rolltreppe erreicht. Er bekam kein Wort heraus, weil sein vegetatives System zu sehr damit beschäftigt war, Luft in die Lungen und wieder herauszupumpen.

»Wir müssen weiter, unser Zug fährt gleich ab«, sagte Gunnar grammatisch fehlerfrei, aber mit der bereits erwähnten, putzigen dialektalen Färbung, und drückte dem Wachschutzmann den Blu-Ray-Player und eine Visitenkarte in die Hand.

Tatsächlich mussten Gunnar und Susanne sich aufgrund der Verzögerung durch den kleinen Zwischenfall zügigen Schritts zum ICE begeben.

»Wir sollten auch mal wieder ein, zwei Tage in Leipzig verbringen«, sagte Gunnar, als sich der Zug mit einer Sanftheit in Bewegung setzte, die den Kriminalbeamten aus Schweden immer wieder erstaunte.

»Willst du was essen?«, fragte Susanne ihren Gatten, und weil der nickte, öffnete sie eine Tasche, zog eine Brotdose hervor, öffnete sie und reichte Gunnar eine Schnitte. Nachdenklich biss Gunnar ab und betrachtete das Graubrot.

Graubrot. Erneut schüttelte Gunnar den Kopf. Der Fall des Nilpferdkillers schien ihn überallhin zu verfolgen. Auch Graubrote spielten darin eine Rolle, wenngleich niemand bislang zu sagen vermochte, welche Rolle dies sein könnte. Fest stand nur, dass der Täter dort, wo die Toten einst Füße hatten, zwei Graubrote platzierte. Verrückter war wohl nur noch, dass er seinen Opfern stets die Ringfinger abgehackte und sie in die Nasenlöcher des Nilpferdkopfes steckte. Was sollten diese Brote bedeuten? Graubrote. In Bioqualität.

In Berlin mussten sie sich beeilen. Der ICE war nach der Lutherstadt Wittenberg eine Weile nur im Kriechtempo unterwegs gewesen, sodass die eigentlich komfortable dreiundzwanzigminütige Umsteigezeit auf eine gerade mal vierminütige zusammengeschrumpft war. Gunnars Frau machte so etwas nervös. Sie hasste es zu hetzen, und hatte bereits in der Anfahrt auf die Hauptstadt geradezu mantrahaft »Das schaffen wir nie, das schaffen wir nie, niemals schaffen wir das« gemurmelt und darum keinen Blick für Berlins Sehenswürdigkeiten gehabt, die am Zugfenster vorbeizogen.

Gunnar hingegen stellte an sich eine fast schon pathetische Grundemotion fest, die ihn beim Anblick des Reichstagsgebäudes befiel. Wieder einmal dachte er: Hätte es diese seltsame Wiedervereinigung nicht gegeben, hätte ich niemals meine wunderbare Frau kennengelernt.

Diese wunderbare Frau bestieg soeben den Regionalexpress, was Gunnar einen Blick auf den Hintern der wunderbaren Frau ermöglichte. Da drehte sich die wunderbare Frau auch schon um und wollte ihm den

Koffer aus der Hand nehmen, aber Gunnar lehnte ab. »Geht schon.«

»Das war knapp!«, schnaufte Gunnars Frau und strahlte ihren Gatten an, nachdem sich beide auf ihren Plätzen niedergelassen hatten.

Natürlich war es alles andere als knapp, denn der Zug setzte sich nicht planmäßig in Bewegung, als die Bahnhofsuhr auf 15:30 Uhr sprang. Er setzte sich auch nicht um 15:31 Uhr in Bewegung, ebenso wenig um 15:32 Uhr und auch nicht um 15:43 Uhr. Als der Regionalexpress schließlich um 15:44 Uhr mit gehörigem Ruckeln anfuhr, konnte Gunnar nicht anders: Er beugte sich zu seiner Frau und hauchte ihr ein »Das war knapp!« ins Ohr, wofür er einen zärtlichen Fausthieb in die Seite empfing, woraufhin er sich in maßloser Übertreibung krümmte, und zwar so lange, bis eine schräg gegenübersitzende, vielleicht fünfzigjährige Mitreisende das herumalbernde Pärchen missbilligend betrachtete.

Vermutlich lag es an der ausgelassenen Stimmung, in der Gunnar sich befand – jedenfalls wurde er nicht sofort aufmerksam, als sich vor dem Zugfenster eine durchaus dramatisch zu nennende Veränderung der Berliner Stadtsilhouette vollzog. Er bemerkte sie erst, als jene eben noch missbilligend dreinblickende Frau einen spitzen Schrei ausstieß. Ähnliche Schreie und Rufe ertönten kurz darauf aus mehreren Richtungen und gleich darauf stieß auch Gunnars wunderbare Frau einen erschreckten Ruf aus: »Gunnar! Schau!«

Und Gunnar schaute.

Und Gunnar sah.

Er sah eine Rauchwolke.

Eine Rauchwolke, die hoch- und höher stieg.

»Was ist das?«, hauchte Gunnars Frau.

»Eine Explosion«, Gunnar kniff die Augen zusammen. »Der Art des Qualms nach zu urteilen, tippe ich auf ein Gemisch auf Ammonsalpeterbasis.«

»Was heißt das?«, fragte Susanne atemlos.

»Das heißt, es würde sich um eine selbst gebaute Bombe handeln«, antwortete Gunnar düster. Er schloss die Augen und vergegenwärtigte sich den Berliner Stadtplan. Eine volle Minute saß er so da, dann öffnete er die Augen und sagte in fehlerfreiem Deutsch mit schwedisch-schonischem Akzent: »Wenn mich nicht alles täuscht, dann hat es einen Anschlag auf euren Bundestag gegeben.«

Der Regionalexpress entfernte sich schaukelnd vom Ort des Geschehens.

Gunnar blickte nachdenklich durch den gut gefüllten Waggon. Wer sich nicht die Nase an den Zugfenstern platt drückte, der sprach hektisch in ein Mobiltelefon, schrieb SMS oder E-Mails oder suchte per Smartphone oder Tablet-Computer im Internet nach Nachrichten. Wie von einer fremden Macht gezogen, schritt Gunnar langsam durch den Gang und betrachtete gedankenverloren einen jungen Mann mit gepflegtem Bart, der in der einen Hand ein Smartphone hielt und mit dem Zeigefinger der anderen Hand auf dessen Bildschirm herumdrückte.

Gunnar schüttelte den Kopf: Was für ein Urlaub! Die Prügelei, die Babynazis, der Kaufhausdieb, nun der Terroranschlag und – quasi als lebendiges Damoklesschwert ständig über ihm präsent – der Nilpferdkiller.

Gunnar stutzte. Er schloss erneut seine Augen und rief die Szene auf, die er vor Sekunden gesehen hatte. Der flinke Zeigefinger des jungen Manns auf dem hochauflösenden Display.

Gunnar vollzog die Bewegungen des Zeigefingers nach. Konnte es möglich sein? War es … ja! Kein Zweifel!

Wie gut, dass ich regelmäßig an den Schulungen zum Thema subliminale Wahrnehmung teilgenommen habe, dachte Gunnar.

Er öffnete die Augen.

Der bärtige Mann starrte ihn an.

Gunnar hob den Blick schnell zur Gepäckablage.

»Du hast als Einziger nicht aus dem Fenster geschaut«, sagte Gunnar. »Du hast eine SMS getippt. Wenn ich mich nicht irre, hast du die Wörter the work is done getippt.« Gunnar vollführte die flinken Bewegungen nach. T-h-e-Leerzeichen-w-o-r-k-Leerzeichen-i-s-Leerzeichen-d-o-n-e. »Kann das sein? Habe ich recht?«

Der bärtige Mann antwortete nicht, aber Gunnar genügte, was er sah: Das Gesicht des jungen Mannes lief knallrot an!

Gunnars Faust schnellte nach vorne und traf den Bärtigen präzise, der daraufhin ohnmächtig in seinem Sitz zusammensackte.

Gunnar griff zur Gepäckablage und zog den Rucksack herunter. Er öffnete ihn. Der einzige Inhalt war ein Notizbuch und eine Anderthalbliterflasche Mineralwasser medium. Gunnar schlug das Notizbuch auf. Arabische Schriftzeichen. Wie gut, dass ich regelmäßig an den Sprachschulungen teilgenommen habe, dachte Gunnar und las:

Flug von Islamabad nach Frankfurt, mit dem Zug nach Berlin-Hauptbahnhof, Friedrich-List-Ufer, Richtung Washingtonplatz, Gustav-Heinemann-Brücke, dann links Richtung Paul-Löbe-Allee. Weiter zum Bundestag. Bombe irgendwo drinnen verstecken, gleich wieder abhauen, Regionalexpress um 15:30 Uhr nach Rostock nehmen. (Achtung! Lokführer ist einer von uns und wartet, wenn nötig.) In Rostock steht Hazim bereit und bringt dich mit einem Boot weg.

Gunnar schüttelte den Kopf und betrachtete den zusammengesunkenen Attentäter. Dann zückte er sein Handy und wählte die Nummer seines alten Freunds Helmut beim Bundeskriminalamt in Wiesbaden.

Er hatte gerade aufgelegt, als sein Handy erneut vibrierte. Wieder eine SMS von Kjell. Gunnar las sie mehrfach, aber es war mühsamer, ihren Sinn zu deuten, als zuvor die arabischen Zeichen zu übersetzen.

Auf dem Display stand: *Gunnar, sie haben dich gerade rausgeschmissen, die Pappnasen. Weil du den Nilpferdfall nicht in den Griff kriegst. Svensson, der Arsch, ruft dich wahrscheinlich gleich an. Wollte dich vorwarnen. Gruß, Kjell.*

Gunnars wunderbare Frau beendete gerade das Gespräch mit der Dame schräg gegenüber und gesellte sich wieder zu ihrem Mann.

»Wen hast du denn da eben angerufen?«, fragte sie.

»Hm? Ach. Es war nichts Wichtiges.«

»Ging es wieder um diesen Nilpferdmörder?«

»Was? Nein … ja … ach, vergiss es.« Gunnar atmete tief ein. Einen Moment lang war er versucht, gleich nach Schweden weiterzureisen. Er würde sich Svensson, den Arsch, schnappen und ihm eine reinhauen. Voll auf die Zwölf! Dann dachte er: Die können mich mal! Penner, allesamt! Mach ich mich eben selbstständig. Es gab genügend Anfragen von Unternehmen – von weltberühmten Unternehmen! –, die ihn als Sicherheitsberater engagieren wollten.

»Ich habe jetzt Urlaub«, brummte er.

»Stimmt«, sagte seine wunderbare Frau. »Willst du noch ein hart gekochtes Ei?«

Gunnar nickte. Seine wunderbare Frau reichte ihm ein Ei, und während Gunnar es schälte, hielt sie ihm ihre schlanke Hand entgegen, sodass Gunnar die Schalen hineinlegen konnte.

Überleben für Anfänger

Tja, für diese Situation hat die deutsche Sprache bekanntlich einen schönen Ausdruck: dumm gelaufen. Aber, ganz ehrlich, ich fand von Anfang an, dass es eine ziemlich bescheuerte Idee war.

Doch was sollte ich machen? Mein Arbeitgeber hatte es sich nun mal in den Kopf gesetzt: Jede Führungsperson hat an so einem Training teilzunehmen. Von wegen Persönlichkeitsdingsbums. Selbstfindung, Grenzen erfahren – und überschreiten. Über sich selbst hinauswachsen. Scheiße, Mann, ich wachse jeden Tag über mich hinaus. Immer dann, wenn ich mich morgens zu diesen ganzen Idioten ins Büro schleppe.

Klar, ich hatte versucht, die Sache abzubiegen. Hat aber nicht geklappt. »Machen Sie da mal schön mit, Kramer«, meinte mein bekloppter Chef, guckte mir dabei erst tief in die Augen und danach ganz langsam an mir herunter.

Mir war schon klar, was der Blick bedeuten sollte. Der Blödmann! Ich meine, okay, ich bin in den vergangenen Jahren ein bisschen aus dem Leim gegangen. Na und? Im Moment liest man sowieso immer häufiger, ein bisschen Übergewicht sei der Gesundheit eher förderlich. Und Schröpke, der Arsch, also, mein Chef …, Schröpke also, der ist auch nicht viel schlanker.

Jawohl, ich werde gemobbt. Aber ich kann damit leben. Ich weiß, ganz oben ist die Luft nun mal dünn. Davor hatten mich viele gewarnt. Aber ich beiße mich durch. Hab ich immer gemacht. Wahrscheinlich ist es genau das, was meine dämlichen Kollegen so fertig macht: dass ich mich nicht unterkriegen lasse. Und fachlich kann mir sowieso keiner was. Seit fünf Jahren bin ich jetzt der Head of Finance. Und ich kenne viele, die auf meinen Job scharf sind.

Jedenfalls, so kamen wir also hierher. Ich und sechs weitere Kollegen aus der Führungsriege der Firma. Nach Finnland. Keine Ahnung, wo genau wir hier sind, irgendwo mitten in der Pampa, wir fuhren erst eine Weile mit dem Bus, irgendwann hielten wir an, und es ging zu Fuß weiter. Der Fahrer warf uns einfach unsere Rucksäcke vor die Füße und machte sich vom Acker. Die nächste Stadt war zig Kilometer weit weg. Keine Ahnung, wie die heißt. Wie diese finnischen Städte halt heißen. Kuomisaanaawahautaanaleiminii wahrscheinlich.

Sieben Tage also. Sieben Tage Überlebenstraining. Intensivkurs natürlich, wenn schon Persönlichkeitsdingsbums, dann aber richtig. 1890 Euro pro Nase. Ich hab gedacht, das ist doch mal eine geniale Geschäftsidee: Du lässt deine Gäste im Freien pennen und Gräser kauen und knöpfst ihnen so viel ab, wie für eine Woche Wellnessentspannung mit allem Pipapo im Fünf-Sterne-Kasten.

Mann, wie mich die ganze Sache angestunken hat, gleich vom ersten Moment an. Schon als dieser dämliche Vogel ankam, der Richie.

»Hi, ich bin der Richie, und ich bin für die nächsten Tage euer Leader«, hat der Richie gebrummt. Klang wie die Synchronstimme von Rambo. Und sah aus wie der stärkere Bruder von Rambo.

Aber am allermeisten haben mich die Kollegen angekotzt. Tut mir leid, ich muss es so deutlich sagen. Wie die um den Richie herumscharwenzelt sind! Wie brünstige Teenager um die Gewinnerin des letzten Top-Model-Wettbewerbs. Taten alle so, als seien sie total heiß drauf, endlich mal einen Elch mit der bloßen Hand erwürgen zu dürfen. Andererseits, ich hatte nichts anderes erwartet. Arschkriecher, Speichellecker allesamt, na ja, mit Ausnahme von Christoph. Aber ich war gewillt, es denen zu zeigen. Oh ja, ich spürte sie natürlich, diese Blicke: Na, Kramer, kriegst du das auch hin, hier in der Einöde? Wenn du mal bloß nicht schlappmachst, Kramerchen.

Was mich aufrecht gehalten hat, war der Gedanke an den Macallan in meinem Rucksack. The Macallan, zwölf Jahre alt. Klar, ich trinke auch andere Sachen, auch andere Whiskys, aber irgendwie kehre ich doch immer zum Macallan zurück. Jeder hat ja so seinen Lieblingswhisky oder? Bei mir zu Hause stehen noch ein achtzehn und ein einundzwanzig Jahre alter Macallan, alles Fine Oak. Und dann hab ich noch einen fünfundzwanzig Jahre alten Mac, gereift in Bourbon- und Sherryfässern. Ein Traum! Da genehmige ich mir zweimal im Jahr einen Finger breit – an Weihnachten und an meinem Geburtstag.

Hätte ich natürlich nicht mitnehmen dürfen, den Macallan. Wir durften ja überhaupt nichts mitnehmen. Abgesehen von den Klamotten, dem Schlafsack und der Isomatte natürlich. Sogar die Handys mussten wir abgeben. Na ja, wir hatten ohnehin keinen Empfang.

Ich weiß noch, nachdem man uns ausgesetzt hatte, rief ich einen Träger. Aus Spaß natürlich ..., ja genau, so wie der kleine Ägypter in »Asterix als Legionär«, als sie diesen Gewaltmarsch mit den Steinen machen müssen ... Aber keiner stieg auf den Witz ein. Alles total humorlose Dumpfbacken, meine Kollegen, aber das wusste ich ja schon vorher.

Wir waren gefühlte zehn Stunden zwischen Birken herumgewandert, als Richie endlich den Arm hob und rief: »Wir sind da.« Dann meinte er, wir würden uns jetzt eine Unterkunft bauen. Da wurde mir die ganze Tragweite erst richtig klar. Nein, ich hatte natürlich nicht erwartet, dass wir in ein Hotel reinspazieren würden. Aber ich dachte an eine Hütte, eine Holzhütte, irgendwas mit Wänden. War wahrscheinlich naiv von mir.

Richie meinte dann: »So, jetzt kriegt jeder eine Säge, und dann fällen wir erst mal ein paar Bäume, damit wir Holz für unser Nachtlager bekommen.«

Zwei, drei von den anderen Idioten – Bruno, Helge und natürlich Horst, der Kronprinz – spuckten schon in die Hände. Da fing Richie an zu lachen: »Nee, war ein Witz«, gickerte er. »Für den ersten Abend haben wir schon mal was vorbereitet.« Und führte uns zu einem Haufen Bretter und Stöcke.

»Ein vernünftiger Hüttenbauer baut den Eingang Richtung Osten«, dozierte Richie, während die anderen schon mit den Hölzern hantierten. »So kann man morgens gleich den Sonnenaufgang genießen«, meinte er und lachte.

Es hat ziemlich gedauert, aber am Ende sah mein Unterschlupf gar nicht so schlecht aus. Besser jedenfalls als Brunos Hütte, die gleich neben mir ... na ja, »stand« ist zu viel gesagt.

Ich kann Ihnen sagen, ich war totmüde als ich endlich auf meiner Isomatte lag. Schlafen konnte ich trotzdem nicht. Überall raschelte es. Ich nahm nicht an, dass da Bären unterwegs waren, aber ...

Es dauerte nicht lang, da fingen die ersten an zu schnarchen. Ich lag da, und der Rücken tat mir weh. Behutsam zog ich den Macallan raus und genehmigte mir einen Schluck.

Offenbar war ich nicht leise genug, denn wenig später hörte ich es rascheln, aber es war kein Vieh, sondern Bruno. »Haste auch was reingeschmuggelt?«, fragte er überflüssigerweise und grinste verschwörerisch. Ich dachte, das kannste vergessen, du kriegst nichts ab, aber da flüsterte er schon: »Ich hab auch was mit. Einen Whisky. Nicht ohne meinen Whisky, sag ich immer.«

Bruno, ein Whiskyfreund? Das war mir neu. Bei Weihnachtsfeiern und Betriebsausflügen war er bislang nur durch übermäßigen Biergenuss aufgefallen. »Whisky? Du?«, brummte ich.

Bruno nickte. »Welchen hast du denn dabei?«, flüsterte er.

»Macallan«, flüsterte ich zurück.

»Kenn ich nicht.«

Nicht zu glauben. »Kennste nicht? Was soll das denn heißen? Ich denke, du bist auch ein Whiskyfan.«

»Ich trink am liebsten Jim Beam.«

Ich stöhnte auf. Na toll, ein Jim-Beam-Assi. Und hat die Frechheit, sich Whiskyfreund zu nennen! Na ja, was hatte ich erwartet? Als Chef-Administrator war Bruno ohnehin kein Feingeist. Und tat dabei immer so, als habe er es nur mit kompletten Volldeppen zu tun, wenn wir mal was von ihm wollten.

»Willste 'nen Schluck?«, fragte er.

»Nee, lass mal«, sagte ich. »Bin auch ziemlich müde. Wir sehen uns morgen.«

Er verstand den Wink mit dem Zaunpfahl und zog sich zurück.

Am nächsten Morgen war Richie verschwunden.

Tja, das war für die meisten natürlich eine etwas unerwartete Entwicklung, um es gelinde auszudrücken. Wir standen eine Weile ratlos beieinander. Helge, der stellvertretende Sales Director, witzelte weit über seinem Niveau: »Vielleicht ist er ja nur frische Brötchen holen.« Aber die anderen fanden das gar nicht komisch.

»Das ist bestimmt Teil des Trainings«, meinte Prinz Horst I. Einige aus der Runde nickten, anderen blickten skeptisch.

Wir einigten uns darauf, dass Richie bestimmt bald wiederkommen würde. Ich bezweifelte das. Aus gutem Grund, wie sich zeigen sollte.

Gegen Mittag konnten die ersten ihre Nervosität nicht mehr verbergen. Man plante, einen Suchtrupp zusammenzustellen. Drei Freiwillige meldeten sich: Bruno, Helge, der Stellvertreter des Sales Directors, und Frank, der Head of Marketing, aber sie zogen dann doch nicht los, weil sie sich nicht auf die Richtung einigen konnten. Aber das konnten sie ja schon in den Konferenzen nie, diese Wichtigtuer. Paviane, allesamt, die voreinander mit ihren roten Hintern prahlten!

Horst war immer noch der Meinung, das sei alles Teil des Spiels. Er mutmaßte, mindestens einer von uns sei vom großen Boss persönlich gebrieft. Dabei blickte er jeden von uns lange an. Bei mir blieb sein Blick besonders lange hängen.

Ich sagte: »Mal 'ne ganz praktische Frage, Leute: Woher kriegen wir jetzt eigentlich was zu essen?«

Nein, ich hatte keine Antwort erwartet.

»Richie taucht bestimmt bald wieder auf«, murmelte Bruno.

Am Nachmittag zog der kleine Suchtrupp dann doch los. Eine knappe Stunde später war er wieder da, immerhin mit einer guten Nachricht.

»Da unten ist ein Fluss«, schnaufte Bruno. »Total klares Wasser. Verdursten müssen wir schon mal nicht.«

»Ohne Wasser kann der Mensch nur vier Tage überleben«, meldete sich Christoph zur Wort, seines Zeichens Senior Associate Consultant und neben mir das andere große Mobbingobjekt der Firma. Christoph war inzwischen einundfünfzig und gehörte so langsam zum alten Eisen. Er knibbelte an seinen Fingernägeln herum und murmelte: »Ohne Nahrung können wir drei Wochen durchhalten … Oder so … Hab ich mal gelesen. Ziemlich lange jedenfalls.«

Helge nickte eifrig. »Ich meine, die wissen doch, dass wir hier sechs Tage bleiben sollen. Wenn wir dann nicht wieder am Treffpunkt sind, werden sie doch bestimmt Suchtrupps schicken.«

Der Gedanke wurde dankbar aufgenommen. Gemeinsam machten wir uns auf den Weg zum Fluss. Er war keine Viertelstunde von unserer Lagerstelle entfernt. Wir tranken und füllten unsere Plastikflaschen auf. Dann kehrten wir zum Lager zurück.

Abends saßen wir gemeinsam ..., tja, leider nicht um ein Lagerfeuer. Niemand hatte ein Feuerzeug dabei, Streichhölzer auch nicht, war ja alles verboten. Feuermachen war schließlich Teil des Kursprogramms. Horst und Klaus, ein arroganter Sack aus der Personalabteilung, hatten eine Weile versucht, mit dünnen Stöckchen Feuer zu machen, aber irgendwann aufgegeben, als ihre Pfoten knallrot waren.

Es wurde dann auch schnell ziemlich schattig – obwohl tagsüber die meiste Zeit die Sonne geschienen hatte. Irgendwann meinte Bruno, er habe da was zum Aufwärmen, und holte seinen Jim Beam raus.

Ich sah das mit einigem Missfallen, wie ich zugeben muss, ich meine, eine Flasche Jim Beam auf sechs trockene Kehlen, da bleibt nicht viel für jeden, und ich war ziemlich sicher: Wenn die Pulle leer war, würde Bruno einfallen, dass da ja noch jemand war, der einen Macallan mithatte.

Es kam dann aber doch ganz anders. Kaum hatte Bruno seinen Jim Beam ausgepackt, stapfte auch Klaus zu seinem Rucksack, wühlte darin herum, zog eine Flasche hervor und präsentierte sie stolz. Einige applaudierten, andere johlten. Ich verzog den Mund. Johnnie Walker. Auch das noch.

Aber wenigstens war die Truppe für den Abend ruhiggestellt.

Irgendwann verzogen wir uns in unsere Pseudo-Unterstände. Der von Horst war tagsüber zusammengerutscht, sodass er bei Klaus Unterschlupf suchte – und fand, was wiederum Bruno dazu veranlasste, mir dämlich zuzuzwinkern.

Am nächsten Morgen war Richie immer noch verschwunden.

Wir hielten Kriegsrat. Irgendwann sprach dann der erste aus, was die meisten wohl schon längst dachten. »Hier stimmt was nicht«, raunte Horst und die, die nicht finster nickten, schauten mit einem Blick in die Runde, den man schon fast ängstlich nennen durfte.

Wir beschlossen, uns gemeinsam auf die Suche zu machen: nach Richie. Nach einer Straße. Nach einer Hütte. Scheißegal, alles war besser, als hier zwischen den Birken herumzusitzen und unseren Mägen beim Knurren zuzuhören.

Es kam, wie es kommen musste. Horst übernahm das Kommando, wir stapften hinterher. Erst zum Fluss, dessen Lauf wir eine Weile folgten. Horst benahm sich, als sei er der Ur-Ur-Enkel von Lederstrumpf, ging immer wieder in die Hocke und begutachtete den Boden, murmelte irgendwas in seinen Dreitagebart. Ich verdrehte die Augen. Fehlte nur noch, dass er aufblickte und raunte: »Hier sind Reiter vorbeigekommen. Etwa vor einer Woche. Einer hinkte.«

Wir fanden: nichts. Keinen Richie, leider auch keine Straße und keine Hütte. Das Einzige, was wir fanden, waren Birken. Ach ja, und ein paar Beeren. Horst war sich hundertprozentig sicher, dass es sich um essbare Früchte handelte, und nach zehn Minuten sah der Strauch aus, als hätte ein Termitenschwarm auf ihm Kindergeburtstag gefeiert.

Schon eine halbe Stunde später fingen die ersten an, sich zu krümmen. Was folgte, war ein entwürdigendes Schauspiel.

Horst jammerte am meisten. Ließ sich irgendwann zu Boden sacken und rief uns zu: »Nehmt keine Rücksicht auf mich! Denkt an Euch! Lasst mich hier zurück! Sagt dem Boss, dass ich ihn liebe!«

Wir erfüllten seine Wünsche. Jedenfalls die ersten drei. Womit er offenbar nicht gerechnet hatte. Leichte Panik lag in seiner Stimme, als er uns hinterherbrüllte: »Ey! Ihr könnt mich doch nicht hier liegen lassen!« Ich konnte mir ein Schmunzeln nicht verkneifen. Prinz Horst I., designierter CEO, alleingelassen wie Bambi zwischen Birken. Ein herrliches Bild. Ich bedauerte, mein Smartphone nicht dabeizuhaben. Das Video hätte der neueste Knaller auf YouTube werden können.

Keine Ahnung wie, aber irgendwie landeten wir wieder in unserem Lager. Unsere Mägen hatten sich einigermaßen beruhigt, aber ich trank dennoch nichts aus der Flasche Racke Rauchzart, die Frank irgendwann aus seinem Rucksack kramte. Racke Rauchzart! Ich meine, irgendwo gibt es Grenzen, also wirklich.

Als die Flasche leer war, kam es zur ersten Klopperei. Frank ging auf Bruno los, weil er meinte, der habe zu viel getrunken.

Sie schubsten sich gegenseitig und fielen irgendwann offenbar hin, jedenfalls hörte es sich so an, sehen konnte man ja nichts in der Dunkelheit. Dann war Ruhe. Wie sagte Aldous Huxley: »Kultur ist ein sehr dünner Firnis, der sich leicht in Alkohol auflöst.«

Am nächsten Morgen wurde das Ausmaß des Desasters sichtbar. Frank und Bruno lagen innig verschlungen beieinander. Allerdings atmeten sie nicht mehr. Das Blut an ihren Schläfen war auch schon geronnen.

Helge und Klaus machten sich gegen Mittag auf den Weg. »Wir holen Hilfe«, sagte Helge tapfer, aber er sah nicht so aus, als würde er es weiter als fünfhundert Meter schaffen.

Sie marschierten los, na ja, ich sollte wohl besser sagen: Sie trotteten los. Christoph und ich blickten uns an und schüttelten die Köpfe.

»Diese Penner«, meinte Christoph.

»Sie gehen in die falsche Richtung.«

Wir lächelten uns an.

Christoph erhob sich und ging zu seinem Rucksack. Er wühlte eine Weile darin herum, dann holte er eine Flasche heraus. Ich konnte es nicht fassen.

»Du trinkst Macallan?«, fragte ich.

»Ich weiß, dass du ihn trinkst. Wir haben mal drüber geredet. Bei der Weihnachtsfeier vor zwei Jahren.«

Ich nickte. Wir nahmen beide einen Schluck.

»Da wird der Boss aber dumm gucken, wenn von seiner Supertruppe nur die beiden vermeintlichen Deppen zurückkehren«, sagte ich und kicherte.

»Von wegen altes Eisen«, meinte Christoph.

»Ich fand nie, dass du zum alten Eisen gehörst«, sagte ich.

»Und ich habe mich immer wieder darüber gewundert, wie alle anderen deine Schönheit übersehen konnten, Yvonne.«

Ich spürte, wie ich rot wurde.

Wir küssten uns lange.

»Danke«, hauchte ich schließlich. »Für alles. Vor allem dafür, dass …, dass du …, ich meine …, als dieser Richie versucht hat …, gleich in der ersten Nacht …, dieses Schwein …«

»Schschsch!«, machte Christoph und hielt mich ganz fest. Mein Atem beruhigte sich. Nach einer Weile fragte er: »Bleibt noch eine Frage: Wie finden wir zurück?«

Ich löste mich aus seiner Umarmung, ging zu meinem Rucksack und zauberte das GPS-Gerät hervor. Ganz unvorbereitet hatte ich die Reise in die Wildnis dann doch nicht antreten wollen. Ich lächelte Christoph an. »Machen wir uns auf den Weg, bevor die beiden Trottel wieder da sind.«

Anderthalb Tage später erreichten wir eine Siedlung. Man schickte Suchtrupps los, aber die Helfer kamen zu spät. Richie fand man erst nach einer Woche, in einer finnischen Saufsauna, Dauerdelirium. Wir verklagten die Firma, weil das Persönlichkeitsdingsbums so gründlich daneben gegangen war, und kassierten eine unverschämt hohe Summe. Na ja, unverschämt? Christoph und ich fanden, wir hatten uns jeden Cent verdient.

Hubis Heimkehr

Er hätte nicht gedacht, dass ihn das Ganze derart mitnehmen würde. Nun aber, da er tatsächlich hier war, wanderte er mit meist offenem Mund durch das Städtchen seiner Kindheit. Ständig attackiert von Erinnerungen.

Berlin – Hückelhoven. Gut sechshundert Kilometer voneinander entfernt. Ein Hüpfer in der globalisierten Welt – für Hubi jedoch eine Zeitreise. Überdies eine mit ungewissem Ausgang.

Hubi. Fünfundzwanzig lange Jahre hatte ihn niemand mehr so genannt. Damals dagegen, in Hückelhoven, in seinem ersten Leben, war er immer Hubi gewesen. Gut möglich, dass die anderen seinen richtigen Namen gar nicht kannten. Hubis Lateinlehrer hatte den Namen erfunden – einmal zum Schnack ausgesprochen, als Hubi wieder mal beim mündlichen Vokabeltest versagte, hatten seine Klassenkameraden das neue Kosewort sofort übernommen.

»Hallo? Achim? Achim Hubbert? Eloquentia?« Der Pauker hatte vor ihm gestanden, Daumen und Zeigefinger gestreckt. Symbole der zwei bereits geleisteten Fehlversuche.

Eloquentia, dachte Achim, ich kenn keine Eloquentia. Eloquentia kann mich mal.

»Eins, zwei«, zählte der Pauker. »Zwei komma neun, zwei komma neun neun.«

Achim drehte den Kopf leicht nach hinten. Sabine tuschelte mit ihrer Nachbarin Petra. Sie hatte weder Auge noch Ohr für Achims Leid.

»Na? Achim Hubbert«, sagte der Pauker. Und dann kam es: »Hubi?«

Die Klasse lachte.

Achim zuckte die Schultern, der Pauker hob den Mittelfinger und sagte: »Quiek.«

»Mensch, Hubi«, sagte Paul erneut. »Was machste denn hier? Ich hab dich ja ewig nicht gesehen.«

Achim schaltete um auf cool. »Mal gucken, ob ihr ohne mich klargekommen seid.« Er machte mit dem Daumen eine vage Geste über die Schulter: »Hat sich ja ziemlich viel verändert.«

Paul drehte sich nach rechts und links um: »Findste?« Dann strahlte er Achim an. »Erzähl mal, wo warst du denn die ganze Zeit? Wieso bist du nicht mal zu unseren Klassentreffen gekommen?«

»Ick war in Berlin.« Das ›ick‹ war nicht mal aufgesetzt, Achim hatte es sich mit den Jahren einfach angewöhnt.

»Berlin!«, jubelte Paul. »Und was haste da gemacht?«

Schon auf der Fahrt hatte sich Achim diverse Antworten zurechtgelegt. Nun wählte er die nichtssagendste Variante: »Import, Export.«

Pauls begeisterte Miene mutierte zu einem Fragezeichen. »Häh?«

»Geschäfte halt«, sagte Hubi lässig. »Dies und das. War viel im Ausland. Balkan, Russland, Japan.«

Paul nickte, und in seinem Gesicht kämpften Anerkennung und Ratlosigkeit um die Vorherrschaft.

Achims Antwort war nicht mal komplett gelogen. Geschäfte – ja, so konnte man, mit etwas gutem Willen, die Gaunereien durchaus nennen, mit denen er sich in der Hauptstadt durchgeschlagen hatte. Und Russland, Balkan, Japan, auch das stimmte. Zumindest in Bezug auf seine ›Geschäftspartner‹.

Was Achim nicht sagte: Die Geschäfte und die Geschäftspartner waren der Grund für seine Flucht. Sergej hatte es gar nicht witzig gefunden, als er rausgekriegt hatte, dass Achim immer mal wieder ein bisschen vom Gewinn abgeschöpft hatte.

Achim rätselte bis heute, wer es da so gut mit ihm gemeint hatte: Er hatte die Stimme nicht erkannt, die vor drei Tagen kurz nach Mitternacht aus seinem Handy zu ihm sprach. Fünf Worte: »Hau ab, Sergej weiß Bescheid.«

Seine innere Stimme hatte Achim geraten, die Warnung ernst zu nehmen. Also hatte er ein paar Klamotten zusammengerafft, war in seinen Wagen gesprungen und losgedüst. Das ›bisschen‹ von Sergejs Gewinn, das hatte er natürlich mitgenommen. Keine zehntausend Euro – für Sergej eigentlich überhaupt kein Grund, schlechte Laune zu verbreiten. Mann, der Typ machte Millionen!

Achim war ohne festes Ziel losgefahren. Wehmut hatte ihn ergriffen, als er den Berliner Bären am Ortsausgang passierte. Wohin sollte er? Er fuhr und fuhr – und irgendwann merkte er, dass er sich tief drinnen über das Ziel längst im Klaren war.

Hückelhoven. Sein Heimatstädtchen, einen Steinwurf von der holländischen Grenze entfernt, ehemals Standort von Europas modernster Steinkohlenzeche.

Sergej würde ihn niemals in Hückelhoven suchen.

Und Branko bestimmt auch nicht. Balkan-Branko, Sergejs größter Feind in Berlin, mit dem Achim auch manchmal ein kleines Geschäft ... Und von dessen Gewinn Achim auch manchmal ein bisschen ... ein klitzekleines bisschen abgeschöpft hatte.

Und Katsumi sowieso nicht. Sushi-Katsumi, Brankos und Sergejs größter Feind in Berlin, mit dem Achim ebenfalls manchmal, aber wirklich nur sehr selten, ein kleines, wirklich ein winzig kleines Geschäft ...

War doch alles nicht der Rede wert.

Und außerdem: Bis jetzt hatte sich Achim im Leben zwar nicht auf vieles, aber doch immerhin auf eines verlassen können: sein Glück.

»Na, Mensch, komm doch mal vorbei. Besuch uns doch mal«, sagte Paul gerade.

Achim nickte vage. »Klar, warum nicht?«

»Ich bin übrigens mit Petra verheiratet.«

»Mit Petra?« Achim war überrascht.

»Ja, ulkig, was? In der Schule fanden wir uns gegenseitig total bescheuert.« Paul lachte.

Achim lachte mit. Petra, Sabines Banknachbarin. Das Bild eines Mädchens tauchte vor seinem geistigen Auge auf. Er tat so, als würde er laut nachdenken. »Petra war doch immer mit einer zusammen …«

Paul nickte eifrig. »Sabine.«

»Genau! Sabine.« Achim machte eine Kunstpause. »Wohnt die auch noch hier?« Hoffentlich klang er nicht allzu interessiert.

Paul schüttelte den Kopf. »Bin mir nicht sicher. Petra hat keinen Kontakt mehr. Ich frag sie mal.«

»Quatsch«, sagte Achim, eine Spur zu hektisch.

»Kann sein, dass sie hier irgendwo in der Gegend wohnt. Heinsberg? Oder Aachen? Beim letzten Klassentreffen war sie da, aber ich hab nicht mit ihr gesprochen.« Paul grinste wieder. »Im Gegensatz zu Petra finde ich Sabine nämlich immer noch blöd.« Er gluckste.

»Ist ja auch egal.«

Sie standen sich ein paar Sekunden schweigend gegenüber, dann knöpfte Paul Achim das Versprechen eines Besuchs ab, und sie verabschiedeten sich.

Gedankenverloren tappte Achim die Parkhofstraße entlang, den Ku'damm, die Kö, die Fifth Avenue von Hückelhoven, die offenbar irgendwann aufwendig saniert und teilweise zur Einbahnstraße umgewidmet worden war. Erneut stiegen Erinnerungen in ihm auf. Dort, an der Kreuzung zur Haagstraße, war doch mal die Post gewesen. Ein paar Meter weiter war ein Einkaufszentrum hochgezogen worden.

Er bog in die Haagstraße ab, passierte die evangelische Kirche und das Jugendheim, erreichte die Dr.-Ruben-Straße und wandte sich nach links. Aus dem Kirmesplatz war eine Parkfläche geworden; der Supermarkt am Ende des Platzes stand leer. Linker Hand erhob sich das Gymnasium, dieser merkwürdig graue Betonbau, in dem er die besten Jahre seiner Jugend verbracht hatte und wo er, nach zwei Ehrenrunden in der Mittelstufe, kurz vorm Abitur fast gescheitert wäre, wenn ihm einer seiner Mitschüler – Gerhard? Günther? – bei der Bio-Klausur nicht bereitwillig Einblick gewährt hätte.

Neben dem Gymnasium ragte ein Neubau in die Höhe, der Erweiterungsbau des dahinterliegenden alten Rathauses. Rechter Hand befand sich die Schwimmhalle. Auch dort hatte sich offenbar einiges getan – eine grüne Röhre wand sich außen entlang, eines der obligatorischen Symbole der Spaßgesellschaft. Ab und an sauste ein Schatten durch die Plastikrutsche.

Achim schlenderte zurück in Richtung Parkhofstraße – und war nun vollends verwirrt. Die kleine Straße, die zum Sportplatz führte, war komplett verschwunden. Auch die alten Wohnhäuser waren weg. Stattdessen thronte dort ein dreigeschossiger Bau, der wohl modern wirken sollte. In der Mitte des Platzes stand ein kleines gemauertes Häuschen, eine Kneipe. Aber wohin führte die große Freitreppe? Achim ging auf sie zu und stieg langsam hinauf. Oben angelangt, sah er rechts einen Supermarkt, links ein Modegeschäft. Er ging weiter, längst wieder mit offenem Mund. Vor ihm öffnete sich der Blick auf einen großen Parkplatz, dahinter ragte der seit Langem stillgelegte Förderturm von Schacht 3 der Zeche in die Höhe.

Wo waren denn die Sportplätze? Nicht zu fassen! Hier stimmte ja gar nichts mehr!

Achim hatte den Parkplatz erreicht und drehte sich einmal langsam um die eigene Achse. Er entdeckte ein Straßenschild: *Am Landabsatz.* Na, das war doch mal ein schräger Straßenname!

Ihm wurde heiß und kalt, als sein Blick auf einen schwarzen BMW fiel, der zwischen anderen Autos parkte.

Berliner Kennzeichen!

Unwillkürlich ging Achim in Deckung, dachte aber im selben Moment daran, wie bekloppt es aussehen musste, am helllichten Tag zwischen den Autos herumzukriechen. Er drehte sich suchend um, immer in Erwartung eines bekannten Gesichts.

Dann rief er sich zur Ordnung. War es nicht unmöglich, dass Sergej, Branko oder Katsumi seine Spur verfolgt hatten? Er war seit zwei Tagen hier, er hatte in Berlin nie erzählt, woher er kam.

Oder?

Ein Gefühl der Übelkeit breitete sich in Achim aus.

Wie sollte es weitergehen? Achim verdrängte die Frage. Das Geld von Sergej, von Branko und Katsumi würde eine Weile reichen, wenn er es nicht mit vollen Händen ausgab.

Die folgenden Tage verbrachte Achim mit Entdeckungstouren. Der Mai begann mit prächtigem Wetter. Achim kaufte sich ein Fahrrad und gondelte durch die Gegend.

Abends ging er manchmal in die kleine Kneipe am Rathausplatz. Er saß vor seinem Bier und hegte die leise Hoffnung, dass Paul vielleicht durch die Tür treten würde. Aber Paul kam nicht.

An einem dieser Abende sah er gerade gedankenverloren aus dem Kneipenfenster, als drei dunkle Limousinen die Straße entlangrollten. Alle drei mit Berliner Kennzeichen! Achim ging hinter einer kümmerlichen Topfpflanze in Deckung. Er versuchte, jemanden hinter den Autofenstern zu erkennen, aber das Glas war getönt.

Er hatte die Fahrzeuge nie zuvor gesehen, und er redete sich in den folgenden Stunden ein, dass auch der Berliner grundsätzlich das Recht hat, sich Hückelhoven anzuschauen. Dennoch schlief Achim kaum in dieser Nacht. Er wälzte sich hin und her und fragt sich, ob es möglicherweise etwas naiv war zu glauben, Sergej, Branko und Katsumi würden zur Tagesordnung übergehen.

Am nächsten Tag verschickte er aus einem Internetcafé drei bis auf die Anrede gleichlautende E-Mails, eine an seinen Kumpel Manni, eine an Mirko und eine an Torti. Die einzige Frage lautete: »Wie ist die Berliner Luft, Luft, Luft?« Achim wartete eine knappe Stunde, aber sein Postfach blieb leer. Erst am nächsten Tag hatten die Adressaten reagiert. Manni schrieb: *Dick. Sergej lässt die Drähte glühen. Vergrab dich fünf Meter unter der Erde und bleib da ein paar Hundert Jahre.*

Mirko schrieb: *Junge, du hast vielleicht Nerven, Branko hat vor lauter Wut seine vier Köter erschossen.*

Und Torti antwortete: *Katsumi erzählt allen, er wird Sushi aus dir machen. Aber sonst ist es hier sehr schön.*

Achim benötigte eine Weile, um den Kloß in seinem Hals herunterzuschlucken.

Weg!, dachte er. Ich muss weg!

Aber wohin?

Auf der Suche nach Zerstreuung machte er sich am nächsten Freitagabend auf eine weitere Wallfahrt in seine Jugend. Sein Ziel war das *Haus Waldesruh* in Himmerich, ein paar Kilometer südwestlich von Hückelhoven. Jahrelang war Achim dort freitagabends Stammgast gewesen – immer auf der Pirsch, stets hoffend. Und am Ende regelmäßig desillusioniert.

Er stellte sein Auto auf dem Parkplatz ab und sah bereits beim Näherkommen, dass sich einiges verändert hatte. Der Schuppen war ausgebaut worden und wirke deutlich größer, als Achim ihn in Erinnerung hatte. Normalerweise war es mit Dingen aus der Vergangenheit ja eher umgekehrt, meist wirkten sie kleiner, wenn man sie wiedersah.

Am Eingang warteten zwei, drei Dutzend junger Leute.

Achim stellte sich hinten an. Als er an der Reihe war, knöpfte ihm die Frau hinter der Kasse vier Euro ab, was Achim sehr fair fand. Das Berliner Preisniveau im Hinterkopf, hatte er mit deutlich mehr gerechnet.

Er spazierte an einigen Feuerkörben vorbei auf die große, bronzeglänzende Haupteingangstür zu und drückte sie auf.

Ja, so hatte es hier immer ausgesehen. Achim ging zielstrebig in den ersten Tanzraum.

Erneut überfielen ihn die Erinnerungen – ausgelöst wurden sie vor allem durch: den Geruch!

Achim atmete tief ein und aus. Er war fasziniert, es roch noch genau so wie früher! Er hätte den Geruch nie beschreiben können, er hatte nicht einmal gewusst, dass es hier einen speziellen Geruch gegeben hatte, doch als er ihm nun in seine Nase drang, stiegen ihm – jawohl – Tränen in die Augen.

Langsam ging er weiter, er erkannte die schwarz-weiß geflieste Tanzfläche, die jetzt, um kurz nach zweiundzwanzig Uhr, nur locker gefüllt war. Das Pult des DJs befand sich an einer anderen Stelle als früher, aber viele Teile der Einrichtung meinte Achim wiederzuerkennen.

Er flanierte durch den Raum und ließ die Blicke schweifen. Ein warmherziges Gefühl erfasste ihn. Er sah sich um – und er sah: sich. In Dutzenden Versionen. All die Jungs und Mädchen, die herumscharwenzelten, all die scheuen, die auffordernden, die coolen Blicke. Die Mädchen auf der Tanzfläche, die alles gaben, und jene, denen man die Überwindung ansah. Die Jungs, die sich linkisch bewegten in der Hoffnung, locker auszusehen, die Bierflasche zwischen Zeige- und Mittelfinger geklemmt. Achim drängelte sich in den dahintergelegenen Raum, zur nächsten Tanzfläche und passierte eine Art Kneipe, die es damals noch nicht gegeben hatte und die zu einem zweiten Ausgang führte, dann: anderes Licht, andere Musik. Mehr Blitze, mehr Schwarzlicht, mehr wummernde Bässe. Wogende Leiber. Aber auch dort: dieser Geruch. Achim lehnte sich verzückt in eine Nische und betrachtete das Treiben.

Wie oft war er freitags hierher gefahren, um Sabine zu treffen … Zu treffen? Nun ja, eher: um Sabine zu sehen, um sie aus der Ferne anzuhimmeln.

Wie jung wir waren, dachte er.

Wie jung ich war. Er fragte sich, ob das ein irrer oder ein ganz normaler Gedanke war für einen Vierundvierzigjährigen.

Achim setzte seinen Rundgang fort. Gerade bog er wieder an der Garderobe um die Ecke, als er aus dem Augenwinkel sah, wie sich die bronzene Eingangstür öffnete und ein höchstens achtzehnjähriges Jüngelchen in den Raum geschubst wurde. Der Kerl stolperte und konnte einen Sturz gerade noch verhindern. Ihm folgte mit finsterer Miene Drago. »Aus dem Weg!«, presste er zwischen den Lippen hervor und der Junge sah zu, dass er Land gewann.

Achim zuckte zurück. Sein Herz raste. Drago! Wo Drago war, da war Branko nicht weit! Achim hastete in den Tanzsaal zurück und ging hinter einer Säule in Deckung. Mit hämmernder Brust stand er da, bis er merkte, dass ihn zwei Pärchen irritiert anguckten. Er brachte ein Lächeln zustande und spähte hinter seinem Versteck hervor.

Scheiße! Verfluchter Mist!

Drago stand dumpfbackig am anderen Ende des Raums und glotzte in die Runde. Hinter ihm bog gerade Branko um die Ecke, es folgten Darian, Milan, Zoran, Adi, Dan, Andi, Stanislav, Tomislav, Tibor und Eldin.

Achim brach der Schweiß aus. Er duckte sich und hastete in die zweite Disko. Seine Gedanken rasten. Wie hatten sie ihn so schnell gefunden? Woher wussten sie, dass er heute Abend hier war? Vielleicht weil das die Topadresse für das einzuläutende Wochenende war? Vielleicht weil Achim unendlich naiv war zu glauben, mit seiner Glücksnummer ewig durchzukommen? Seine Panik reichte ihm einen Strohhalm, an den er sich klammerte. Vielleicht wussten sie es ja gar nicht. Vielleicht war alles nur ein blöder, irrer, grandioser Zufall.

Achim ließ den Strohhalm wieder los. Ein Zufall, genau! Branko machte einfach Urlaub und er hatte sich nach all den Jahren in irgendwelchen Fünf-Sterne-Kisten mal für einen Aktivurlaub am Niederrhein entschieden. Träum weiter, Hubi!

Achim lugte um die Ecke. Branko stand nun vor einem der vielen riesigen Kastenmänner, die in der Disko auf überzeugende Weise für Ruhe sorgten. Der Kastenmann hob beruhigend beide Hände und Branko tat es ihm gleich. Brankos Mund bewegte sich und Achim brauchte nichts zu hören, um zu wissen, was Branko sagte: Kein Problem, kein Ärger, alles cool, Mann, wir wollen einfach nur ein bisschen gute Musik hören.

Achim vollendete den Satz in Gedanken: und nebenbei Ausschau halten nach einer kleinen Made, die mich in den Arsch ficken wollte.

Die Disko füllte sich zusehends. Achim drängelte sich zu dem zweiten Eingang, den er bei seinem Rundgang entdeckt hatte – und erstarrte. Durch ein Fenster erkannte er Katsumi, der missgelaunt vor der Disko stand, neben ihm drei seiner Knechte, Achim hatte sie nie auseinanderhalten können. Katsumi holte gerade aus und gab seinem Nebenmann eine Ohrfeige.

Achim wankte zurück, stieß gegen zwei Gäste, die ihn empört anpflaumten. Er nuschelte eine Entschuldigung und lief in den Tanzsaal mit den Blitzen.

Verdammt, dachte er, verdammt, verdammt, verdammt! Er kämpfte sich bis zum anderen Ende der Tanzfläche durch.

Wo war Katsumi? Wo war Branko? Und wenn die beiden schon hier waren: Wo war Sergej?

Da! Erleichtert bemerkte Achim, dass Katsumi gerade in der anderen Disko verschwand. Im selben Moment erschrak er, als er einen von Katsumis Begleitern erkannte, der suchend durch den Raum wanderte. Wer war das? Takumi? Vielleicht auch Takashi. Oder Takuya? Achim wandte sich ab. Er sah beim besten Willen keine Fluchtmöglichkeit. Verstohlen beobachtete er, wie Mister T. näher kam, sich an den Tanzenden vorbeischob. Achim wandte sich ab.

Er atmete tief ein, dann drehte er sich um. Mister T. stand mit dem Rücken zu ihm und scannte die Tanzfläche. Achim legte beide Hände an Mister T.s Rücken und schubste ihn mit aller Kraft in die wogende Menge. Takumi-Takashi-Takuya riss ein halbes Dutzend Leute zu Boden. Ein Tumult entstand, erste Fäuste flogen.

Und Achim machte, dass er davonkam.

Draußen angelangt, versuchte er, sich möglichst ohne Hektik zu bewegen. Erst als er die Straße erreicht hatte, auf deren anderer Seite der Parkplatz lag, rannte er los. Er fürchtete, jeden Moment Sergej in die Arme zu laufen, aber bis zu seinem Auto kam es zu keiner weiteren unliebsamen Begegnung.

Achim sprang in den Wagen und kurvte in Richtung Ausfahrt. Er wollte schon auf die Straße abbiegen, da hörte er einen lauten Knall und gleich darauf einen zweiten und dritten. Jemand hämmerte ans Beifahrerfenster und gegen das Blech des Autos, im nächsten Moment öffnete sich die Tür. Tibor grinste ins Innere, hinter ihm sah Achim Branko herbeihasten, gefolgt von zwei Japanern, dahinter Zoran und Milan und dann Katsumi, und wer dann noch kam, wollte Achim gar nicht mehr so genau wissen.

Achim gab Vollgas, die Tür schwang weit auf und riss Tibor zur Seite. Sie schwang elanvoll zurück, als Achim den Wagen auf die Straße lenkte. Ein Auto kam ihm entgegen und Achim versuchte instinktiv, das Nummernschild zu erkennen. Der erste Buchstabe war ein B.

Im Rückspiegel sah Achim die Bremslichter des anderen aufleuchten.

Achim raste die Kreisstraße in Richtung Hilfarth und bretterte durch den still daliegenden Stadtteil Hückelhovens. Wohin?, fragte er sich, wohinwohinwohin? Seine Wohnung kam nicht infrage – Achim war sich ziemlich sicher, dass sie in genau diesem Moment von Sergejs Handlangern auseinandergenommen wurde.

Achim kurvte durch den Kreisverkehr in der Jülicher Straße, passierte Deutschlands merkwürdigstes Denkmal – ein krummes Stahlgebilde, das einen Förderturm darstellen und also an die Bergbautradition des Städtchens erinnern sollte – und bog in die Parkhofstraße ab. Er brauchte eine Idee, und zwar schnell. Er hatte gerade das Rathaus passiert, als ihn ein lauter Knall aus seinen Gedanken riss. Im ersten Moment dachte Achim, das Auto sei von einem Schuss getroffen worden, aber dann wurde ihm klar, dass die Karre selbst das Problem war. Ein weiterer Knall ertönte, Rauch quoll aus der Motorhaube.

Fluchend lenkte Achim den Wagen in die nächste Parklücke und stellte den Motor ab.

Im Rückspiegel erkannte er plötzlich näherkommende Fahrzeuglichter hinter sich. Er ging in Deckung und wartete, bis das Auto vorbeigefahren war. Er starrte ins Dunkel und erkannte ein H und ein S als erste Buchstaben. HS für den Kreis Heinsberg. Kein B für Berlin. Das war doch schon mal was.

Achim stieg aus und blickte sich um. Mit einem Mal leuchteten Autoscheinwerfer am oberen Ende der Parkhofstraße auf. Die Straße war in diesem Teil eine Einbahnstraße; das Auto war also in falscher Richtung unterwegs. Nein, es waren eindeutig mehrere Autos! Achim hastete an der Sparkasse vorbei in Richtung Apotheke. Es kamen ihm nicht viele Leute in den Sinn, denen es scheißegal war, in welcher Richtung sie eine Einbahnstraße entlangfuhren.

Achim erreichte den neu gestalteten Wildauer Platz und bog nach rechts ab. Er lief auf die Freitreppe zu, die zu dem Einkaufszentrum führte, in das sich die alten Sportplätze verwandelt hatten, aber rund hundert Meter vor dem Treppenabsatz erstarrte er. Am oberen Ende tauchten drei, vier Typen auf, von denen Achim zumindest einen sofort erkannte: Sergej. Achim drehte sich auf dem Absatz um und spurtete in die Gegenrichtung.

»Da ist er!«, hörte er Sergejs Stimme hinter sich. »Schnappt ihn!«

Achim rannte auf die kleine Kneipe zu, als links von ihm Reifen quietschten. Türen schlugen, dann hörte er Brankos Stimme: »Da ist er! Schnappt ihn!«

Das hab ich doch schon mal irgendwo gehört, dachte Achim und hastete die Parkhofstraße entlang. Doch nach wenigen Metern blieb er stehen. Immer mehr Autos kamen ihm mit hoher Geschwindigkeit entgegen. Die Fahrzeuge bremsten und ein paar Typen sprangen heraus. Nur Katsumi ließ sich Zeit.

Achim ließ die Arme hängen. So soll es also sein, dachte er. Geboren in Hückelhoven, gestorben in Hückelhoven. Der Kreis schließt sich. Warum auch nicht?

Achim drehte sich um: Gleich neben einem Brunnen stand Branko mit seinen Lakaien, fünfzig Meter weiter links, unterhalb der Freitreppe, hatten Sergej und seine Mannen Position eingenommen. Achim drehte sich erneut um: Fünfzig Meter in der anderen Richtung hatte Katsumis Truppe Aufstellung bezogen. Aus der Luft betrachtet, bildeten die drei Gruppen die Eckpunkte eines fast gleichschenkligen Dreiecks. Achim erkannte viele Waffen.

»Äääähm«, begann Achim. »Hört mal zu, Leute.«

»Das ist meiner!«, schrie Sergej.

»Haut ab!«, brüllte Branko.

Achim drehte sich zu Katsumi, doch der schwieg.

»Verpiss dich, Branko!«, rief Sergej.

»Ich war zuerst hier«, antwortete Branko.

»Schnauze!«, konterte Sergej.

Achim blähte seine Backen und ließ die Luft dann langsam entweichen.

»Der Scheißer hat mich bestohlen!«, grölte Sergej.

»Weil du eben ein bescheuerter Blödkopf bist«, höhnte Branko und lachte.

»So? Und warum bist du hier?«, fragte Sergej.

Achim glaubte, ein Kichern zu hören. Tatsächlich: Da stand Katsumi und kicherte. In einer idiotischen Übersprungshandlung winkte Achim ihm lächelnd zu.

»Schluss jetzt!«, rief Katsumi nun und gab seinen Männern ein lässiges Zeichen. »Knallt ihn ab.«

»Nix da!«, brüllten Branko und Sergej gleichzeitig.

Und weil Achim sah, wie einer von Brankos Männern – war es Zoran? Oder Milan? – die Waffe hob, ließ er sich einfach mal ganz spontan auf den Boden fallen.

Am Ende schreibt das Leben doch immer noch die merkwürdigsten Geschichten, dachte er, während er mit dem Gesicht auf den Pflastersteinen lag und um sich herum eine Knallerei hörte, die jedem Neujahrsfeuerwerk würdig gewesen wäre.

Die Stille danach war umso ohrenbetäubender.

Achim hob vorsichtig den Kopf. Dann stand er mit wackligen Knien auf und ging langsam in Richtung Schule davon.

Natürlich war der Zwischenfall tagelang das einzige Thema im Städtchen. Vierundzwanzig tote Männer auf dem Rathausplatz, drei Berliner Gangstergrößen und deren ›Angestellte‹, die Presse überschlug sich, die Medien stürmten den Ort. Und die Polizei? Die schwankte zwischen Ratlosigkeit und Glücksgefühl. Auf einer Pressekonferenz suchte ein Ermittler des Bundeskriminalamts nach Erklärungen, warum die Berliner Kriminellen sich ausgerechnet Hückelhoven für den blutigsten Showdown der Verbrechensgeschichte ausgesucht hatten. Eine Weile staunte man auch über den unglaublichen Zufall, dass offenbar jede einzelne Kugel ihr ganz persönliches Ziel gefunden hatte.

»Mensch, Hubi«, rief Paul, als er Achim ein paar Wochen später zufällig über den Weg lief. »Wieso haste dich denn nie gemeldet?«

»Ich hatte deine Nummer nicht.«

»Ach Mist, ich Idiot.« Paul zückte sein Handy. »Ich feiere am Wochenende meinen Geburtstag. Bist du dabei?«

Bevor Achim antworten konnte, fuhr Paul fort: »Weißt du, wer auch kommt? Sabine! Stell dir vor, Petra hat sie kurz nach unserem Treffen angerufen. Die beiden sind wieder die dicksten Freundinnen! Was sagst du dazu?«

Erneut kam Paul einer Antwort von Achim zuvor: »Weiber, sag ich nur. Aber Mensch, was sagst du denn eigentlich zu der Schießerei?«

»Ja«, sagte Achim. »Verrückt.«

»Verrückt? Totaler Wahnsinn! Vierundzwanzig Gangster! Aus Berlin! In Hückelhoven!«

Achim nickte. »Ick gloob, ick spinne«, sagte er leise.

Paul grinste. »Berlin«, meinte er und knuffte Achim gegen den Ellenbogen. »Ich hoffe, es war kein Kumpel von dir dabei.« Dann lachte er los.

Und nach einer kleinen Schrecksekunde lachte Achim mit.

Merci Chérie, in Unna

Dienstag, 14. Februar 2006

Und dann erklang der Schluss der Arie *Amami Alfredo* aus *La Traviata*. Und Richard Gere kletterte die Feuerleiter hinauf, dieser mutige, mutige Mann. Der kleine Rosenstrauß, den er kurz zuvor gekauft hatte, klemmte zwischen seinen Zähnen, und er kletterte immer weiter, obwohl er unter dieser schrecklichen Höhenangst litt.

Dann war er endlich oben und dort nahm ihn Julia Roberts in Empfang, diese wunderschöne und doch so tief verletzte Frau, die ihr schweres, schweres Schicksal als Straßenmädchen so tapfer ertrug.

Und Richard fragte sie: »Und was passiert, nachdem der Prinz die Prinzessin aus dem Turm gerettet hat?«

Und Julia antwortete: »Die Prinzessin rettet daraufhin sein Leben.«

Und dann küssten sie sich.

Valentina schniefte. Das Taschentuch in ihrer verkrampften Hand war völlig durchnässt. Auch von rechts hörte sie jetzt leise Geräusche. Valentina war glücklich. Nicht nur, dass Sven ihr zum Valentinstag diesen schönsten aller Liebesfilme geschenkt hatte (dass er schon zwei Mal in ihrem DVD-Regal stand, spielte in diesem Moment eine untergeordnete Rolle), nicht nur, dass er ihn sich dann auch noch gemeinsam mit ihr ansah, nein: Er war auch noch gerührt!

Innerlich hatte sie ihm bereits verziehen, dass er das DVD-Geschenk mit einer Schachtel Merci komplettiert hatte, diesem Geschenk-GAU, diesem in Schokolade gegossenen Ausdruck an Ideenlosigkeit.

Valentina hasste Merci. Aber sie liebte Liebesfilme.

Vorsichtig äugte sie nach rechts.

Ihr Lächeln gefror.

Sven war neben ihr auf der Couch zusammengesunken, sein Kopf hing schief auf der Lehne. Ein Speichelfaden rann aus seinem rechten Mundwinkel, und die Geräusche, die Valentina eben noch als Ausdruck seiner tief empfundenen Rührung gedeutet hatte, waren nichts anderes als – irgendetwas zwischen Sabbern und Schnarchen.

Angeekelt wandte Valentina sich ab und starrte aus dem Fenster. Doch auch der Blick auf den großartig angestrahlten Turm der evangelischen Stadtkirche von Unna konnte ihre Laune nicht verbessern. Ihr wurde klar: Aus der Hochzeit, auf die sie sich gedanklich vorbereitete, seit Sven ihr vor zwei Monaten bei Kerzenschein im Restaurant Flammes einen Heiratsantrag ins Ohr geflüstert hatte, übrigens nach einer Kinomatinee mit dem Streifen *Vier Hochzeiten und ein Todesfall* im Filmcenter – aus dieser Hochzeit würde nichts werden.

Mittwoch, 14. Februar 2007

Sie saßen im Morgentor und hatten gerade den Nachtisch verspeist – eine Trilogie von irgendwas: drei winzige Töpfchen: Crème brûlée, Walnusseis und eine Mousse von … von was noch mal? Ananas?

Dieser Schuft, dachte Valentina zärtlich, als sie ihren Blick durch die urige Gaststube in dem alten Fachwerkhaus schweifen ließ. Da tut er die ganze Zeit so, als sei der romantische Restaurantbesuch sein einziges Geschenk an diesem Tag. Und dann schiebt er auf einmal dieses Päckchen über den Tisch. Papier mit Rosenaufdruck, ein Schleifchen … oh, sie könnte ihn knuddeln!

Was da wohl drin war? Es fühlte sich irgendwie weich an. Ihr Herz klopfte, als sie vorsichtig das Geschenkband abstreifte und ein kleines längliches Päckchen herauszog.

Das war ja …

Lange starrte sie das Geschenk an und erwachte erst aus ihrer Trance, als sie Ulfs Stimme hörte: »Du hast keine im Auto. Hab ich dir schon oft gesagt. Man muss aber eine haben.«

Sie starrte immer noch auf sein Geschenk. Eine Erste-Hilfe-Tasche.

»Man muss eine im Auto haben!«, wiederholte Ulf. »Sie lassen einen sogar durch den TÜV fallen, wenn man keine hat!«

Sie starrte auf die knallrote, pralle Tasche.

»Freust du dich denn gar nicht?«, fragte Ulf, der plötzlich aussah wie ein Seehundbaby. Kurz bevor es vom Holzknüppel getroffen wird.

Für den Bruchteil einer Sekunde spürte Valentina fast so etwas wie Mitleid.

Donnerstag, 14. Februar 2008

Dieter saß am Frühstückstisch, mampfte geräuschvoll sein Müsli und las gleichzeitig die *Westfälische Rundschau*. »Hohoho«, rief er fröhlich, ohne aufzuschauen. »Jetzt wird es gefährlich in Unna! Wir haben einen Serienkiller.«

»Wieso?« Valentina starrte gedankenverloren auf das *Notting-Hill*-Plakat an der Küchentür.

»Mordserie am Hellweg – drei tote Männer. Polizei hat keine Spur vom Täter.«

»Aha«, murmelte Valentina, aber sie war mit ihren Gedanken woanders. Ich bin jetzt achtunddreißig Jahre alt, dachte sie. Langsam wurde es Zeit, wenn sie noch Kinder haben wollte. Und sie wollte Kinder haben. Aber wollte sie sie mit Dieter? Sie starrte auf Hugh Grant. Ja, der würde ihr gefallen. Von den Augen her. Dazu ihr Kinn und Dieters dichter blonder Haarschopf ...

»Hör mal«, sagte Dieter und begann mit Dramatik in der Stimme, aus der Zeitung zu zitieren. »Muss man also damit rechnen, dass in den kommenden Tagen erneut eine Leiche gefunden wird? Der Polizeisprecher verbannt das ins Reich der Spekulation. Dass die drei Opfer jeweils um den Valentinstag herum getötet wurden, sei wohl eher zufällig. Die Opfer hätten sich nicht gekannt und die einzige, wenngleich rätselhafte Gemeinsamkeit sei, dass man bei allen ein Schokoladenpapier der Sorte Merci gefunden habe. Aber auch das ...«

Nee, dachte Valentina, wieso sollten sich Rüdiger, Sven und Ulf auch gekannt haben?

Dieter sah von seiner Lektüre auf und grinste Valentina breit an. »Wo wohl das nächste Opfer abgelegt wird?«

Ach, Rüdiger, dachte Valentina mit einem Anflug von Zärtlichkeit. Er war ihr Erster gewesen ... Allgemeinarzt, groß und schlank. Hätte sie ihm eine zweite Chance geben sollen? Nein – niemand nannte Leonardo DiCaprio einen aufgeblasenen Angeber und erklärte einem, dass man nach dem Untergang der Titanic unmöglich so lange im eiskalten Atlantik überleben und seiner Angebeteten dabei auch noch endlose Liebesschwüre ins Ohr hauchen könne. »Aus medizinischer Sicht völliger Quatsch!«, hatte er gesagt. Selbst jetzt, vier Jahre später, spürte Valentina wieder die Wut in sich hochsteigen. Als ob es darauf ankäme!

»Hörst du mir überhaupt zu?«

Sie schreckte hoch. »Was?«

Dieter lächelte sie an und deutete auf den mit einer Schleife verzierten Umschlag, der neben ihrem Teller lag: »Alles Liebe zum Valentinstag!«

Später am Abend spazierten sie, die Arme untergehakt, die Bahnhofstraße entlang, kreuzten den Marktplatz, bogen in die Massener Straße ein und standen schließlich vor Unnas Kino, dem Filmcenter, um Dieters Geschenk einzulösen. Zwei Kinogutscheine.

Valentina freute sich. Sie war zwar kein großer Til-Schweiger-Fan, aber *Keinohrhasen,* der aktuelle Streifen des Schönlings, versprach immerhin ein Mindestmaß an romantischer Abendunterhaltung am Valentinstag.

Doch dann hörte sie irritiert, wie Dieter an der Kasse sagte: »Zwei mal Kino zwei bitte.«

Kino zwei? Lief *Keinohrhasen* nicht im Kino vier? Aber da drehte sich Dieter auch schon um und zog sie in Richtung der Kinosäle.

»Läuft *Keinohrhasen* nicht in Kino vier?«, fragte sie, als sie am Süßigkeitenstand warteten.

»*Keinohrhasen?*« Dieter orderte mit einem Fingerschnippen einen Fünf-Liter-Eimer Popcorn. »Sorry, aber zwei Stunden die Knödelstimme von diesem Schweiger ... Nee, echt nicht.«

»Ähm ... Und was gucken wir stattdessen?«

Dieter sah sie strahlend an. »*Rush Hour 3*. Mit Jackie Chan. Dem lustigen kleinen Chinesen. Bei der Vorschau hast du ziemlich gelacht.«

»Ich habe aber die Teile eins und zwei nicht gesehen«, meinte Valentina matt.

»Ist auch nicht nötig. Frag mich einfach, wenn du irgendwas nicht verstehst.« Er nahm den Popcorn-Eimer entgegen und sagte zur Bedienung: »Und für meinen Schatz noch eine Packung Merci.« Er strahlte Valentina an. »Die magst du doch so, oder?«

Samstag, 14. Februar 2009

Einen Moment lang dachte Valentina: Er hat überhaupt kein Geschenk für mich. So erstaunt, wie Roger sie angesehen hatte, als sie ihm die DVD *Liebe braucht keine Ferien* überreicht hatte.

»Ach, Valentinstag?«, hatte er augenzwinkernd gesagt. »Is das heute?«

Später dachte sie: Hätte er doch bloß wirklich kein

Geschenk für mich gehabt. Denn nach einem flüchtigen Blick auf die DVD und der Bemerkung, Cameron Diaz sei ja wohl »voll der heiße Feger«, hatte Roger ihr grinsend ein kleines, flaches Päckchen unter die Nase gehalten, das auf einer Packung Merci lag.

Valentina hatte die Schokolade mit einem sehr leisen Seufzer auf den Tisch gelegt und dann das Päckchen geöffnet. Sie musste eine Weile auf den Inhalt geglotzt haben, denn irgendwann fragte Roger: »Na?«

Sie sah erst Roger an und dann wieder das Geschenk. »Love dice?«

Roger kicherte: »Vorspielwürfel. Leuchten sogar im Dunkeln.«

»Vorspielwürfel?«

»Unterwerft euch gemeinsam der Macht der Würfel …«, las Roger von der Packung ab, »… und ihr werdet völlig neue Dinge erleben. Immer und immer wieder.« Er grinste anzüglich. »Ist ein Klassiker unter den erotischen Geschenken.«

Valentina versuchte, es positiv zu sehen. Okay, er hatte sich offenbar Gedanken gemacht. Doch bedeutete dieses Geschenk im Umkehrschluss nicht auch, dass er mit seinem, besser: mit ihrer beider, Liebesleben unzufrieden war?

Als sie die Würfel später im Bett ausprobierten, stellte sich heraus, dass das nicht der optimale Ort für ein Würfelspiel war, einfach, weil die Dinger dauernd in der Besucherritze zwischen den Matratzen verschwanden. Aber man fand sie da auch schnell wieder, denn sie leuchteten tatsächlich.

»Los, wirf!« Roger drückte ihr die Würfel in die

Hand. Valentina ließ sie vorsichtig auf die Bettdecke rollen und las: »Body. Und Nipples.« Sie sah Roger an. »Und nun?«

»Tja ...«, machte Roger. »Body halt, wir können uns ja umarmen. Und du kannst vielleicht an meiner Brust ..., also ... meine ... na ja ... ähmm ... Wäre natürlich besser gewesen, wenn ich Nipples gewürfelt hätte.« Er griff die Würfel und rollte sie über die Matratze. Einer kollerte auf den Boden. »Massage«, las Roger auf dem Würfel, der oben geblieben war. Dann lehnte er sich aus dem Bett, angelte nach dem zweiten. »Ears.«

»Aha«, meinte Valentina. »Das heißt, ich bekomme jetzt von dir eine Ohrenmassage oder was?«

Roger lehnte sich beleidigt zurück und verschränkte die Arme vor seiner behaarten Brust, die Valentina eigentlich nicht unattraktiv fand. »Ach, menno«, maulte er. »So macht's keinen Spaß! Du musst schon mitmachen.«

Valentina nahm ihm die Würfel aus der Hand und ließ sie wieder fallen. »Suck und Lick«, meldete sie.

»Na bitte«, meinte Roger erfreut und schob die Bettdecke nach unten. »Jetzt kommen wir der Sache doch schon näher.« Und während Valentina der Sache näher kam, wurde ihr immer klarer, dass dieses Vorspiel ein Nachspiel haben würde.

Sonntag, 14. Februar 2010

Ja, warum denn nicht? War doch völlig okay, den Valentinstag mal so zu verbringen. Ganz ohne einen idiotischen Macker, der im falschen Moment einschlief oder rülpste oder ohne Vorwarnung ihre Brüste betatschte oder ihr ein Duftwässerchen mit halb abgekratztem Sonderpreisetikett überreichte, als sei es ein Diamantcollier. Oder immer wieder diese verdammten Merci-Packungen!

Sie drückte eine Taste auf der Fernbedienung und der DVD-Spieler warf *Schlaflos in Seattle* aus. Sie packte die Silberscheibe in die Hülle, legte sie auf den Stapel zu *Notting Hill*, *Titanic* und *Ghost – Nachricht von Sam*. Bei der Zusammenstellung des Programms für ihre ganz persönliche Valentinstagsfilmnacht war sie auch auf *Rush Hour 1* und *Rush Hour 2* in der Jackie-Chan-Premium-Edition-Steelbox gestoßen. Dieter hatte ihr dieses Juwel des Kampfkunst-Kinos zwei Tage nach dem traumatischen Abend im Filmcenter geschenkt.

Auf dem Weg zur Toilette trat Valentina ans Küchenfenster und blickte hinüber zur evangelischen Stadtkirche. Der Turm strahlte hell im Licht – für Jennifer. So hatte es jedenfalls in der Zeitung gestanden: *Heute leuchtet der Kirchturm für Jennifer Schröpke, als Zeichen der Liebe ihres Mannes Heinz.*

Valentina schluckte und fragte sich, ob der Kirchturm eines Tages auch für sie leuchten würde?

Wieder im Wohnzimmer, griff Valentina zu *Tatsächlich … Liebe*. Hugh Grant war ein würdiger Abschluss dieses perfekten, na ja, fast perfekten Abends. Seufzend startete sie die DVD und griff in die Chipstüte. Und schon während der ersten Szenen auf dem Londoner Flughafen kamen ihr die Tränen der Rührung.

Im nächsten Moment klingelte ihr Telefon. Ärgerlich sah sie auf das Display – und augenblicklich erhöhte sich ihr Pulsschlag. Valentina drückte auf die Taste mit dem grünen Hörer und hauchte: »Ja...aah?«

»Tut mir leid«, hauchte Klaus. »Es ging nicht eher. Hast du schon geschlafen?«

»Nei...hein«, hauchte Valentina zurück.

»Kann ich noch vorbeikommen?«

»Jetzt noch?«

»Zu spät?«

Valentina lächelte. »O nein ...«

Montag, 14. Februar 2011

Nein, auf gar keinen Fall! Es war ganz und gar nicht okay, den Valentinstag so zu verbringen. In einem Saal des Filmcenters bei einer Sondervorführung von *Bettgeflüster*. Allein! Und um sie herum nur Rentnerpaare, die nach Old Spice und Tosca rochen und bei jedem Dialog von Rock Hudson und Doris Day in asthmatisches Gelächter ausbrachen. Zum Kotzen!

Valentina war sauer. Klaus hatte sie versetzt. Wieder mal. Andererseits: Wunderte sie sich denn wirklich darüber? Wie oft schon war bei ihren Verabredungen irgendwas dazwischengekommen. Irgendwas? Na ja, wohl eher: irgendwer. Oder genauer: seine Frau. Eine gewisse Susanne, von der sich Klaus seit nunmehr zweieinhalb Jahren trennte.

Aber heute Abend, das war schon dreist! Valentina hatte vor dem Filmcenter gewartet und zugesehen, wie die Rentnerbrigade ihre Karten kaufte und gegenüber das Jungvolk die Lindenbrauerei zum Valentins-Rave enterte, als die SMS von Klaus kam: *Geh schon rein, ich komme auf jeden Fall noch dazu.*

Na klar, dachte Valentina und fragte sich, für wen wohl diesmal der Turm der evangelischen Stadtkirche strahlte.

Sie ärgerte sich über sich selbst, denn die Sache mit Klaus war doch von Anfang an zum Scheitern verurteilt gewesen. Der Klassiker: Geliebte eines verheirateten Mannes. Ha! Lächerlich! Valentina hatte es gleich gewusst, aber trotzdem nicht von Klaus lassen können.

Ach, Klaus ... Der erste Mann, dessen Lieblingsfilme nicht *Matrix, Rambo* und *Terminator* waren. Der erste Mann, der bei *Casablanca* weinen konnte. Und es auch tat. Der erste Mann, der kochen konnte – und zwar richtig kochen, nicht nur eine Dose Ravioli aufwärmen. Der erste Mann, der zärtlich sein konnte. Und der dennoch männlich war. Und leidenschaftlich, o ja! Valentina dachte an die nächtlichen Treffen an warmen Sommerabenden im Kurpark Königsborn. Einmal hatten sie sich direkt unter der Halbkugel des Monopteros geliebt, diesem kleinen, kreisrunden Tempelchen mit den sechs Säulen, vor dem sich die Hochzeitspaare so gern knipsen ließen, wenn sie von der Trauung aus der Christuskirche herüberkamen.

Es war Valentina zwar zuerst ein bisschen pietätlos vorgekommen, weil sie ein paar Jahre zuvor hier im Kurpark erst Sven und danach auch Ulf abgelegt hatte – aber dann hatte Klaus sie mit seinen Zärtlichkeiten zuerst auf andere Gedanken und dann fast um den Verstand gebracht.

Die Nacht mit Klaus im Monopteros war zweifellos aufregend gewesen. Und doch: Hinterher blieb, wie stets, ein schales Gefühl. Es setzte spätestens ein, wenn er gegen Mitternacht hektisch wurde und sich mit einem »Ich muss los« verabschiedete.

Auf der Leinwand erkannte Doris Day gerade, welch übles Doppelspiel Rock Hudson mit ihr getrieben hatte. Valentina erschrak, als sich jemand neben sie setzte, der nach *Cool Water* duftete.

»Tut mir leid«, hauchte Klaus. »Ging nicht eher.«

Ach, Klaus! Sie beugte sich zu ihm und küsste ihn.

Dienstag, 14. Februar 2012

Schon komisch. Jetzt wohnte sie seit acht Jahren in Unna – und war doch noch nie im Zentrum für Internationale Lichtkunst gewesen. Sie stand im ZIB, dem Zentrum für Information und Bildung, vor jener Tür, hinter der sie gleich mit den anderen Gästen in die ehemaligen Lagerräume der Lindenbrauerei hinabsteigen würde.

Klaus' Frau war irgendwo im Ausland. Aber es war auch egal, wo sie war. Klaus hatte sich von ihr getrennt. Er hatte es tatsächlich getan.

Und nun stand er neben ihr. Hielt ihre Hand. Keine Versteckspiele mehr. Keine schnellen Nummern im Kurpark, keine hastigen Aufbrüche. Wobei, die Nummern im Kurpark, die könnte man doch beibehalten. Quasi als nostalgische Reminiszenz an alte Zeiten. Alles würde gut werden. Sie hatte es geschafft. Acht Jahre ohne Medikamente, dachte Valentina mit einem gewissen Stolz. Es hatte gutgetan. Na ja, nicht allen – aber ihr, ihr hatte es gutgetan, und das war ja wohl das Wichtigste.

Sie sah zu Klaus hinauf, er erwiderte ihren Blick. Ein kurzes Lächeln nur, dann wurde sein Gesichtsausdruck wieder ernst. Valentina hatte Verständnis dafür. Er hatte doch so viel um die Ohren. Er stand dermaßen unter Druck. Wie viele Tote waren es inzwischen? Ich verliere langsam den Überblick, dachte Valentina. Merci-Sven und Erste-Hilfe-Ulf am Monopteros, Action-Dieter vor dem Filmcenter, Vorspielwürfel-Roger vor dem Eingang des Casinos – und, ja, Joachim auf dem Verlobungsstein im Kurpark, nur einen Steinwurf vom Monopteros entfernt. Valentina kannte die Inschrift auswendig: *Setzt sich ein holdes Mägdelein / um Mitternacht, doch ganz allein, / ein Weilchen nur auf diesen Stein, / im selben Jahr wird Braut sie sein.*

Joachim, mein verklemmter Klempner, dachte Valentina etwas wehmütig. Eigentlich war Joachim ja nur ein Mittel für sie gewesen, um Klaus zu ärgern, und es hatte ihn deshalb außer der Reihe getroffen, am Muttertag, als er sie beim romantischen Mondscheinspaziergang im Kurpark mit einer Packung Mon Chéri und einem Heiratsantrag überraschte.

Die Museumsführerin erschien und im selben Moment, in dem sie die Tür aufschloss, beugte sich Klaus zu Valentina herab und flüsterte ihr etwas ins Ohr.

»Die nächste Installation heißt: Tunnel of Tears, der Tränentunnel«, sagte die junge Frau zwanzig Minuten später, als sie die Besucher in einen rot beleuchteten Raum führte, hinter dem ein blau beleuchteter lag.

Sie spürte, wie Klaus nach ihrer Hand suchte.

Die Führerin redete, aber Valentina verstand kein Wort. Tränentunnel, dachte sie nur immer wieder. Tränentunnel. Tränentunnel.

Klaus' Gesicht näherte sich ihrem. »Tut mir leid«, flüsterte er. Sie wankte der Gruppe hinterher in den blau beleuchteten Raum. Klaus fingerte schon wieder nach ihrer Hand, sie wehrte sich nicht.

»Tut mir leid«, hauchte Klaus erneut. »Ich bin einfach noch nicht so weit. Ich kann sie nicht verlassen.«

Valentina blieb stumm. Die Führerin redete. Die Gäste bestaunten den Tunnel of Tears.

»Valentina«, flüsterte Klaus. »Das verstehst du doch? Wir könnten … ich meine, wir könnten uns doch trotzdem weiter … sehen.«

Was Valentina sah, war ein dunkler Spalt am rechten Ende des blauen Raums. Sie nickte mechanisch.

Die Besuchergruppe setzte sich langsam in Bewegung, verließ den blauen Raum, ging zurück in Richtung des roten Gewölbes. Niemand achtete auf das Paar, das da im Tränentunnel zurückblieb.

Valentina griff nach seiner Hand und zog ihn ins Dunkle, das sich rechts am Ende des blau angestrahlten Raums auftat. Sie konnte spüren, wie sein Atem drängender wurde. Sie küsste ihn. »Mh …«, flüsterte er. »Du schmeckst nach Schokolade …«

»So magst du es doch«, wisperte sie.

»Valentina«, murmelte er. »Wir können doch nicht …«

Aber gegen ihre Hand an seinem Gürtel tat er nichts.

»Keine Sorge, Liebster«, hauchte sie. »Es geht ganz schnell.«

Klaus Rebers wurde erst ein halbes Jahr später gefunden – nahezu unversehrt. Was kein Wunder war, angesichts der guten Kühlung in den Kellerräumen, wie ein eigens hinzugezogener Rechtsmediziner aus Köln bei der Pressekonferenz der Polizei erklärte. Es gab natürlich ein enormes Rauschen im Blätterwald. Kein Wunder, das war ja auch die Sensation schlechthin: Ausgerechnet der leitende Ermittler in der längst berühmt-berüchtigten Unnaer Merci-Mordserie war selbst ermordet worden – nach dem Genuss eines Merci-Riegels, wie die Analyse des Mageninhalts ergeben hatte.

Immerhin war der Unglückliche damit – wenngleich auf die denkbar makaberste Weise – von den Vorwürfen entlastet, die nach seinem Verschwinden die Runde gemacht hatten: dass er mit einer Jüngeren durchgebrannt sei. Dass er als Folge eines Burn-outs einfach abgetaucht sei.

Ja, der arme Kerl war zwischenzeitlich sogar selbst als möglicher Merci-Killer in Verdacht geraten.

Jetzt erlangte Klaus Rebers traurige Berühmtheit als das letzte Opfer der Mordserie. Zumindest in Unna.

Donnerstag, 14. Februar 2013

Valentina zündete die letzte Kerze an und schaute eine Weile gedankenverloren auf den festlich gedeckten Tisch.

Doch, sie fühlte sich wohl hier in Iserlohn. Die Kolleginnen in der Physiotherapiepraxis, in der sie seit einem Dreivierteljahr arbeitete, waren nett. Und die Kollegen auch. Vor allem einer. Heiner.

Heiner Kamphausen.

Valentina lief ein Schauer über den Rücken beim Gedanken an Heiners schlanke Hände, mit denen er bei ihr bis jetzt noch jede Verkrampfung in wirklich jedem

Körperteil gelöst hatte. Es flirrte und surrte zwischen ihnen, dass ihr die Knie weich wurden. Nur dass Heiner ihr bis jetzt noch nicht gestanden hatte, was er für sie empfand. Aber er war kurz davor. Ihre *Pretty-Woman*-DVD lag startbereit im Player, da ertönte Musik von draußen. Sie eilte zum Fenster und riss es auf.

Und da war er, Heiner, dieser Mann, der sie so begehrte. Mit einem Strauß Rosen, den er in der Hand hielt, im Hof vor ihrem Fenster.

Und aus dem Rekorder, den er mitgebracht hatte, schallte Udo Jürgens.

Und Heiner, die Rosen zwischen den Zähnen, reichte Valentina die Geschenkpackung Merci, die er liebevoll mit einer selbst gebundenen Schleife verziert hatte.

Und Udo sang »Merci, für die Stunden, Chérie …«

Und Heiner wusste nicht, dass er in diesem Moment einen sehr, sehr großen Fehler gemacht hatte.

Alles im Fluss

Als er die Brücke erreichte, drängten sich dort bereits die Menschen. Einige wenige nickten ihm zu, stumm und mit ernstem Gesicht, doch die meisten blickten starr stromaufwärts. Was geschieht hier?, fragte sich Albert Bitzius bang. Man schrieb den 13. August des Jahres 1837, es war der Tag des Herrn und Bitzius im fünften Jahr Pfarrer in Lützelflüh. Im Jahr zuvor hatte er seinen ersten Roman verfasst – Der Bauernspiegel *– und als Autorennamen hatte er den seiner Hauptfigur gewählt: Jeremias Gotthelf.*

Der Wind zauste Bitzius' Haar, die Regentropfen klatschten ihm fast waagerecht ins Gesicht, sodass er wie die anderen bereits völlig durchnässt war, obwohl sie auf der überdachten Holzbrücke standen. Seit Stunden fielen Wassermassen vom Himmel, als wolle der Herrgott eine neue Sintflut über die Menschheit bringen. Die Emme unter ihnen war längst kein gemütlicher Fluss mehr, sondern ein reißender Strom; in doppelter Breite als gewöhnlich wälzte sich das Wasser wie eine wütende Schlange gen Hasle.

Ein weiterer Donnerschlag krachte, und diesmal schien es, als sei das Gewitter direkt über ihnen, aus mehreren Kehlen drangen Schreie des Erschreckens. Doch da war ein anderes Geräusch, das auf Bitzius weit beunruhigender wirkte, ein Geräusch, wie er es nie zuvor vernommen hatte, tief, grollend. Dann ein weiterer Schrei: »Dort! Schaut nur!«

Auch Bitzius sah es nun, und er konnte nicht glauben, was er sah: Die ganze Zeit hatte der entfesselte Fluss Treibholz hinabgeschoben, ganze Baumstämme waren darunter, einige waren gegen die Joche der Brücke gekracht, doch was nun folgte, ließ Bitzius den Atem stocken: Er sah, und es kam ihm vor wie ein Albtraum, er sah neben den unzähligen Holzstämmen gänzlich andere Sachen den Fluss hinabtreiben, Gerätschaften nämlich. Stühle, Tische, einen ganzen Schrank, Spinnräder, ja sogar halbe Hauswände! Immer mehr Dinge wälzten sich auf die Brücke zu und unter ihr hindurch, so viele, dass das Wasser der Emme in manchen Momenten kaum noch zu sehen war.

Und dann sah Bitzius einen menschlichen Leib den Fluss heruntertreiben, und zu des Pfarrers maßlosem Schrecken folgten weitere, doch nichts entsetzte Bitzius so sehr, wie der Anblick jenes einen, ganz offenbar noch lebenden Unglücklichen: Er strampelte verzweifelt in den Fluten, dann schien es, als entdecke der Unbekannte die Menge auf der Brücke, er hob eine Hand, doch es gelang ihm nicht zu winken.

Bitzius zuckte zurück. Er hätte schwören können, dass ihm der Ertrinkende für einen Moment direkt in die Augen geblickt hatte, flehend. In der nächsten Sekunde war er verschwunden. Bitzius hastete auf die andere Seite der Brücke, doch den Körper konnte er nicht mehr erblicken.

»Herr im Himmel, steh' uns bei«, flüsterte Albert Bitzius, der sich das Pseudonym Jeremias Gotthelf gegeben hatte.

* * *

Die drei Herren standen missgelaunt vor dem Restaurant *Emmenbrücke* an der Lützelflüher Dorfstraße. Feinster Nieselregen durchnässte ebenso geräuschlos wie effektvoll die hochpreisigen Maßanzüge.

»Wer ist denn für dieses Scheißwetter verantwortlich?«, brummte einer von ihnen, Träger eines aufwändig gepflegten Dreitagebarts. Der zweite, glatt rasiert – und zwar auf dem gesamten Kopf, was den Schädel vor allem von hinten an eine riesenhafte Billardkugel erinnern ließ –, zuckte mit den Schultern. Der dritte zeigte keine Regung, seine Augen waren trotz des trüben Himmels hinter einer dunkelbraunen Sonnenbrille verborgen – *Ray-Ban*, was sonst?

Fünfzehn Minuten später saß das Trio in einem Konferenzzimmer der Gemeindeverwaltung und rührte in Kaffeetassen. Voluminöse Pläne hingen an diversen Flipcharts. An der anderen Seite des Tischs saßen der Gemeindepräsident sowie zwei Gemeinderatsmitglieder, ihres Zeichens Chefs der Ressorts *Bau, Planung, Umwelt und Liegenschaften* sowie *Tourismus, Kultur und Freizeit.*

»Das wird groß. Ganz groß wird das«, sagte der Dreitagebart gerade.

»Wir machen Ihren Ort in der ganzen Welt bekannt«, ergänzte der Rasierte.

Die Sonnenbrille schwieg.

Der Bart sagte: »Wenn Sie irgendwas erreichen wollen, dann müssen Sie das ganz große Rad drehen.«

Die Billardkugel: »Think big!«

Die Sonnenbrille schwieg.

Der Bart schlürfte geräuschvoll einen Schluck Kaffee: »Wie drückt es eine Ihrer Parteien so treffend aus? SVP – sinnvolle Partnerschaft! Eine sinnvollere Partnerschaft als die mit uns finden Sie nicht.« Die Herren lachten, sogar die Sonnenbrille.

Einer der Männer auf der anderen Seite des Tisches rutschte ein bisschen hin und her. Dann sagte er: »Also, wenn wir offen sein dürfen: So ganz sind wir noch nicht überzeugt.«

Die Sonnenbrille stöhnte leise, der Bart beugte sich vor und sprach mit eindringlicher Stimme: »Meine Herren, ich verstehe Ihre Skepsis, aber ich verspreche Ihnen eins: Gegen das, was wir hier vorhaben, ist Andermatt Swiss Alps ein Kinderbauernhof.«

Die Glatze nickte langsam. »Vergessen Sie Andermatt. Wir bringen Ihnen …«, er machte eine Kunstpause. »Emmental Swiss Luxury & Spa!« Möglicherweise hatte die Glatze nun Applaus erwartet. Er kam jedoch nicht.

»Das wird noch ein hartes Stück Arbeit«, raunte die Glatze ihren beiden Begleitern zu. Das Trio saß in einer schwarzen BMW-7er-Limousine und folgte einem blauen Toyota Avensis, in dem sich die Gemeindevertreter befanden.

»Dieses Gespräch hätten wir uns sparen können«, raunte die Sonnenbrille von der Rückbank aus. »Wenn du den Sumpf trocken legen willst, darfst du nicht die Frösche fragen.«

Das Trio lachte schallend. Nachdem die drei sich beruhigt hatten, meinte der Bart: »Wenn es so weiterschüttet, wird aus dem Sumpf bald ein richtiger See.«

Zwanzig Meter weiter vorn auf der Straße herrschte Stille im Avensis, abgesehen vom Schnurren des Motors, dem Prasseln des Regens und dem rhythmischen Geräusch der Scheibenwischer, die auf höchster Stufe gegen das Wasser ankämpften.

Schließlich durchbrach der Fahrer das Schweigen. »Meinen die das ernst? Emmental Swiss Luxury ... wie ging das weiter?«, fragte der Präsident des Bau-Ressorts.

»Und dieser Werbespruch«, sagte der Beifahrer, der Gemeindepräsident. »Emmental – viel mehr als nur Käse.«

Im BMW sagte die Glatze: »Wo fahren wir jetzt noch mal hin?«

»Kulturdings ... Kulturscheune. Oder so ähnlich«, antwortete der Bart.

»Sensationell«, kam es von der Rückbank in ätzend sarkastischem Tonfall.

»Nee, Kulturmühle, das war's!«, rief der Bart.

»Sensationell!«, stöhnte die Sonnenbrille. Und nach einer Pause: »Und was wollen wir da? Mir hat schon dieses Gotthelf-Zentrum für angewandte Langeweile gereicht.«

»Warum fahren wir mit denen da eigentlich hin?«, fragte zeitgleich im Avensis der Kulturchef.

»Irgendwas müssen wir doch mit ihnen machen«, antwortete der Gemeindepräsident, und nachdem der Kulturchef unwillig gebrummt hatte, fuhr er fort: »Bleib ruhig. Nach dem heutigen Abend wird sich die Sache erledigt haben.«

Schweigen breitete sich aus.

»Der Regen wird immer stärker«, stellte der Bau-Chef schließlich fest. »Die Emme ist so voll wie noch nie.«

»Man hat in der Langnaustraße die Brücke über den Fluss gesperrt!«, sagte der Gemeindepräsident.

»Echt?«, fragten der Kultur- und der Bau-Chef aus einem Mund.

»Vor zwei Stunden. Jede Menge Treibholz hat sich davor verkeilt und drängt das Wasser über die Straße.«

»Unglaublich!«

Zehn Minuten später standen die sechs Herren vereint im Mühleraum der Lützelflüher Kulturmühle. Selbst hinter den dicken Mauern war der Regen nicht zu überhören. Ein paar Jugendliche probten offenbar für ein Theaterstück, ließen sich von den Besuchern aber nicht stören. Die Anzugträger starrten eine Weile auf die mächtige und mit maximaler Liebe zum Detail restaurierte Holzbalkenkonstruktion. Dann sagte der Bart: »Könnte was Gastronomisches werden.«

Die Glatze nickte. »Aber zu klein, man müsste auf jeden Fall anbauen.«

»Keine Frage«, meinte die Sonnenbrille. »Vielleicht kann man die Decke anheben. Wirkt doch etwas bedrückend.«

»Und mehr Licht müsste rein«, stellte der Bart fest.

»Überhaupt ein Beleuchtungskonzept.«

Die drei Gemeindevertreter wechselten Blicke.

»Es gibt einen Leitspruch, der die Arbeit der Kulturmühle begleitet«, sagte der Chef des Kultur-Ressorts dann.

»So?«, fragte der Bart tonlos.

»Ja, er lautet: Herr, behüt diese Mühle vor Sturm und Wind …«

»Schön, schön«, antwortete der Bart, doch da fuhr der Kulturchef fort: »… und vor Gesellen die langweilig sind.«

Die drei Anzugträger schauten ihre Gastgeber ein paar Sekunden stumm an, dann lachten sie los, aber es klang nicht so, als würde es von Herzen kommen.

»Für solche Läden wird's natürlich schwer, wenn das Resort fertig ist.« Der Bart hob sein Bierglas, trank es mit vier tiefen Schlucken leer und schaute sich gelangweilt in der Gaststube des Hotels »Zum Ochsen« um.

»Machen die hier manchmal was?«, wollte die Sonnenbrille wissen.

»Machen? Was machen?«, fragte der Gemeindepräsident.

Die Sonnenbrille zuckte die Schultern. »Irgendwas halt. Irgendwelche Events. Krimidinner, was weiß ich.«

Der Bau-Chef runzelte die Stirn. »Hier trifft man sich eher, um was zu essen und zu trinken.«

»Na ja, ist ja auch nicht unser Problem«, murmelte die Glatze.

Nachdem jeder sein Glas geleert hatte, erhob sich der Gemeindepräsident: »Na, dann wechseln wir mal an den Tisch.«

Der Trupp spazierte vom blanken Holztisch ein paar Meter weiter an eine liebevoll gedeckte, große, runde Tafel. Man ließ sich nieder.

»Warum sind hier noch drei freie Plätze?«, fragte die Glatze.

»Kommt noch jemand«, brummte der Gemeindepräsident.

Im selben Moment hellte sich seine Miene auf.

Durch die Eingangstür trat ein Trio, und mancher der Anwesenden im Raum fragte sich, ob er zu viel getrunken hatte, denn eben jenes Trio ließ den Eindruck aufkommen, man sehe nicht nur doppelt, sondern dreifach: Drei Herren, vielleicht Mitte 30, in identischen Anzügen (schwarz), mit identischen Krawatten (anthrazit) und identischem Haarschnitt (raspelkurz) standen im Raum und sahen sich um. Der Gemeindepräsident hob die Hand, das Trio näherte sich mit schwungvollen Schritten. Es entstand eine ziemliche Unruhe, weil sich die bereits Anwesenden erhoben und weil viele Hände geschüttelt wurden. Dann trat Ruhe ein, und weil die Gemeindevertreter beharrlich schwiegen, ergriff der Bart als erster das Wort. Er richtete es an den mittleren der Drillinge. »Sind Sie auch von der Gemeinde?«

Der mittlere Drilling runzelte die Stirn. »Wieso?«

»Ähm, na ja, ich dachte …«, der Bart vollendete den Satz nicht.

»Diese drei Herren haben etwas Ähnliches vor wie Sie«, sagte der Bau-Chef.

»Etwas Ähnliches?« Es klingt unwahrscheinlich, aber diese beiden Worte fielen tatsächlich zeitgleich aus genau sechs Mündern. Aus den sechs Mündern der Anzugträger nämlich.

»Wie hieß Ihr Projekt noch gleich?«, fragte der Gemeindepräsident mit größter Liebenswürdigkeit in Richtung des Barts.

»Emmental Swiss Luxury & Spa«, murmelte der. »Aber wieso …«

Weiter kam er nicht, denn der erste Drilling unterbrach ihn. »Was?!«, rief er so laut, dass sich die Gäste an den anderen Tischen irritiert umsahen.

Drilling Nummer eins schaute mit gehetztem Blick erst seine beiden »Brüder« an, dann die drei Gemeindevertreter, schließlich die drei übrigen Anzugträger. »Was haben Sie vor?«, sagte er schließlich, nun allerdings in deutlich gedämpfterem Tonfall.

Der Bart setzte eine selbstgefällige Miene auf. »Wir werden Lützelflüh zum Nabel der Welt machen, wir machen dieses Kaff …«, die Glatze knuffte ihn heftig in die Seite. »Wir machen dieses … ähm, diesen ungeschliffenen Diamanten zu einem Juwel, das in der ganzen Welt bekannt wird.«

Die Drillinge starrten den Bart an. Dann sagte Drilling Nummer drei: »*Wir* machen Lützelflüh zu einem Juwel.«

Der Bart, die Glatze und die Sonnenbrille lachten herzlich, aber ihr Lachen franste etwas aus, als sonst niemand am Tisch mit einstimmte.

»Wieso?«, fragte der Bart schließlich – und zum ersten Mal lag eine leichte Unsicherheit in seiner Stimme.«

»Wir planen hier etwas ganz Großes«, sagte Drilling Nummer zwei.

Der Bart zog eine verächtliche Grimasse. »Und was soll das sein, bitteschön?« Er beugte sich vor.

Der zweite Drilling tat es ihm nach, sodass sich die Gesichter der beiden Männer nun auf höchstens zwanzig Zentimeter angenähert hatten. Drilling Nummer zwei legte eine größtmögliche Lässigkeit in seine Worte: »Wir planen hier das Emmental Swiss Country Grand Luxury Wellness & Spa.«

»Was!?«

Erneut drehten die Gäste irritiert die Köpfe.

»Aber ..., nein ..., wir machen hier, ich meine, wir planen hier ...« Der Bart registrierte sein eigenes Stottern, atmete tief durch und sagte dann: »Wir planen hier das Emmental Swiss Luxury & Spa, also, da muss ich Sie jetzt enttäuschen.«

Nun brachen die Drillinge in Gelächter aus, das allerdings ebenso ausfranste, wie jenes auf der Gegenseite.

»Sagen Sie doch auch mal was«, sagten der Bart und Drilling Nummer drei stereo zum Gemeindepräsidenten.

»Tja«, meinte der gedehnt.

Eine Kellnerin trat an den Tisch. »Haben Sie schon gewählt.«

»Danke«, sagten der Bart und Drilling Nummer zwei unisono. »Wir sind satt!«

Der Gemeindepräsident und seine beiden Kollegen machten große Augen. »Was ist denn los?«, fragte der Gemeindepräsident sehr unschuldig.

Der Bart fuchtelte mit seinem Zeigefinger. »Sie ..., Sie ...«, stammelte er.

Die Glatze drückte den fuchtelnden Zeigefinger aus dem Weg und übernahm. Das erste Wort war nur ein

Quieken, die Glatze räusperte sich, dann setzte sie erneut an: »Also, bitte, wir müssen uns doch sehr wundern. Heißt das, es gibt noch andere Interessenten? Ich meine, unsere ...«, seine Hand wedelte in Richtung der Drillinge, »... diese ... Herrschaften werden ja wohl kaum ein attraktiveres Konzept zu bieten haben ...«

»Das käme dann ja wohl auf einen Vergleich an!«, unterbrach Drilling Nummer 2 heftig.

»Aber bitte, aber gerne!«, rief der Bart. Er wandte sich an den Gemeindepräsidenten. »Herr, ähm, Dings, Sie werden mir doch zustimmen, ich meine, nehmen Sie doch alleine den Punkt, ähm ..., hier, öhm ..., Attraktivität zum Beispiel. Unser Konzept einer großen Schaukäserei zum Beispiel, nicht so was Kleines wie da oben in, ähm, Dings ...«

»Affoltern«, half der Kulturchef aus.

»Lächerlich!«, warf Drilling Nummer 1 ein. »Das ist ja wohl ein Witz. Herr Bundeskanzl..., äh, Herr Präsident, ich meine, Sie werden zugeben müssen, dass eine neue Schaukäserei kaum konkurrieren kann mit unserem Erlebnispark, den wir planen, da ist die Schaukäserei nur ein Element ..., ähm ...« Ihm schien etwas einzufallen. »Ha! Stichwort Familienfreundlichkeit!« Er sah mit blitzenden Augen zu den Drillingen. »Wir bauen ein Heididorf nach, allein das wird viertausend Quadratmeter haben ...«, er begann mit einer Aufzählung, die er mit sich hebenden Fingern unterstrich, »Wildwasserstrecke auf der Emme, ähm, der Berg in Käseform, den wir aufschütten lassen wollen, Indoor-Skisprungschanze, Streichelzoo ..., ääääh ...«, sein Blick hatte nun etwas Irres, das letzte Wort schrie er geradezu: »Achterbahn!«

Die Sonnenbrille glotzte den Bart an. »Achterbahn? Was für 'ne Achterbahn?«

Der Bart ließ sich nicht beirren. »Und ich sage Ihnen noch was. Wir werden unser Angebot überarbeiten! Erweitern! Morgen früh haben Sie es auf dem Tisch! Wir empfehlen uns.« Er erhob sich.

Die Drillinge taten es ihm gleich. »Moooment«, rief Drilling Nummer 3. *Wir* empfehlen uns! *Wir* werden unser Konzept noch einmal komplett ...« Er brach ab, denn seine Kollegen stürmten schon den anderen hinterher in Richtung Ausgang. Schritte stampften auf dem Holzfußboden, die Tür knallte, dann herrschte einige Sekunden eine vollkommene Stille – abgesehen vom Rauschen des Regens.

Ein Mann mit Vollbart, der an der Theke vor einem Bier saß, drehte sich um und fragte in den Raum: »*Was si de das für Vögu gsi?*« Doch statt einer Antwort erntete er nur Gelächter, und weil dieses Gelächter so ansteckend war, lachte nach ein paar Sekunden ausnahmslos jeder der Anwesenden im »Ochsen«.

Auf dem Parkplatz hinter dem Haus stürmten derweil sechs Herren bei strömendem Regen auf zwei Fahrzeuge zu. Als sie ihre Autos erreicht hatten, waren ihre sechs Anzüge bereits vollkommen durchnässt. Fluchend warfen sich die Herrschaften in ihre Gefährte – wobei es zu einer kurzen Irritation kam, weil sowohl der Bartmann als auch Drilling Nummer 3 die Orientierung verloren und versucht hatten, ins jeweils falsche Fahrzeug zu klettern. Mit durchdrehenden Reifen bogen die Autos auf die Gotthelfstraße ab. Keinem einzigen der Insassen fiel eine kleine Frage ein, nämlich die Frage: »Wo fahren wir eigentlich hin?« Ihre Zimmer hatten alle sechs im »Ochsen«, aber es soll ja tatsächlich Bewusstseinszustände geben, in denen der Mensch auch die einfachsten Dinge schlicht vergisst. Und so brauste der BMW mit der Glatze am Steuer die Gotthelfstraße hinab in Richtung Kirchplatz, dicht gefolgt von einem zweiten BMW, in dem Drilling Nummer 2 mit verbissener Miene am Lenkrad saß.

Beide Fahrzeuge bogen nach links in die Dorfstraße ab und bretterten Sekunden später über die Brücke, die über die Emme führt. Die Männer hatten natürlich keinen Sinn für den faszinierenden Anblick des nun wirklich reißenden Stroms, der in seinem Bett wütete. Die Wagen schossen die Dorfstraße hinab und passierten den »Sensenmann«, jene eindrucksvolle eiserne Nachbildung des Gevatters Tod, der im Buch des Todes blätterte. Seit dem Jahr 1999 nahm die satte zwei Meter hohe Figur die Einwohner und Gäste Lützelflühs am Bahnhof in Empfang. Nicht jeder fand das passend, im Falle der Anzugträger indes hätte man im Nachhinein geradezu von einem Menetekel sprechen können.

Vielleicht hatte einer der Insassen der Autos ja doch beim Anblick des Sensenmanns jene folgenreiche Idee. Später war das alles freilich nicht mehr zu beweisen. Stellen wir uns also vor, wie einer der sechs, vielleicht der Bart zur am Steuer sitzenden Glatze so etwas raunte wie: »Dräng sie ab!«

»Was?«

»Dräng sie ab! Dräng sie von der Straße!«

Die Glatze konnte gerade noch »Spinnst du?« fragen, als ein Krachen den Wagen erschütterte. Die Drillinge waren auf die gleiche Idee gekommen, und die Glatze sah durch die Seitenfenster den Fahrer des Nachbarwagens (er hätte nicht sagen können, ob es Drilling zwei oder drei war) mit irrem Grinsen am Steuer sitzen.

Die Autos hatten inzwischen die menschen- und fahrzeugleere Kreuzung zur Langnaustraße erreicht und bogen nach rechts ab. Auf der schnurgeraden Strecke beschleunigten die Fahrer in kürzester Zeit auf deutlich mehr als 100 Kilometer pro Stunde. Vor der Brücke über die Emme war eine sehr leichte Linkskurve. Beide Fahrzeuge rasten parallel hinein, die Glatze riss das Steuer nach links, rammte den BMW der Drillinge, der wiederum folgerichtig unmittelbar nach der Einmündung in den Brückenweg nach links von der Straße abkam, eine Reihe von Büschen umpflügte und dann mit Karacho in die Emme raste, wo er freilich nicht zum Stehen kam. Der Fluss riss den teuren Wagen vielmehr auf die Seite, drückte ihn kurz in die Tiefe, hob ihn gleich darauf in die Höhe. An dem wenige Meter flussabwärts liegenden Pfeiler der Eisenbahnbrücke gab es ein knirschendes Geräusch, als sich das aufwendig in Form gebrachte Metall verbog, aber der Regen war fast noch lauter.

Im zweiten BMW war zeitgleich Jubel ausgebrochen, ein Jubel freilich, der nur von extrem kurzer Dauer war, viel mehr als ein »Yea…« oder ein »Chakk…« brachten der Bart, die Glatze und die Sonnenbrille nicht heraus, denn im nächsten Moment durchbrach ihr Auto die Schilderwand, die von einer Brückenüberfahrt abriet.

Aus guten Gründen, wie sich schnell herausstellte: Der BMW wurde von dem auf den ersten Blick flachen, aber eben doch kraftvollen Wasserstrom, der über den Asphalt rauschte, erfasst, um neunzig Grad gedreht und gegen die Leitplanke gedrückt, die angesichts des tonnenschweren Gewichts sofort auf bedenkliche Weise nachgab. Der Mensch neigt bekanntlich dazu, die Naturgewalten zu unterschätzen, und so war es fast folgerichtig, dass der Bart und die Glatze sogleich die Türen aufrissen, um auszusteigen. Das leise »Sollten wir nicht lieber hier warten und Hilfe rufen?«, das von der Rückbank kam, überhörten sie glatt, was wiederum verständlich war angesichts des enormen Rauschens, das der Regen und vor allem die Emme verursachten. Jedenfalls verloren der Bart und die Glatze schnell das Gleichgewicht. Sie stürzten, versuchten noch ein, zwei Mal, sich aufzurichten, stürzten erneut, rutschten bis an die Leitplanke – und irgendwann, als ihre Kräfte sie verließen, über sie hinweg.

Die Leitplanke selbst gab kurz darauf dem steten Druck nach – und fort war auch der zweite BMW samt dem letzten verbliebenen Insassen.

Etwa im selben Moment eilte gut sechshundert Meter flussabwärts ein einsamer Mann über die Dorfstraße. Er befand sich gerade auf der Brücke – und ohne stehen zu bleiben betrachtete er das wilde Wasser der Emme unter sich. Er blieb dann doch stehen, nämlich weil er kurzzeitig den Eindruck hatte, als werde da ein Auto von den Fluten mitgerissen. Richtiges Entsetzen erfasste ihn aber, als er einen menschlichen Leib zu sehen meinte. Der Unglückliche strampelte verzweifelt in den Fluten, dann schien es, als entdecke er den einsamen Mann auf der Brücke, er hob eine Hand, doch es gelang ihm nicht zu winken. Der Mann auf der Brücke wich zurück. Er hätte schwören können, dass ihm der Ertrinkende für einen Moment direkt in die Augen geblickt hatte, flehend. In der nächsten Sekunde war er verschwunden. Der Mann hastete auf die andere Seite der Brücke, doch den Körper konnte er nicht mehr erblicken.

Endlich Ruhe!

Er ließ sich auf den Liegestuhl sinken und atmete tief durch.

Er lauschte.

Nichts.

Stille.

Herrlich.

Wunderbar.

Endlich, endlich konnte er die Vöglein wieder zwitschern hören. Und wie sie zwitscherten! Als seien auch sie froh, dass endlich Schluss war. Schluss mit dem ganzen Getöse. Dem Lärm.

Ja, der Mensch war schon ein seltsames Wesen. Was tat er an einem schönen Sonnentag? Anstatt sich still irgendwo hinzusetzen und die Ruhe zu genießen, packte ihn die Arbeitswut: Raus mit dem Rasenmäher, raus mit dem Kantenschneider, raus mit der Kreissäge, raus mit dem Hochdruckreiniger! Der Schwachkopf von schräg gegenüber hatte sogar seinen Laubbläser angeworfen. Seinen Laubbläser! Im Frühling!

Der Idiot hatte schön blöd geguckt, als er plötzlich den Lauf des Gewehrs vor der Nase gehabt hatte. Und dann hatte er nicht mehr geguckt. Genau wie der Typ mit dem Rasenmäher. Und der Bekloppte mit dem Kantenschneider. Und der Affe mit der Kreissäge. Und die Tussi mit dem Hochdruckreiniger. Er hatte ihr noch erklärt, dass der starke Wasserstrahl extrem schlecht für den Fahrzeuglack war, auch wenn sie nun nichts mehr davon hatte.

Na ja, selbst schuld.

Wie oft hatten sie drüber gesprochen. Darüber, dass man mal ein Exempel statuieren müsste. Ein Exempel an all den Krachmachern dieser Welt.

Ja, und jetzt hatte er es getan.

Er tastete nach dem Glas mit dem eiskalten Gin Tonic, fand zunächst nur das Gewehr, tastete weiter, fand das Glas, hob es zum Mund, trank, stellte es wieder ab.

Einfach herrlich, diese Ruhe.

Doch was war das? Was hörte er da? Waren das Sirenen? Es klang jedenfalls so. Und sie kamen näher! Welcher Idiot musste denn an so einem Tag mit einer Sirene durchs Viertel kurven?!?

Seufzend griff er zum Gewehr und wuchtete sich aus dem Liegestuhl.

Nachweis:

1. **Das Jobangebot**, Erstveröffentlichung, 2015
2. **Helga sorgt für Ordnung**, erschienen in: Krimi Kommunale 2. Kommunal- und Schulverlag, Wiesbaden 2011.
3. **Bennis großer Coup**, erschienen in: Nordeifel Mordeifel. KBV, Hillesheim 2010.
4. **Karsunke kocht Kaffee**, erschienen in: Abmurksen und Tee trinken. Leporello, Krefeld 2011.
5. **Die Geiselnahme**, Erstveröffentlichung, 2015
6. **Muffe küsst Langschwanz**, erschienen in: Nicht nur der Hund begraben. Ars Vivendi, Cadolzburg 2014.
7. **Ein Dichter rastet aus**, erschienen in: Lies oder stirb. Grafit, Dortmund 2014.
8. **Wir kriegen dich! Oder: Die nie gesendete Vorgängersendung von Aktenzeichen XY … ungelöst**, Erstveröffentlichung, 2015
9. **Der Vorfall**, erschienen in: Ruhe sanft in Sachsen-Anhalt. KBV, Hillesheim 2013.
10. **Manni fährt zum Horizont**, überarbeitete Fassung, Erstveröffentlichung in: Mörderisches Münsterland. KBV, Hillesheim 2010.
11. **Jupp ante portas**, erschienen in: Tausend Berge, tausend Abgründe. Grafit, Dortmund 2012.
12. **Der Aufschneider**, erschienen in: Heide, Harz und Hackebeil. KBV, Hillesheim 2013.
13. **Der Auftrag – oder: Hildegards Hauptgewinn**, erschienen in: Schlüsselerlebnisse. KBV, Hillesheim 2012.
14. **Der Blättersammler**, erschienen in: Mördchen fürs Örtchen. KBV, Hillesheim 2011.

15. Vom Fischer und seiner Frau – die wahre Geschichte, erschienen unter dem Titel »König der Fischer« in: Flossen hoch 3.0, Leda-Verlag 2015

16. Dirty Talk in Bergkamen, erschienen in: Sexy.Hölle.Hellweg. Grafit, Dortmund 2014.

17. Achtzehn, zwanzig, tot, erschienen in: Gauner, Geigen, Griegeniffte. KBV, Hillesheim 2013.

18. Dörte ruht sich aus, überarbeitete Fassung, Erstveröffentlichung in: Ausgefressen – Tierische Kriminalgeschichten. Leporello, Krefeld 2010.

19. Aller guten Dinge sind drei, erschienen in: Ebbe, Flut und Todeszeiten. KBV, Hillesheim 2014.

20. Bei Mutti schmeckt's am besten, erschienen in: Mörderische Leckerbissen. dtv 2013.

21. Alter Schwede, erschienen in: Zügig ins Jenseits, Grafit. Dortmund 2013.

22. Überleben für Anfänger, erschienen in: Scotch as Scotch can, KBV. Hillesheim 2013.

23. Hubis Heimkehr, erschienen in: Leichenblass am Niederrhein. Grafit, Dortmund 2011.

24. Merci Chérie, in Unna, erschienen in: Kalendarium des Todes – Mord am Hellweg VI. Grafit, Dortmund 2012.

25. Alles im Fluss, erschienen in: Berner Blut. Gmeiner, Meßkirch 2013.

26. Endlich Ruhe!, in: Literarischer Krimikalender 2014, Ars Vivendi, Cadolzburg

Kai Magnus Sting
LEICHENPUZZLE

Taschenbuch, 304 Seiten
ISBN 978-3-95441-238-9
10,50 EURO

Stück für Stück für Stück, kommt ein toter Mann zurück.

Eigentlich beginnt alles mit einem Körper, der in seine Einzelteile zerlegt wird ... Kopf ... Arme ... Beine ... Ein regelrechtes Puzzle aus menschlichen Gliedern ist das.
Doch dies ist erst der Auftakt zu einer schrecklichen Geschichte: Friedrichsberg, Straaten und Dahl, ein kriminalistisches Altherren-Trio vom Niederrhein, hat alle Hände voll mit einer mysteriösen Selbstmordserie, mit fiesen Axtmorden und rüpelhaften Schlägertruppen zu tun.

»Ein mörderischer Unfug! Kai Magnus Sting ist der Papst des Gemetzels.« (Henning Venske)

»Kai Magnus Sting fährt die literarische Achterbahn ... Eine Meisterleistung!« (Westdeutsche Allgemeine Zeitung)

KBV KRIMINALROMAN

KBV KRIMINALROMAN

Ralf Kramp
MORD UND TOTLACH

Taschenbuch, 248 Seiten
ISBN 978-3-95441-196-2
9,80 EURO

Er verknüpft meisterhaft Eifeler Schlitzohrigkeit mit britischem Humor der schwärzesten Sorte. »Kurzkrimi-König« Ralf Kramp weiß, wie man die Leser mit pointenreichen Kriminalgeschichten an der Nase herumführt.

Vegetarische Wölfe, durchgeknallte Ufologen und orientierungslose Nacktwanderer sorgen für mörderischen Spaß. Warum bestattet der Bestatter sich selbst? Wie wird ausgerechnet Frank Elstner zum Entführungsopfer? Wie treibt der Maulwurf den Gärtner in den Wahnsinn? Die Morde seiner Protagonisten laufen selten so ab wie geplant. Die Rache der Erblasser, der Rückschlag der Natur, oder die bösartige Laune des Zufalls sorgen dafür, dass am Ende nichts mehr so ist, wie es zu Beginn der vierundzwanzig Erzählungen und Gedichte erscheint.

»Meister des schwarzen Humors. … Ralf Kramp mischt alle Zutaten zu einem teuflisch guten Krimi-Cocktail.«
(Gießener Anzeiger)

»Kurzkrimikönig Kramp … ein literarischer Genuss.«
(Wochenspiegel)

KBV KRIMINALROMAN

Tatjana Kruse
EIN MÄNNLEIN HÄNGT IM WALDE

Taschenbuch, 272 Seiten
ISBN 978-3-95441-235-8
9,90 EURO

Nur ein toter Mann ist ein guter Mann!

Tatjana Kruse hat es wieder getan – sie kann das Morden einfach nicht lassen: Männer, Frauen, Schafe, Barbiepuppen ... alle müssen dran glauben. Und das flächendeckend in Deutschland, Österreich und der Schweiz. Im Wald und in der Stadt. Ob beim Zelten oder Suppe kochen, beim Opa gießen auf dem Friedhof oder beim Pendeln im Zug, nirgends ist man vor ihr sicher.
Whiskytrinker, Ehebrecher, Ölbilder von Flamencotänzerinnen mit Stieren – alle kriegen ihr Fett weg. Und Tatjana Kruses Tipps für ein nachhaltiges veganes Leben oder eine sinnerfüllte Freizeitgestaltung sind weder jugendfrei noch zum Nachmachen empfohlen. Aber dafür schwarzhumorig und wie immer höchst amüsant zu lesen ...

»Das Erfinden grotesker Situationen und eine ausgefeilte Sprachakrobatik sind zweifellos die Stärken von Tatjana Kruse. Ihre Slapstick-Krimis bereiten unter Garantie Vergnügen.« (WDR 4 Radio)

KBV KRIMINALROMAN

Markus Niebios
KOPFLOS IM KOFFERRAUM

Taschenbuch, ca. 290 Seiten
ISBN 978-3-95441-190-0
9,90 EURO

Eine irre Mischung aus »Kluftinger« und »Kreutzer kommt« mit einem Schuss »Tatortreiniger«!
Wer seine Detektei Mystica nennt und einen Leichenwagen als Dienstgefährt benutzt, legt es darauf an, die Kundschaft aus schrägen Vögeln zu rekrutieren. Dass sich Borg und Romanov bei ihrer Suche nach einem seltenen Krebs allerdings mit Sargdesignern, Kryptozoologen und einem Hippie-Medium herumschlagen müssen, geht selbst ihnen ein bisschen zu weit.
Als Borg ein Mord angehängt wird, und sein Nachfolger als Leiter der Mordkommission alles daran setzt, ihn hinter Gitter zu bringen, beginnt eine fulminante Jagd nach Antworten. Warum nagelt jemand einen türkischen Totengräber an ein Hakenkreuz? Was verheimlicht das Bestattungsunternehmen? Wie oft kann man lebendig begraben werden, ohne den Verstand zu verlieren? Wer serviert wem vom Aussterben bedrohte Tiere und wie kommt der Kopf des Klienten in den Kühlschrank der Detektei?
Von der Polizei und zwei Killern durch halb Dortmund gehetzt, finden Borg und Romanov heraus, dass es dem Vorsitzenden einer rechtsradikalen Bürgerinitiative um weit mehr geht, als den Bau eines Minaretts zu verhindern.

»... komplett gaga, monströs wie das Leben, wunderbar!«
(Gisbert Haefs)